五三战法

判断牛股波段买卖信号

股海扬帆 ◎ 著

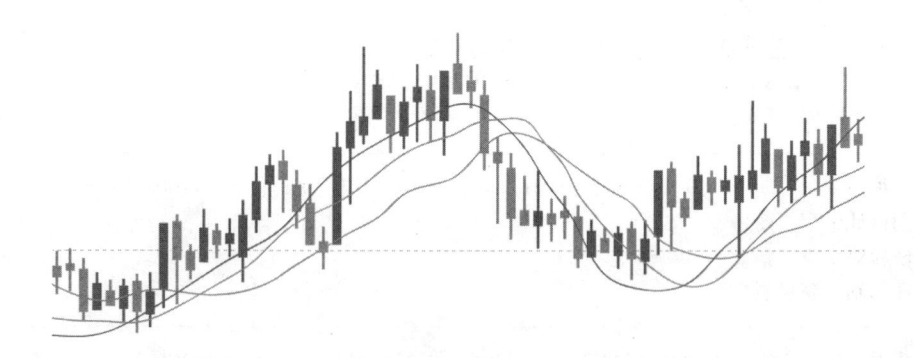

中国铁道出版社有限公司
CHINA RAILWAY PUBLISHING HOUSE CO., LTD.

图书在版编目（CIP）数据

五三战法：判断牛股波段买卖信号 / 股海扬帆著.
北京：中国铁道出版社有限公司，2025.3. -- ISBN
978-7-113-31884-0

Ⅰ. F830.91

中国国家版本馆CIP数据核字第20244H5N41号

书　　名：五三战法——判断牛股波段买卖信号
　　　　　WU-SAN ZHANFA:PANDUAN NIUGU BODUAN MAI MAI XINHAO
作　　者：股海扬帆

责任编辑：张　明　　　编辑部电话：(010) 51873004　　电子邮箱：513716082@qq.com
封面设计：宿　萌
责任校对：刘　畅
责任印制：赵星辰

出版发行：中国铁道出版社有限公司（100054，北京市西城区右安门西街8号）
网　　址：https://www.tdpress.com
印　　刷：河北宝昌佳彩印刷有限公司
版　　次：2025年3月第1版　2025年3月第1次印刷
开　　本：710 mm×1 000 mm 1/16　印张：13.25　字数：190千
书　　号：ISBN 978-7-113-31884-0
定　　价：69.00元

版权所有　侵权必究

凡购买铁道版图书，如有印制质量问题，请与本社读者服务部联系调换。电话：(010) 51873174
打击盗版举报电话：(010) 63549461

前 言

五三战法是笔者根据多年的投资实践，从股价趋势演变的规律出发，配合中短线操盘手法，总结出来的一套中短线趋势交易的操盘技术体系。不少刚接触这一战法的投资者，初时都感觉似乎并没什么特别之处，这或许是因为五三战法最初的灵感来自炒股技术中的一句交易口诀"五线上买、三线下卖"。事实上，对短线交易者来说，若是按照这一口诀进行交易，相信大多数人是无法赚到钱的。"五线上买"这句话是没有问题的，因为趋势在转强初期，往往都是较为缓慢的，这就像是一个大病初愈的人一样，要想身体完全恢复，都必须花时间去调养。然而，"三线下卖"却不一样，当股价处于三线之下时，往往价格已经跌去了一半，此时虽然跌势已经基本确立，但早已错过了最佳的卖股时机。这就像一个生龙活虎的人，若是生病，哪怕只是感冒，从来都不会有多大的征兆，但当意识到原来自己已经感冒了，症状往往已很严重了，因此才有了"病来如山倒"之说。

股票投资，如果你放低心态去看，其实就和我们生活中的一些事情一样，都是有一定的规律可循。这个规律，其实就是趋势演变规律，因为自市场成立以来，从来就没有哪只股票会只涨不跌，也从来不会有哪只股票只跌不涨，除非是一只股票自身出了问题，如上市公司的经营、生产状况异常，从而导致公司财务上的危机，公司面临退市的风险等。若非如此，股价都会在一定的规律下有序地运行，而涨涨跌跌，不过只是股价波动的一种表象。这种表象背后所透露出的又是什么呢？

就是趋势演变的规律！

因此，从股价演变的规律出发，抓住股价涨跌波动的表象，成为五三战法最为根本的操盘理念。

若是要保障一家上市公司的股价趋势演变的过程能够遵循事物发展的正常规律，那就必须确保公司的基本面不会发生大的变化，这样才能让这种趋势演变规律变得更为常态化。所以，在五三战法中，我们更注重选股的环节。其目的就是抓住那些按照自然规律进行趋势演变的股票。也正是五三战法这种重选股的操盘理念，让这一战法成为投资者可以进行灵活操盘的一套中短线炒股技术。

为什么这样说呢？

若是站在选股的立场上，要想确保短线交易中股价在短线波动中的可靠性，就必须从更长的周期去观察一只股票，同时，还要结合基本面进行判断。如此一来，投资者也就知晓了这只股票的长期趋势状况，那么在真正交易时，自然就能够根据股价的中长期趋势演变规律进行交易了。虽然五三战法在设计之初，主要是针对广大投资者喜欢中短线交易的习惯进行设计的。但是，在五三战法中，笔者也详细介绍了一些中长线操盘的方法与技巧，如在选股时判断一只股票中长线支撑的方法，判断一只股票的大底位置，买股时的埋伏买入方法，以及卖股时的技术形态，等等。这些内容，均是中长线操作方法。投资者只要认真学习，并稍稍实践一下，相信应该能做到对整个五三战法在技术层面的融会贯通。

在这里，笔者为什么特别指出是从技术层面呢？这是因为，在股票交易与投资的过程中，是否能够操盘获利，技术只是其中的一部分，在笔者看来，技术所起的作用最多不过是 50%，那另外的 50% 是什么呢？是投资者对这个市场的认知程度，以及把握自身心理变化的能力。因为大多数技术，都是需要人去执行的，所以，交易的人最为关键，而一个人的心理、情绪、心态和他的思维高度，会直接影响他的实战交易水准。

股海扬帆

2024 年 9 月

目 录

第 1 章 五三战法：中短线获利较高的操盘技术 / 1

1.1 五三战法概述 / 2
1.1.1 五三战法的由来 / 2
1.1.2 五三战法的操盘特点 / 3
1.1.3 五三战法的主要内容 / 5

1.2 五三战法的获利原理 / 6
1.2.1 上涨趋势是五三战法的获利基础 / 6
1.2.2 通过上涨趋势中的主升浪波段持股获得收益 / 7

1.3 实战意义 / 9
1.3.1 趋势明显转变是五三战法交易时的主要依据 / 9
1.3.2 运用五三战法交易可有效降低操作风险 / 11
1.3.3 五三战法不只是一套短线操盘技术 / 15

第 2 章 操盘攻略：五三战法获利的核心 / 19

2.1 操盘策略 / 20
2.1.1 上涨波段持股策略 / 20
2.1.2 主升浪波段持股策略 / 21

2.2 操盘纪律 / 22
2.2.1 克服恐惧与贪婪 / 22
2.2.2 不要总期望抄到最低点 / 25

2.2.3 不要养成全仓操盘的习惯 / 28

2.2.4 不逆市交易 / 29

2.2.5 大幅盈利后一定要及时止盈 / 31

2.3 交易原则 / 32

2.3.1 尊重趋势转变方向进行交易 / 32

2.3.2 现价交易原则 / 34

2.3.3 交易时按照要求控制好仓位 / 35

2.3.4 一定要在选股基础上进行分析判断后再交易 / 37

2.3.5 卖出股票时要坚决 / 40

2.4 仓位管理 / 42

2.4.1 空　　仓 / 42

2.4.2 建　　仓 / 44

2.4.3 加　　仓 / 45

2.4.4 重　　仓 / 47

第 3 章　均线：五三战法中重要的技术指标 / 49

3.1 均线构成 / 50

3.1.1 短期均线 / 50

3.1.2 中期均线 / 51

3.1.3 长期均线 / 53

3.2 均线应用 / 55

3.2.1 均线的常规显示 / 55

3.2.2 均线的增减与改变 / 56

3.2.3 五三战法对均线的要求 / 59

3.3 均线排列与趋势演变 / 62

    3.3.1 均线多头排列与上涨趋势 / 62

    3.3.2 均线空头排列与下跌趋势 / 63

    3.3.3 均线缠绕与震荡趋势 / 65

3.4 均线排列在五三战法中的具体应用 / 66

    3.4.1 五三战法中"五"的均线形态 / 66

    3.4.2 五三战法中"三"的均线形态 / 68

第 4 章 量价：五三战法操盘的重中之重 / 70

4.1 量：成交量的简称 / 71

    4.1.1 阳量柱与阴量柱 / 71

    4.1.2 中长阳量与中长阴量 / 72

    4.1.3 小阴量与小阳量 / 73

    4.1.4 放量与缩量 / 74

4.2 价：K 线的实质 / 76

    4.2.1 阳线与阴线 / 76

    4.2.2 中长阳线与中长阴线 / 77

    4.2.3 小阴线与小阳线 / 78

    4.2.4 影　　线 / 79

    4.2.5 孕　　线 / 81

4.3 量价形态 / 83

    4.3.1 放量上涨 / 83

    4.3.2 缩量上涨 / 84

    4.3.3 放量下跌 / 86

4.3.4 缩量下跌 / 87

4.4 量价在五三战法中的应用 / 88

4.4.1 量价齐升：五三战法买入形态中的买点依据 / 88

4.4.2 量价齐跌：五三战法卖出形态中的卖点依据 / 89

第 5 章 选股：交易前必要的准备 / 92

5.1 选股原则 / 93

5.1.1 强弱结合的选股原则 / 93

5.1.2 以价值投资为核心的选股原则 / 95

5.2 技术面选股形态与判断方法 / 97

5.2.1 长期弱势震荡整理形态 / 97

5.2.2 短期弱势整理形态 / 99

5.3 基本面选股方法 / 100

5.3.1 选股时的三大财务指标及要求 / 100

5.3.2 绩优股、白马股的判断方法 / 102

5.3.3 龙头股的判断方法 / 104

5.4 实战要点 / 106

5.4.1 拒绝 ST 类股和绩差股 / 106

5.4.2 拒绝超低价股 / 108

5.4.3 优选长期基本面强、短期技术面弱的股票 / 110

第 6 章 买股：股票交易的第一步 / 114

6.1 买股要求 / 115

6.1.1 符合买股条件和时机要求 / 115

6.1.2 埋伏买入时要满足对应的条件 / 117

6.2 买股条件 / 120

    6.2.1 标准形态：五佛手形态 / 120

    6.2.2 特殊形态：弹指神通形态 / 122

6.3 买点确认：日线量价强势状态 / 124

    6.3.1 最强买点：缩量涨停 / 124

    6.3.2 强势买点：放量上涨 / 127

    6.3.3 标准买点：持续放量上涨 / 129

    6.3.4 一般买点：缓慢放量上涨 / 130

    6.3.5 特殊买点：持续巨量上涨 / 132

6.4 买股时机的判断：分时强势状态 / 134

    6.4.1 分时图量价齐升 / 134

    6.4.2 换手率明显放大 / 136

    6.4.3 主力资金净流入明显 / 139

6.5 买股步骤 / 141

    6.5.1 步骤一：符合日线买股条件 / 141

    6.5.2 步骤二：满足日线量价形态强势状态 / 143

    6.5.3 步骤三：达到分时强势要求 / 145

6.6 实战要点 / 147

    6.6.1 在选股基础上进行买股条件的判断 / 147

    6.6.2 有效识别出买股时机是买股前的关键 / 149

    6.6.3 买股时必须符合分时量价要求与盘口强势要求 / 151

第 7 章 持股：懂得捂股才能获得大利 / 153

7.1 持股原则 / 154

    7.1.1 持股能够持续盈利 / 154

7.1.2 持股上涨动能存在 / 155

7.2 持股的健康强势状态 / 156

7.2.1 缓慢放量的震荡式上涨 / 156

7.2.2 量价齐升的快速上涨 / 158

7.2.3 持续缩量涨停 / 160

7.2.4 锯齿式放量上涨 / 161

7.3 洗盘的健康整理状态 / 163

7.3.1 不破启涨位的空中加油 / 163

7.3.2 天地板式巨震 / 165

7.3.3 不破关键位的震荡整理 / 168

7.4 实战要点 / 169

7.4.1 调整时留意K线与5日均线的位置变化 / 169

7.4.2 确认整理时应观察量能的短时变化 / 171

7.4.3 不跌破关键位往往是确认主力洗盘的关键 / 172

第 8 章 卖股：会卖股才能锁定收益 / 175

8.1 卖股原则 / 176

8.1.1 持股出现快速下跌应卖股 / 176

8.1.2 持股无法继续获利应卖股 / 178

8.2 日线波段操作时的卖股形态 / 179

8.2.1 一心一意形态 + 量价齐跌 / 179

8.2.2 三心二意形态 + 量价齐跌 / 182

8.3 主升浪波段操作卖股时的形态 / 184

8.3.1 日线高开阴量下跌 + 分时短时放量下跌 + 盘口弱势 / 184

8.3.2 日线阴量低开 + 分时低开快速低走 + 盘口弱势 / 186

8.3.3 日线冲高回落 + 分时冲高放量回落 + 盘口弱势 / 189

8.3.4 日线高开回落 + 分时高位放量速跌 + 盘口弱势 / 190

8.4 实战要点 / 192

8.4.1 卖股时以日线为主、分时为辅去确认是否卖出 / 192

8.4.2 不同的持股波段应配以不同的卖股策略 / 194

8.4.3 主升浪波段操作时应以短线弱势为卖股依据 / 196

8.4.4 卖出股票后短期不可再买回 / 198

第1章

五三战法：
中短线获利较高的操盘技术

　　五三战法是根据股票在上涨趋势初期所表现出来的强势征兆，归纳总结出来的一套短线操盘技术。在所有操盘技术中，五三战法属于中短线获利最高的一套操盘技术。由于五三战法有着严格的选股要求，所以，它同时也是较为安全的一套操盘技术。

1.1 五三战法概述

1.1.1 五三战法的由来

五三战法是笔者在几十年的投资生涯中，根据趋势运行的规律和很多投资者在投资过程中难以获利的现实，以及大多数散户投资者都喜欢短线交易的特点，归纳总结出来的一套操盘技术。由于这种操盘技术更为注重从安全的角度出发，所以，其遵从的是趋势演变的规律。从这一战法的名称上看，"五"是指五条均线的数量，以及这五条均线在某一时期内组合到一起所形成的某种买入形态；"三"是指三条均线的数量，以及这三条均线在某一时期内组合到一起所形成的某种卖出形态。战法，从整体而言，是指在股票交易中，如何利用与"五"和"三"这两种均线形态相关的技术，以及如何确保这种操盘技术顺利实施的一整套交易体系，比如操盘攻略、相关的均线和量价运用等内容。因此，五三战法并不仅仅是一套操盘技术，更是一整套中短线操盘的体系。

实战案例：

如图1-1派林生物（000403）日线图所示，在A区域右侧K线当日收盘前可买入这只股票，所依据的就是五三战法中弹指神通形态判断出的结果，而在判断这一形态时，除了均线符合"五"的弹指神通形态，还包括量价形态。B区域的卖出股票操作，同样是遵循了五三战法中"三"的特殊形态，即三心二意形态，或是在C区域选择短线卖出股票，则是遵循了五三战法中"三"的另一种卖出形态，即一心一意形态。同时，在这一买一卖的交易过程中，还包括了对五三战法操盘策略中的交易纪律、交易原则、操盘策略等内容的遵守与执行。由此可见，五三战法并不仅仅是一种根据均线判断行情的操盘技术，同时也是有着严格纪律、丰富内容的一整套交易体系。

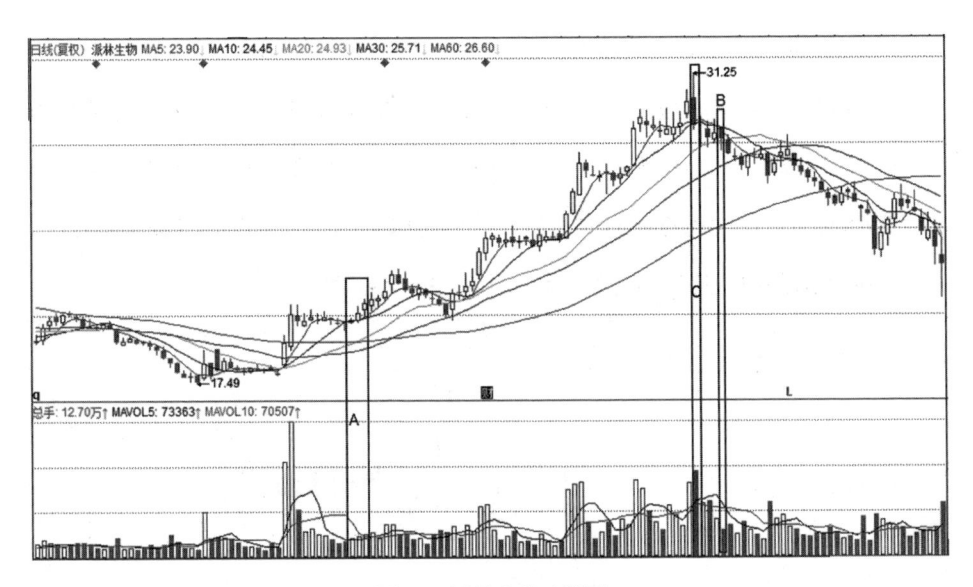

图1-1　派林生物日线图

注意事项：

（1）五三战法虽起源于均线技术，但并不局限于均线这一技术指标，而是结合了一些特殊的量价形态，以及中短线操盘的一些技法，以判断股票交易中的买卖时机。

（2）虽然五三战法是一套实用的技术，但它不仅仅是一套操盘技术，因为笔者将多年的操盘经验融入其中，所以，它更是一套实用的操盘体系。

1.1.2　五三战法的操盘特点

从上一节的内容中可以看出，五三战法主要是通过均线形态和量价形态来确认买卖股票的时机，因此，均线形态和量价形态是五三战法最为明显的两类技术指标，但其操盘的最大特点却是趋势，因为选择买入股票是看到了大趋势的转强，而卖出股票则是看到了趋势转弱的迹象。所以，在趋势转折时，选择适当的时机，按照趋势演变的方向去顺势交易，是五三战法最大的操盘特点。

实战案例：

如图1-2华力创通（300045）日线图所示，在根据五三战法操盘时，在A

区域出现五佛手形态时买入股票，就是因为五佛手形态＋量价齐升形态形成之时，恰好是股价趋势明显转强的初期，此时可选择买入股票。而后持续上涨的 B 区域，正是出现了一心一意形态＋量价齐跌，这说明股价在大幅上涨后，短期出现了趋势转弱，此时可选择获利了结。因此可以看出，在利用五三战法操盘时，最大的特点就是遵从趋势转折时的运行规律去顺势而为。

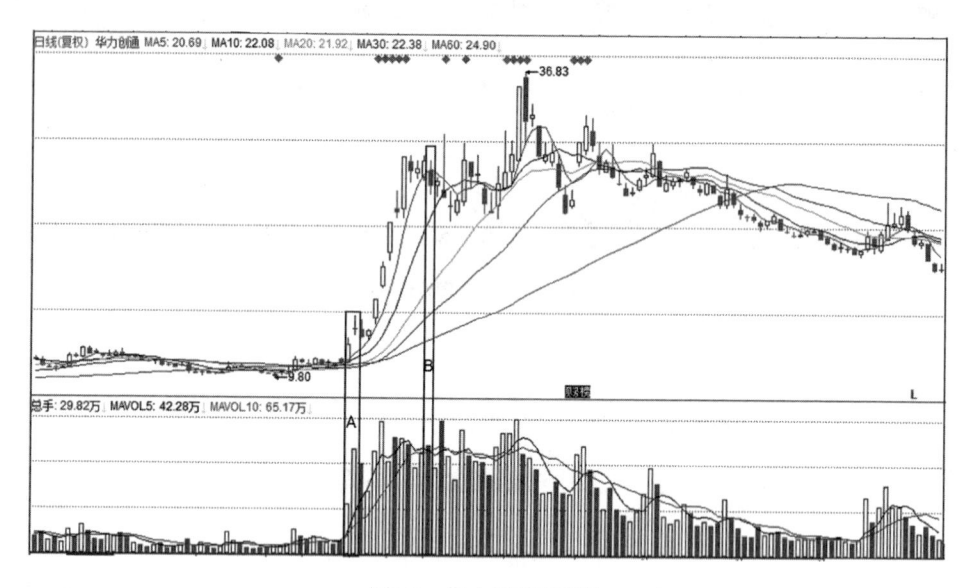

图1-2 华力创通日线图

注意事项：

（1）在实战中，由于人为因素，在具体操作时，或许每个人的判断会略有出入，但这并不影响利用五三战法操盘获利。因为，即便是技术不熟练，也可遵循看清了趋势变化后再操作的技术要点。需要注意的是，买时切不可过早操作，卖时哪怕是卖早了也无妨，只要是卖在相对高位即可。因此，投资者在学习五三战法前，一定要先明白其特点，这样在实战时才能有针对性和侧重地去研判行情。

（2）投资者在实际操盘中，一定要记住，如果交易的标的股属于科创板或创业板，一定要事先申请开通权限，开通后方可进行交易，且要明白，这些股票的日涨跌停最大幅度都是20%。

1.1.3 五三战法的主要内容

从学习或介绍的角度看，五三战法的主要内容有三大部分：一是操盘体系，如操盘攻略中的操盘纪律、操盘策略、交易原则、仓位管理等，以及分散于各章节中的选股原则、买股原则、持股原则和卖股原则等内容；二是交易技术体系，主要包括选股、买股、持股和卖股等分析与判断的内容；三是相关技术指标的应用，如均线或量价等。这三个部分，就是五三战法的主要内容，投资者只要认真学习，掌握这门技术并不算难。

实战案例：

如图1-3天龙集团（300063）日线图所示，在B区域选股时的K线形态判断、A区域买股时的五佛手形态判断、其后的持股判断，以及C区域一心一意的卖股形态判断，都属于五三战法中的交易技术体系内容。在选股、买股、持股、卖股时遵循的相关交易原则和交易纪律，并在操盘策略下进行，这些内容就属于操盘体系方面的内容。另外，在选股形态判断、买卖股票和持股判断分析上，所倚重的就是均线和量价这两个技术指标的相关表现，这部分则属于相关技术指标的应用。

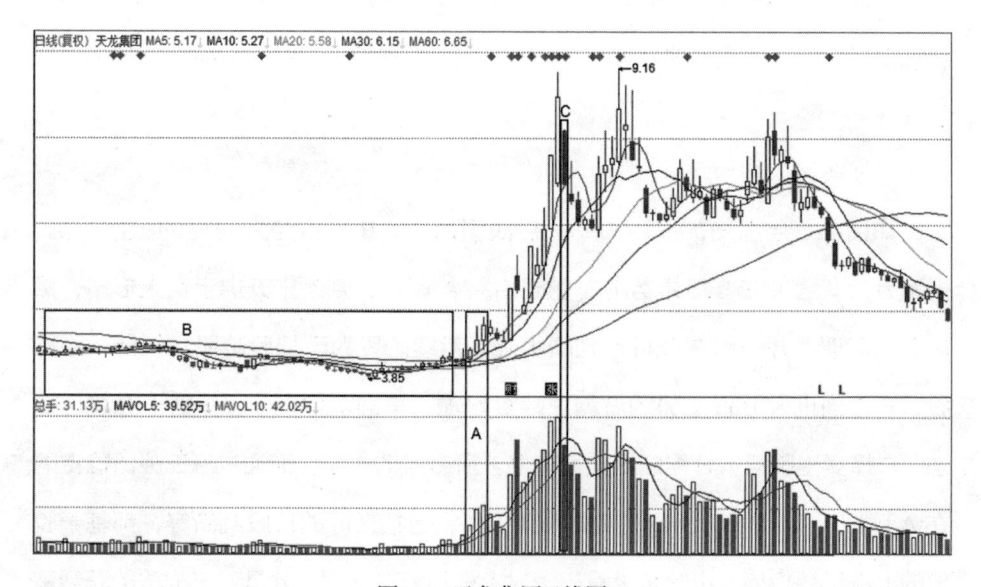

图1-3　天龙集团日线图

注意事项：

（1）投资者在学习五三战法前，充分了解五三战法的主要内容，更有利于梳理思路，这样在学习时就能做到有的放矢了，对于自身较弱的部分，可以重点去学习，因为明其理后再去学习，内心就多了一份专注。

（2）在了解了五三战法内容上的三大板块后，还要明白各个板块的内容在实战中的作用和目的，这样就能对五三战法有一个更深层的认识和理解，学习时就会更有针对性，事半功倍。

1.2　五三战法的获利原理

1.2.1　上涨趋势是五三战法的获利基础

A股市场规定，个人投资者只有买入股票后，股票价格出现了上涨，投资者卖出股票后才能获得在持股期间由股价上涨所带来的价格差收益，也就是说，A股中的个人投资者是无法靠做空股票或指数来获利的。五三战法的选股和操盘策略等内容，都需围绕这一原则，让投资者在买股时能够买到处于上涨初期的股票，通过上涨波段的全部或部分持股来获利。因此，股票的上涨趋势是五三战法的获利基础。

实战案例：

如图1-4金刚光伏（300093）日线图所示，B段走势为明显的上涨趋势，投资者只有通过在B段走势的左侧起始端A区域，判断出五佛手买入形态，然后买入股票，并一直在分析和判断中确认后续阶段为可持股阶段，保持一路持股，一直到进入B段走势的右侧末端C区域，再准确地判断出一心一意卖出形态，选择卖出股票，才能最终获得价格差所带来的收益。而通过五三战法确定的在A区域的买入与C区域的卖出股票操作，包括期间的持股判断等，都基于股票的上涨运行趋势。由此可以看出，对上涨趋势的把握，才是五三战法的获利基础。因为有了这个基础，再通过五三战法的运用，准确把握好上涨趋势的起始点，才能获利。

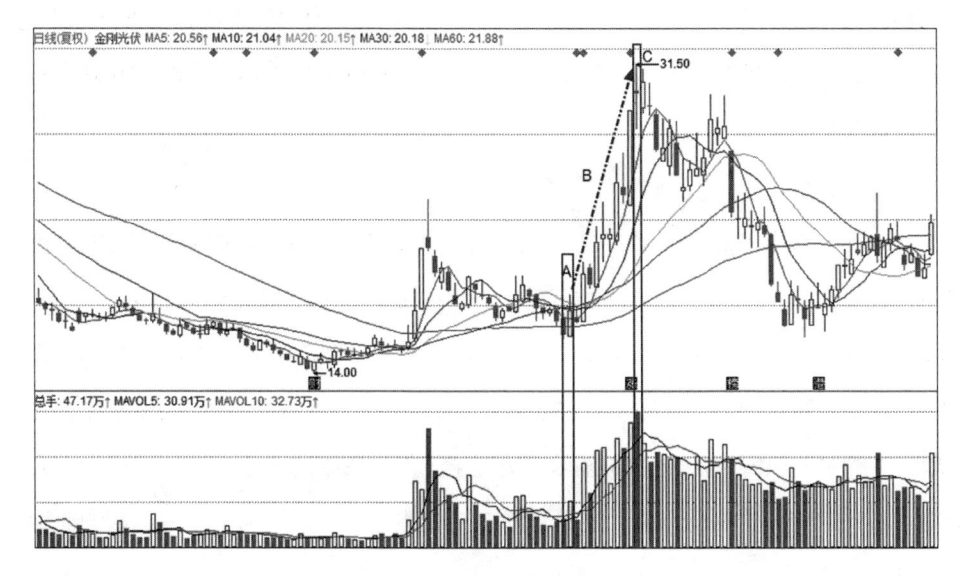

图1-4　金刚光伏日线图

注意事项：

（1）在A股市场，通过上涨趋势获利是所有个人投资者必须遵守的一条规定，因为在市场上，只有机构投资者才允许进行融券做空的操作，但如今也受到了越来越多的限制。所以，善意做多，才是股票投资者投资股票的根本遵循。

（2）投资者明白了上涨趋势是五三战法的获利基础后，一定要树立正确的价值投资观，尽量不要去参与那些业绩差的概念炒作股。随着市场的不断完善，以及退市规定的监管趋严，靠海量资金大肆炒作的股票，很容易出现突然变脸和退市的情况，投资风险极高。

1.2.2　通过上涨趋势中的主升浪波段持股获得收益

在明白了上涨趋势是五三战法的获利基础后，还要明白一点，就是在上涨趋势中，有着一种特殊的上涨波段，那就是加速上涨或快速上涨波段，这一波段就是专业人士经常提到的上涨主升浪的小波段。这一波段，是股价在上涨趋势成立后最为明显的上涨波段，有着短期上涨快、涨幅可观的特点。在实战中，当上涨主升浪开始时，往往是上涨趋势出现短时调整后恢复上涨趋势的表现，而此时其均线形态和量价形态，恰好就表现为五三战法中标准的五佛手或弹指神通形态。因此，五三战法的获利方式与原则，事实上也是准确捕捉上涨主升浪，并通过持股来获取波段收益。

实战案例：

如图 1-5 中国海油（600938）日线图所示，在经历了 C 段持续的震荡上行后，股价进入 A 区域，表现为五条均线明显线头向上发散运行的五佛手形态，同时，持续放量上涨明显，因此，应在 A 区域内右侧 K 线形成当日及时买入股票。其后，股价出现了一轮明显的上涨趋势，所以，D 段走势为这只股票在上涨趋势中的主升浪行情。到了 B 区域，出现了五三战法中的一心一意卖出形态，应及时获利了结。这一轮操作，就是利用五三战法抓主升浪上涨小波段获利的典型应用。

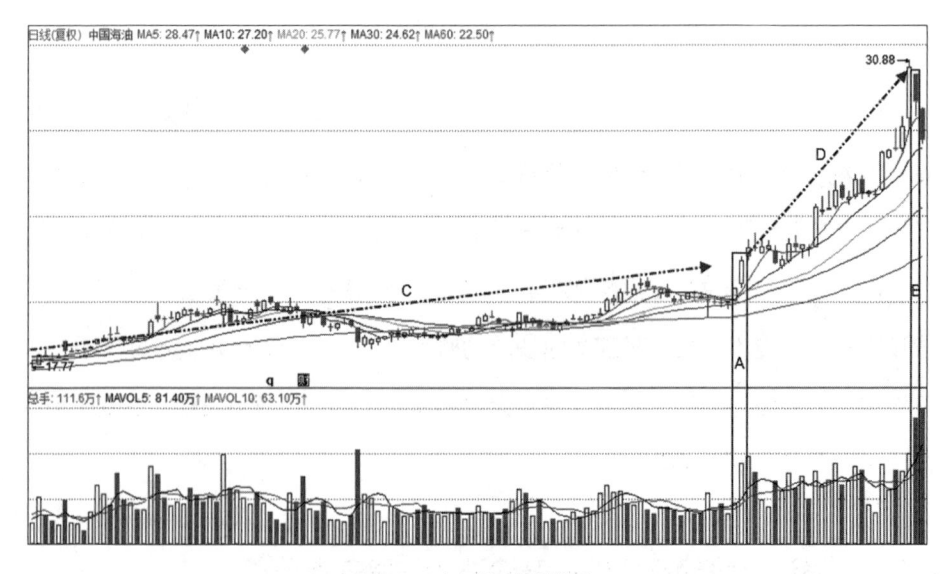

图1-5　中国海油日线图

注意事项：

（1）主升浪是股票在上涨行情中最为明显和突出的一段上涨行情，所以，无论投资者是否采取五三战法的操盘方法，只要能够准确地捕捉到这一行情，短期收益都会较大。但正是由于主升浪上涨快，所以，其往往是一只股票上涨走势的中末端行情，当出现卖出形态时，应及时卖出股票。

（2）由于不同类型的股票加速上涨时期的表现方式略有不同，比如往往小盘股在上涨趋势到来时，有时会快速封板。所以，在行情启动前，投资者一定要根据不同类型的股票的具体情况具体分析，并及时捕捉到主升浪行情。

1.3 实战意义

1.3.1 趋势明显转变是五三战法交易时的主要依据

通过前面的介绍，我们已经了解到了五三战法主要是依据趋势转变期间表现出来的特征进行操盘的，相当于在无形中告诉投资者，在五三战法中，无论是哪一种买入形态，其依据必然是趋势已经发生了由弱到强的转变，只不过股价在由弱转强的初期，其表现出来的技术特征不会过于明显，因此，我们才需同时借助量价突变的形态来进一步确认趋势是否发生了由弱到强的转变。这种均线买入形态＋量价齐升状态，充分印证了趋势由弱到强的转变，确保了投资者买入股票的安全性。所以，与其说五三战法的买股形态是一种强势形态，不如说是在判断股价由弱到强的转变是否明显和突出，只有这种趋势转变突出了、明显了，五三战法中的买股形态才更为标准。在卖出股票时道理相似，所不同的是，当一只股票由强转弱时，变化往往是十分迅速的，因为主力在大幅获利后，自然是以最快的速度获利了结。因此，在卖股时，五三战法更为注重股票的短期趋势是否突然变弱，这是买股与卖股时最大的不同，但都是在遵循着趋势转变的规律。

实战案例：

如图1-6株冶集团（600961）日线图所示，在持续弱势震荡中，当股价进入 A 区域时，形成了明显的量价齐升的五佛手形态，说明此时趋势已经开始转强，应果断买入股票。而到了 B 区域，股价在小幅调整后，形成了明显的量价齐升的弹指神通形态，同样说明调整已经结束，股价已明显转强，所以，同样要及时加仓买入。在其后的上涨中，进入 C 区域后，突然出现了一根上影线极长的阴线，成交量也突然放大，明显是放量下跌的征兆，形成了一心一意卖股形态，说明趋势已明显快速转弱，应果断卖出股票。这就是五三战法在实战中以趋势明显转变为依据的买卖交易。

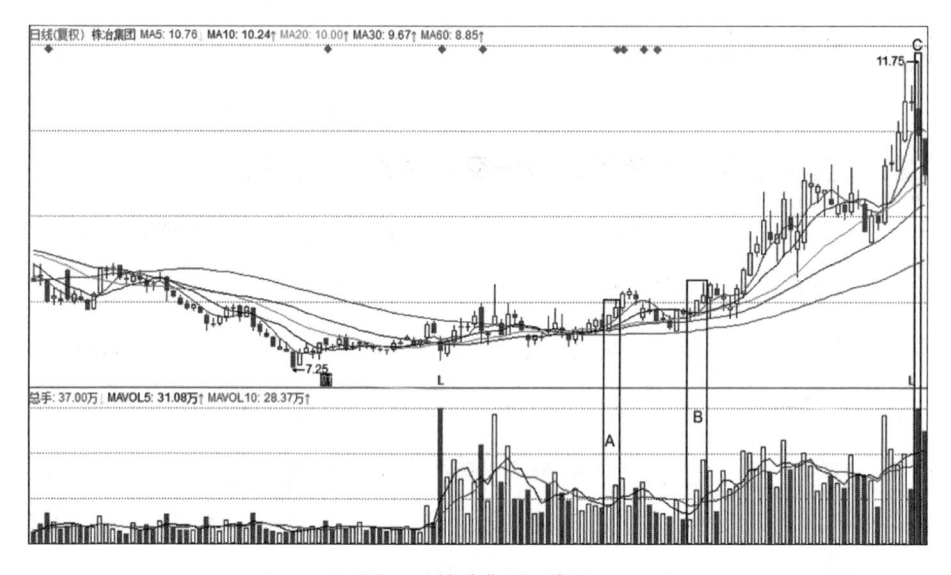

图1-6　株冶集团日线图

注意事项：

（1）尽管在五三战法中有着明确的买卖股票的形态和要求，但投资者在学习前一定要明白一个道理，五三战法中的买卖形态只是技术特征表现出的形态，其意在于证明股价趋势是否出现了明显的转变，因为只有趋势发生了根本性的转变，买入操作才会获利。

（2）投资者在卖股时，也一定要明白，五三战法的卖股形态有两种。一种是基于中长线的交易，看重的是大趋势的变化，另一种则是基于短线的交易。所以，投资者要先明白自己的操盘策略，然后再去选择。通常情况下，多数人都喜欢短线持股，所以，这时即便是卖早了，也不过收益少一些，但却规避了高位持股的风险。即便此时股价短线仍然强势，但高位分歧却是明显在加大，不然不会出现一心一意等显示主力大举出逃的形态，而主力的出逃，就证明趋势开始变弱了，即便一时强，也是短时的、虚假的强。

1.3.2　运用五三战法交易可有效降低操作风险

投资者在实战时使用五三战法进行交易，只要能够在严格遵循五三战法的要求下进行，就能够有效地降低操作的风险。这是因为，五三战法较其他操盘技术而言，多了一层选股环节，而在选股时，除了在技术特征上有要求，还要求投资者以价值投资为基石，也就是目标股在满足同等的技术条件时，投资者要优选那些基本面质地好的上市公司的股票。这是因为，一些公司的股票可能因某一消息或概念而突然转强，但公司基本面实质上并未发生变化，所以，这种转强往往时间较短，不可持续。尤其是当根据短期弱势整理形态选股时，极易出现失误。而五三战法这种对基本面的要求，则从上市公司的内核出发，确保了目标股业绩的稳定与可靠，而表现良好的业绩对公司股价具有一定的支撑作用，除非是遇到了系统性风险，否则，运用五三战法交易，是能够有效降低操作风险的。

实战案例：

如图 1-7 中材国际（600970）日线图所示，无论是在 A 区域根据五三战法中的五佛手形态买入了股票，还是在其后的 B 区域根据五三战法中的弹指神通形态买入了股票，其后的持股均是安全的。这是因为，在判断是否买入时的前期选股阶段，是根据五三战法的选股要求进行选股的，早已规避掉了一些风险。

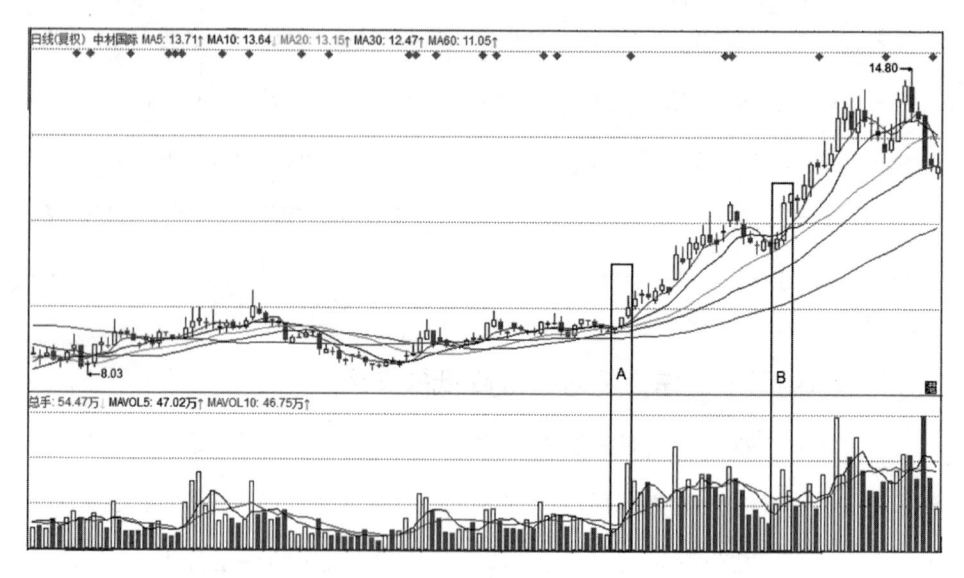

图1-7　中材国际日线图

因为根据五三战法的选股要求，在选股时，先是从图1-8中的周线图开始的，在周线图上，股价在A区域表现出了长期的弱势震荡整理状态。这时再观察其月线图，发现图1-9所示的月线图上的A区域，也就是图1-8中A区域对应的月线位置，股价同样是处于弱势震荡整理状态，这就说明了这一区域的弱势震荡整理的低位的稳定性。

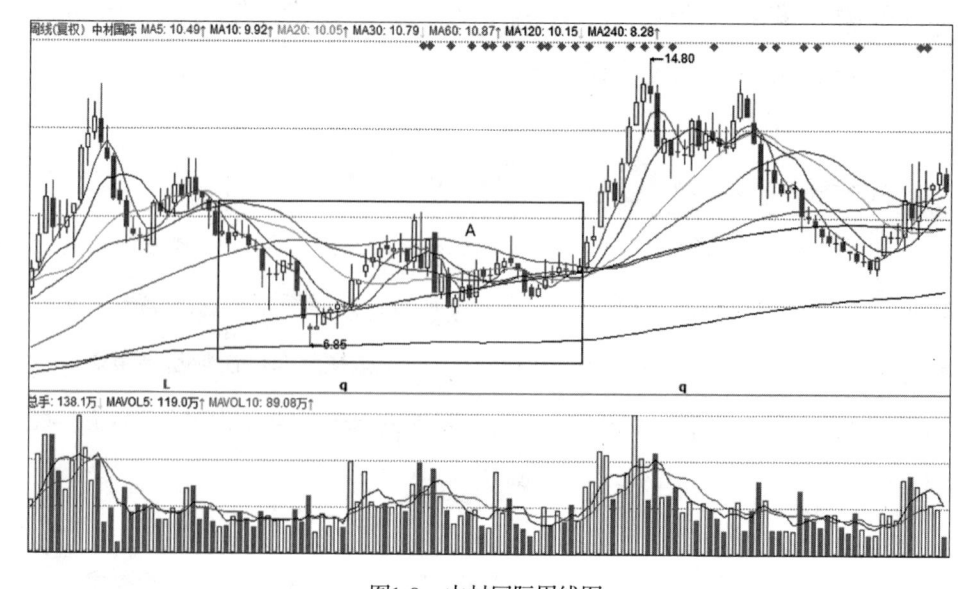

图1-8　中材国际周线图

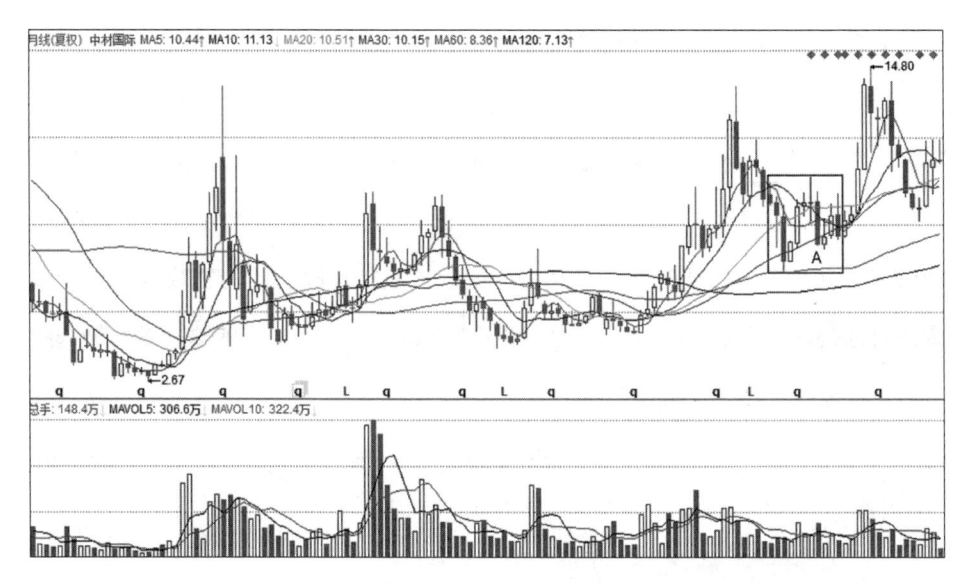

第 1 章　五三战法：中短线获利较高的操盘技术

图1-9　中材国际月线图

在完成了技术选股后，这时再打开中材国际的个股资料，如图 1-10 所示，公司的市占率保持全球第一，明显是行业的龙头企业，且当季的每股收益为 0.77 元。业绩是良好的，但确认业绩时，应打开财务分析界面去观察。

图1-10　中材国际个股资料最新动态

如图 1-11 所示，在中材国际的财务分析中可以看到，公司持续三年的净利润均保持在 15 亿元以上，基本每股收益也保持在 0.69~0.98 元，净资产收益率保持在 10% 以上，明显是一家质地优良、持续盈利的公司。因此，在将其放入股票池后，应持续观察，一旦出现转强征兆，应优先买入。因为质地优良的龙头公司，业绩是有保障的，即便是遇到了系统性风险，其抗风险的能力也会高于同行业中的其他公司。因此，针对图 1-7 中的买入交易，就是通过之前这一系列的选股分析，将投资风险有效地降低了。

科目\年度	2022	2021	2020	2019	2018	2017
成长能力指标						
净利润(元)	**21.94亿**	**18.12亿**	**15.21亿**	**15.92亿**	**13.68亿**	**9.77亿**
净利润同比增长率	21.06%	19.13%	-4.44%	16.41%	39.98%	91.04%
扣非净利润(元)	21.02亿	13.00亿	8.57亿	14.87亿	13.25亿	6.62亿
扣非净利润同比增长率	61.64%	51.80%	-42.38%	12.17%	100.24%	127.82%
营业总收入(元)	388.19亿	365.35亿	305.38亿	243.74亿	215.01亿	195.54亿
营业总收入同比增长率	6.25%	18.68%	-7.72%	13.36%	9.96%	2.88%
每股指标						
基本每股收益(元)	0.9800	0.8200	0.6900	0.9200	0.7800	0.5600
每股净资产(元)	6.42	5.87	6.20	5.85	5.00	4.31
每股资本公积金(元)	0.09	0.09	0.65	0.65	0.59	0.59
每股未分配利润(元)	5.00	4.37	4.19	3.85	3.12	2.52
每股经营现金流(元)	0.41	1.00	1.01	0.14	-0.93	-1.12
盈利能力指标						
销售净利率	6.01%	5.61%	4.97%	6.54%	6.53%	5.01%
销售毛利率	16.97%	17.18%	16.05%	16.82%	18.56%	16.81%
净资产收益率	15.81%	14.13%	10.90%	16.82%	17.00%	13.47%
净资产收益率-摊薄	15.07%	13.89%	10.51%	15.63%	15.71%	12.92%

图1-11 中材国际个股资料财务分析

注意事项：

（1）对于股票市场而言，其风险是不容忽视的，而有些风险是难以预料到的，即便是专业的经济学家，也不可能预知所有的风险，更何况是个人投资者。因此，对于投资市场的风险，投资者在入市时就应当有心理准备。

（2）系统性风险虽然是无法预料的，但市场上股价的涨跌风险却是可以通过技术手段有效规避的。五三战法之所以能够有效规避这一风险，就是在选股环节始终坚持价值投资理念，而这种选股标准，即便是市场上发生了不可预知的系统性风险，所选股票同样有着较强的抗风险性，除非目标股的行业出现了没落和颠覆性的改变。

1.3.3　五三战法不只是一套短线操盘技术

很多投资者都以为五三战法只是一套短线操盘技术，事实却不尽然。从选股标准来看，五三战法的选股标准都是基于中长线标准而设定的，且以价值投资理念为根本遵循，所以，在应用五三战法实战时，是完全可以进行中长线投资的。例如，所选目标股在低位震荡，在确认了这一低位平台的有效支撑时，即可逢低布局，或是依据五三战法中的买股形态在日线上去选择买点，买入后可选择适当仓位进行日线级别的五三战法买卖交易，其余仓位可按照周线级别进行持股，即一直到周线上涨趋势出现并结束时，再清仓式卖出。这种方式，其实就是中长线的价值投资方法，若再加上日线级别的五三战法操作，则演变为中长线＋短线的操盘方法。可以说，五三战法不只是一套短线操盘技术。

实战案例：

在选股时，若是看到了如图 1-12 所示的皖通高速（600012）月线图中的 A 区域时，并发现在这一时期股价出现了长期的弱势震荡整理，其水平刚好与大幅下跌后、前期上涨前启动上涨的整理平台 C 区域持平，所以，A 区域支撑较强，这时就要去观察公司的基本面了。

如图 1-13 所示，皖通高速个股资料中的财务分析显示，这家上市公司的净利润在 2017 年至 2022 年间，大多年份保持在 10 亿元以上，只在 2020 年下滑至 8.69 亿元；基本每股收益一直在 0.50~0.95 元；净资产收益率一直在 8%~13%。可以说，公司业绩优秀，盈利能力较强且稳定。从盈利能力来讲，公司一直处于高速行业之首，无疑属于行业中盈利能力较强的龙头企业。

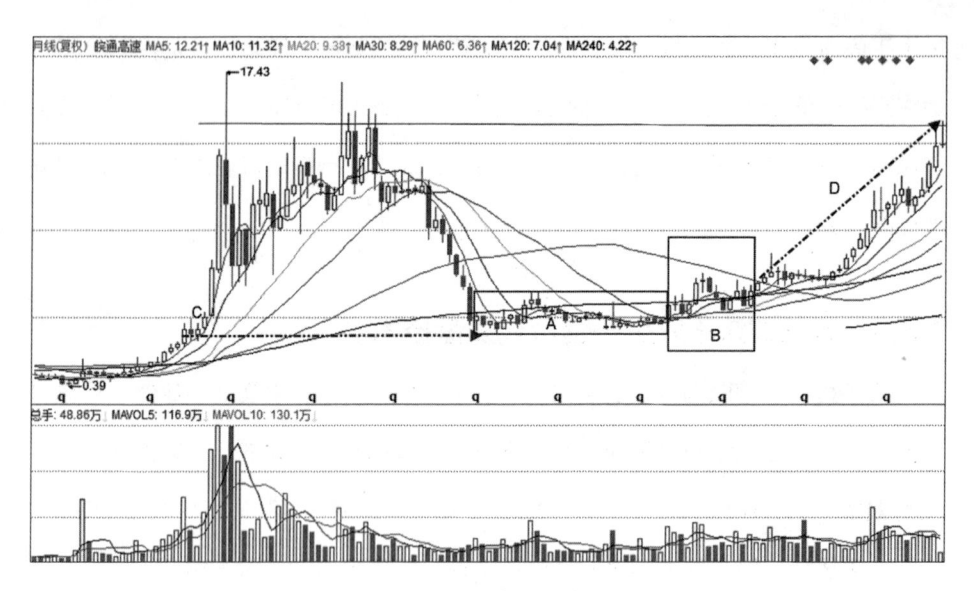

图1-12 皖通高速月线图

图1-13 皖通高速个股资料财务分析

这时不妨再回到图 1-12 中，若是投资者正好是在 A 区域所在的 2018 年

16

7月—2020年10月看到了这只股票，那完全可以逢低埋伏买入，作为中长线投资的介入时机。其后的2020年11月—2022年10月，可根据日线图上五三战法中的买卖形态，去寻找买卖点来进行短线操作。若要中长线持股，则一直持有到图1-12中D段走势的最右侧，即上方出现影线时，去从日线上寻找卖出时机。这是因为，当股价在月线图上上冲到了前期高位附近时，明显高位区筹码较多，此时股价所面临的上涨压力或阻力也必然会大，一旦出现回落，就要及时从日线上寻找卖点了。

如图1-14皖通高速日线图所示，股价在E区域出现了高点后的快速回落现象，量价齐跌明显，所以，基本上可以确认图1-12中D段右端的股价已开始面临月线级别的高位筹码松动状况了，即便是股价仍然会在高位反复，甚至是震荡上涨，幅度也有限，且持股风险是大于收益的。所以，此时即可清仓这只股票，完成一轮中长期投资。而无论是从图1-12中A区域的股价近4元买入计算，还是B区域的股价约为5元买入计算，此轮中长线投资的收益较大。所以，利用五三战法做中长线投资时，收益往往更大，因为它操作的往往是月线或周线级别的涨跌趋势。

图1-14　皖通高速日线图

注意事项：

（1）投资者在利用五三战法对股票进行中长线投资时，买入时一定要从月线入手去寻找股价处于底部的个股。因为只有月线级别的底部，才是一只股票真正的底。而优秀的上市公司，一旦在一轮调整中跌破了月线底，则往往会出现数年难遇的大底，应大胆逢低买入，中长线持股，因其后的反弹和反转，也往往是月线级别的上涨。

（2）如果投资者喜欢短线投资又不愿放弃中长线投资，完全可以将资金分成两部分，一部分资金去中长线持有这只股票，而一部分资金根据日线级别的五三战法买卖时机去进行短线交易。

第 2 章

操盘攻略：
五三战法获利的核心

一套好的操盘技术，通常都会有其更为全面的操盘攻略，比如操盘策略、操盘纪律、交易原则和仓位管理等。这些看似与实战关联不大，甚至在一些人看来可有可无的内容，却是五三战法操盘的核心内容。这些内容直接渗透在五三战法每一种操盘技术的各个环节，并且深深地影响着投资者如何分析与判断行情，同时，这也是投资者最终能否实现获利的根本保障。

2.1 操盘策略

2.1.1 上涨波段持股策略

在五三战法中，由于是依靠趋势进行交易的，所以均是在趋势转强后，也就是上涨趋势形成后买入股票的，所以，在操盘策略上，依然是依靠一只股票在上涨趋势中形成的明显上涨波段持股来获得收益的。因此，当根据五三战法交易股票时，必须遵守上涨波段的持股策略。因为只有股票价格在上涨波段中，投资者持有股票才能够确保收益是可靠的。这一点，主要还是由于现行的A股交易制度的规定，根据规定，绝大多数的个人投资者，只有做多才能获利。因此，投资者在学习五三战法前，一定要先了解上涨波段持股这一操盘策略。

实战案例：

如图2-1葛洲坝（600068）日线图所示，投资者在根据五三战法操盘时，一定要遵守上涨波段持股策略，A段走势正是这只股票在上涨趋势形成后出现的明显的上涨波段，通过在A段走势左侧起始端买入，而后到了右侧末端卖出，才能获取较丰厚的收益。而在其他趋势期间持股，股票价格往往涨跌难以持续，获利是相对较难的。所以，投资者在根据五三战法操盘时，一定要牢记遵守上涨波段的持股策略。

图2-1 葛洲坝日线图

注意事项：

（1）投资者在了解上涨波段时，必须先了解什么是上涨趋势，因为只有在上涨趋势中形成的股价持续向上运行的波段，才叫作上涨波段，这一点与反弹走势中的上涨是不一样的。

（2）虽然在 A 股市场存在着融券做空的操作，但个人投资者必须满足一定的条件，比如从事证券交易的时间必须在 6 个月以上，而且个人账户内在申请前必须保持 20 个交易日以上的资金量达到 50 万元，方可申请开通相关账户，而后才能进行交易。另外，投资者还必须遵守监管部门及证券公司规定的其他条件，所以，普通投资者是很难熟练地进行融券做空交易并获利的。

2.1.2　主升浪波段持股策略

从股票价格的趋势演变过程，观察股价在各个趋势中所表现出来的明显特征，可以发现一个规律性的东西，那就是股价在上涨趋势中，均会出现一段明显的加速上涨小波段，在这一加速上涨小波段中，不仅股价短期上涨明显，涨幅也十分可观，因此，这一加速上涨小波段被市场专业人士称为主升浪行情。五三战法是根据股票价格在上涨趋势中的规律总结出来的操盘技法，对上涨趋势的分解是全面的，而主升浪行情开启初期，也往往是以五三战法中的五佛手或弹指神通等形态出现的。因此，投资者在根据五三战法实战时，一定要遵守主升浪波段的持股策略，这样才能在短期内获得较大的收益。

实战案例：

如图 2-2 中国神华（601088）日线图所示，股价在 A 段略微上涨后，在 B 区域开始了长期的震荡整理，到 C 区域又出现小幅上涨后的调整，上涨趋势明显，在调整结束后的 D 段走势中，股价明显开始持续快速上涨，形成上涨主升浪行情，短期涨幅较为可观，从 D 段的低点到末端的高点，股价大约上涨了 30%，但期间也不过只有 17 个交易日，可谓短期涨幅较大。因此，投资者在利用五三战法进行实战时，一定要坚守主升浪波段持股的操盘策略。

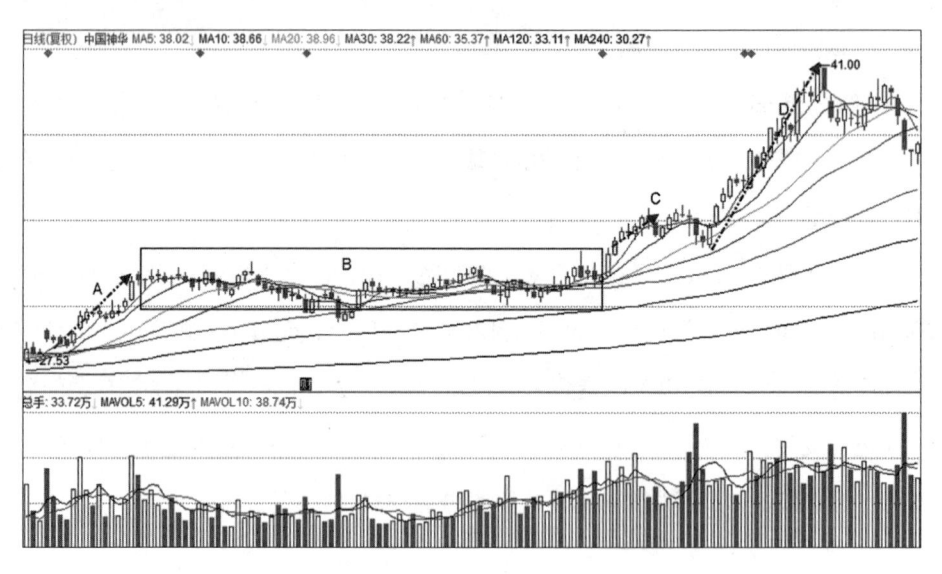

图2-2　中国神华日线图

注意事项：

（1）主升浪为一只股票股价的明显上升阶段，判断起来通常很简单，只要一只股票在形成明显的上涨走势后，一段明显的上涨走势后的调整结束，当股票价格再次恢复上涨时，往往就是主升浪行情，又叫主升浪小波段。操作主升浪小波段，往往短期收益较大，所以是五三战法中一个重要的操盘策略。

（2）在实战中，投资者若发现潜在的大牛股，有时会遇到一只股票一开启上涨行情就是主升浪行情的情况，这时除了其形态符合五三战法的买入形态要求外，在量价上往往也会表现得更为强势，如量不过大却出现了快速涨停，一经发现，应果断在涨停前买入。

2.2　操盘纪律

2.2.1　克服恐惧与贪婪

恐惧与贪婪都是一个人心理上的两种情绪体现，而在股票市场，主力资金在操盘的过程中，会对人性进行一场又一场考验，比如对于某只股票，投资者遇到持续下跌时，往往会十分恐惧，明明股价很低了，却不敢买，白白错过了较好的买入时机，有些持有者，也会因受不了这种下跌的折磨交出手中的低廉筹码。而股价在持续的上涨中，明明股价的涨幅已经很高了，却依然天天都涨，这也让投资者难以忍受，贪婪念起，丧失理智，成为高位接盘侠。因此，在利用五三战法操盘前，一定要树立一种理性的观念，严格遵守操盘纪律，克服恐惧和贪婪心理，这样在实战期间，才能减少受情绪干扰。

实战案例：

如图2-3昊华能源（601101）日线图所示，股价在弱势整理后，于A区域向上持续突破中长期均线，转为上涨走势，但在其后的B区域，股价先是小幅震荡下跌，而后出现了持续的阴线下跌走势，跌势很猛，且在B区域右侧末端，股价跌破了半年线120日均线和年线240日均线，不免让许多投资者产生了恐惧心理，猜想股价是否会继续下跌转为弱势？甚至是在其后的走强后再持续阴线下跌的C区域，股价同样向下接近了120日均线，不免同样让许多投资者心生恐惧，猜想这是股价是转弱的迹象？

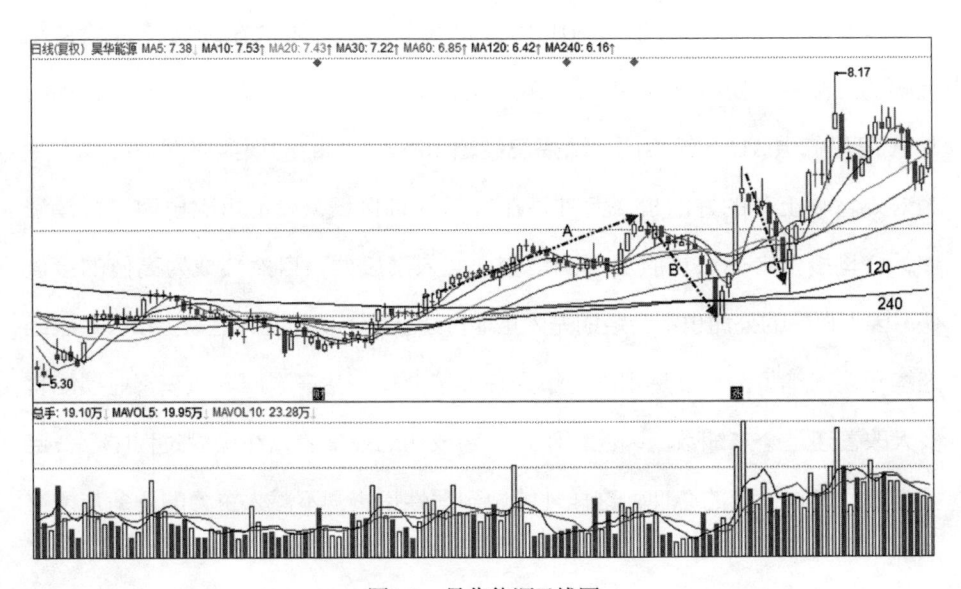

图2-3　昊华能源日线图

这时不妨看看图2-4昊华能源的周线图，趋势变化一目了然。图2-3中B区域与C区域右侧末端的日线级别的持续下跌，在图2-4的周线图上，只是股价趋势刚刚转强后的短期快速调整，所以，投资者根本无须恐惧，反而每次走低，都是一次好的低位买入时机。

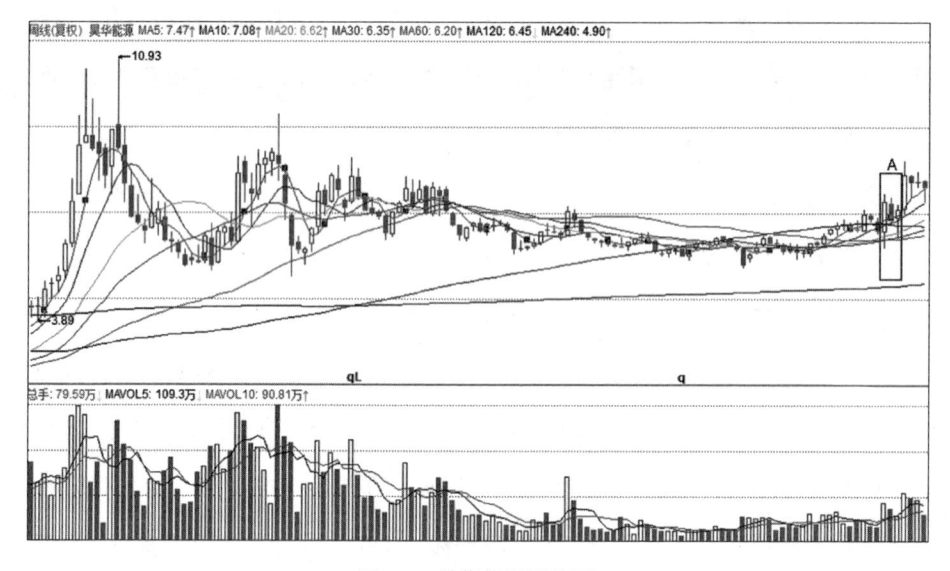

图2-4 昊华能源周线图

再有，如图2-5赛力斯（601127）日线图所示，股价在经历了A段持续大幅的上涨后，到B区域展开了横盘小幅震荡走势，股价在80元附近，此时与A段最低点31.76元相比，涨幅已经超150%，此时的横盘整理正好成为主力对外宣称上车的好时机，尤其是在其后的C区域，股价再次出现了持续涨停，一旦投资者无法克服心中的贪婪，买入了股票，自然会成为高位的接盘侠，因为再好的公司也不会短期无休止地持续上涨，更何况，这家上市公司已经连续亏损三年了，不过是刚刚与华为开展了合作，生产了问界汽车，业绩能有多大改善还是个未知数。因此，作为一名成熟的投资者，在操盘过程中，一定要克服恐惧与贪婪的心理，这样才能做到理性投资，不落入主力的诱多与诱空陷阱。

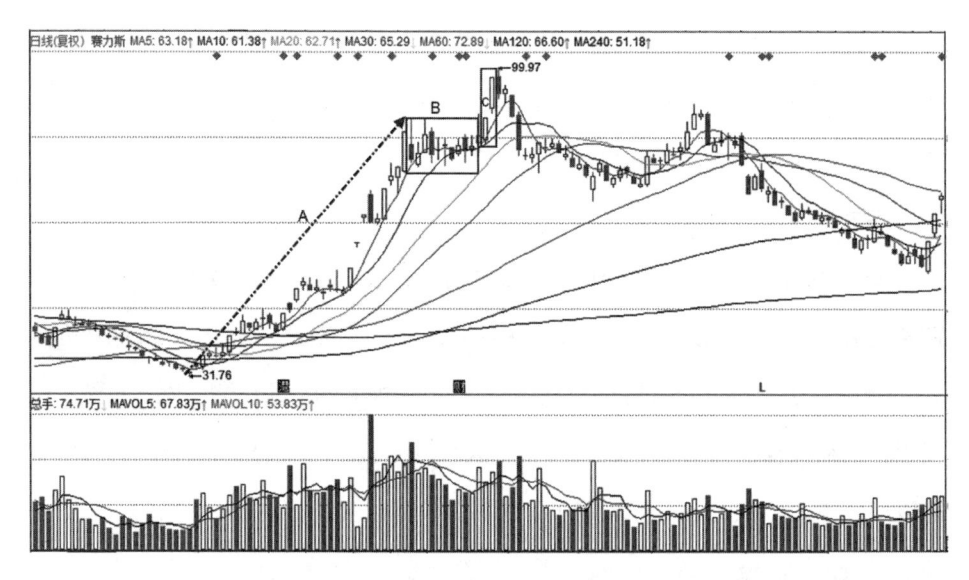

图2-5 赛力斯日线图

注意事项：

（1）投资者要想真正克服贪婪与恐惧，并不是一朝一夕就可以做到的，但是，对立志进入投资市场的投资者来说，必须要有意识地克服；否则，再好的操盘技术，也很难帮助他们在实战中获利。因为贪婪与恐惧，能够影响一个人的正常思维和判断能力，从而做出错误甚至是完全相反的交易行为。

（2）克服短期恐惧和贪婪的有效方法，就是养成一种遇事思考一两分钟再决定的习惯。比如当准备交易时，让自己冷静两分钟，深呼吸一下，然后再回过头来看要交易的股票，以及当前的趋势情况，就不会如之前冲动了。

2.2.2 不要总期望抄到最低点

投资者在根据五三战法操盘前，一定要坚守不要总是期望抄到最低点的纪律，因为从实际行情来看，股价的低点是根本无法预测到的，我们选股只是选到了一个优质公司的股价低位整理平台，即其合理的低位价格中枢，但并不一定就是这只股票真正的大底，因为一旦发生不可预知的系统性风险，即便是这个主力资金云集的低位平台，同样会在大盘弱势时跌破的。因此，买股时一定不要存有抄底思维，因为五三战法的操盘理念，是买在股票上涨趋势初成的低位启涨位置，而不是什么低点。另外，如果一个人总是想买在低点的话，很容易就买在半山腰，甚至还会买在看似低位的"高位"。

实战案例：

如图 2-6 隆基绿能（601012）周线图所示，股价从高点 73.20 元开启了下跌调整走势，当持续下跌到 A、B 低点区域时，股价已被腰斩过半，若此时认为这只光伏龙头已跌到买入位的话，后续将面临更大幅度的下跌行情，果不其然，该股股价后续出现了持续下跌走势，到 C 区域时，股价已跌到了 25 元左右，但若是以为该点是低位的话，那又错了，其后股价再次震荡下跌，竟然出现了 17.60 元的低点，与高点 73.20 元相比，跌去了 3 倍多，可谓跌幅巨大。那到底哪里才是真正的底呢？

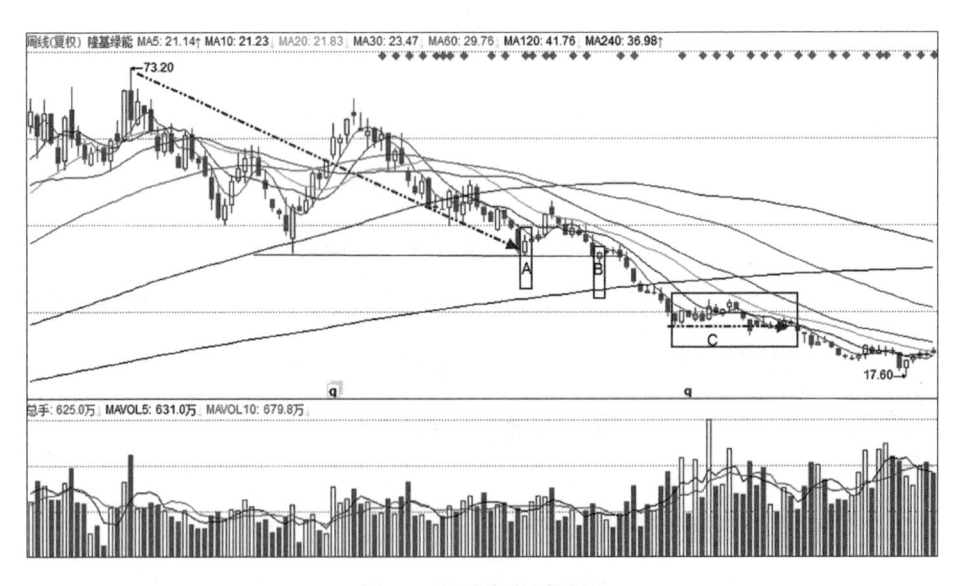

图2-6　隆基绿能周线图

这时就应观察图 2-7 中隆基绿能的月线图了，可以发现，A 区域处于 9~17 元的价格区间，该区间才是具有支撑的长线级别的底，因为这是新能源长足发展的 2019—2020 年，目前 B 区域的低点股价为 17.60 元，已处于这一底部平台的上沿位置，也就是股价基本上位于长线价值中枢的位置了，但弱势整理仍然不够充分。

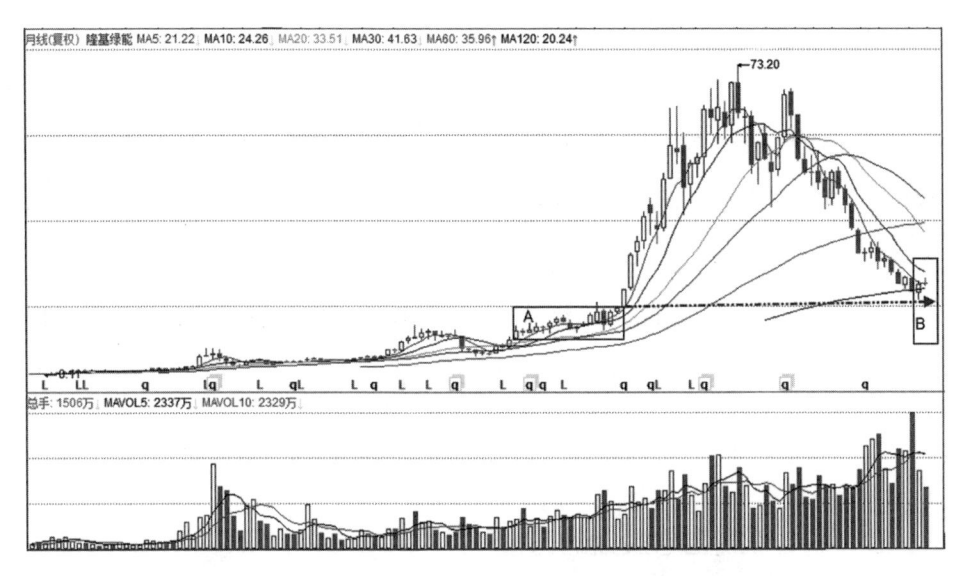

图2-7 隆基绿能月线图

再回到图 2-8 隆基绿能的日线图上，从右侧的 A 区域观察，该区域明显并未出现五三战法中的买股形态，所以，其后若是出现上涨，只能以反弹行情来对待，但目前已基本符合选股的标准，可列为持续观察的目标股。

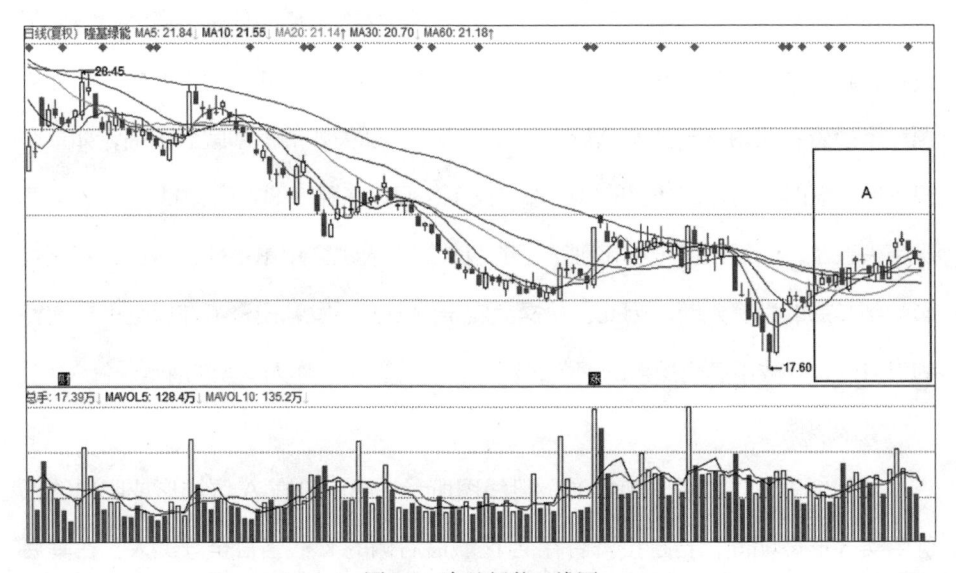

图2-8 隆基绿能日线图

综上所述，可以看出，投资者在操盘时，一定不要总是期望能抄到最低点，因为低点大多是无法预测出来的。

注意事项：

（1）对于很多投资者来说，抄底都是一种极高的诱惑，因为低点买入后的收益是巨大的，但是低点历来都是走出来的，不是预测出来的，所以，抄底的后果，大多是抄在了半山腰。

（2）投资者在根据五三战法操盘时，一定要区分出五三战法中的埋伏买入时机，但这并不意味着抄底，因为这种埋伏买入是一种中长线的底仓投资方式，而非短线行为。

2.2.3　不要养成全仓操盘的习惯

全仓买入与卖出，往往是不少投资者喜欢的一种操盘方法，因为绝大多数的投资者投入股市的资金量都是相对有限的，所以，大多数人喜欢让有限的资金量去发挥出它最大的价值，从而进行全仓买卖，毕竟这些钱本身就是用来投资的。事实上，这种想法没错，但是将这一理念放到股市中它就错了。因为所有的股票分析技术，都是一种概率上的分析，无论这一技术的核心是什么，既然是概率的分析，就无法让正确率达到100%，即使高达99%，还有1%的失败概率，如果再加上投资者使用这一技术分析时的失误原因，那失败的概率就会更高，如果在投资者操盘时，刚好前几次的判断都失误了，假设在胜率80%的情况下，若前两次都失败了，即便后面全都正确了，前两次的失败也会重重地挫伤自己，甚至会影响到其后的投资判断。因此，从操盘安全的角度出发，投资者在操盘前一定要约束自己，养成不满仓操盘的习惯，留一小部分资金，作为安全的保障。

实战案例：

如图2-9工业富联（601138）日线图所示，当股价在A区域形成明显的五佛手买入形态期间，若是投资者在A区域最右侧的K线当日全仓买入，在其后的B区域，股价出现震荡下跌，此时投资者定然在心理上面临短期压力，甚至怀疑这一技术的准确性，但若是留有资金，则完全可以在看清趋势后，逢低买入，到了C区域或D区域股价明显短线快速回落时再卖出加仓资金，到E区域形成卖出形态时再清仓卖出。因此说，投资者在根据五三战法操盘时，一定不要养成全仓操盘的习惯。

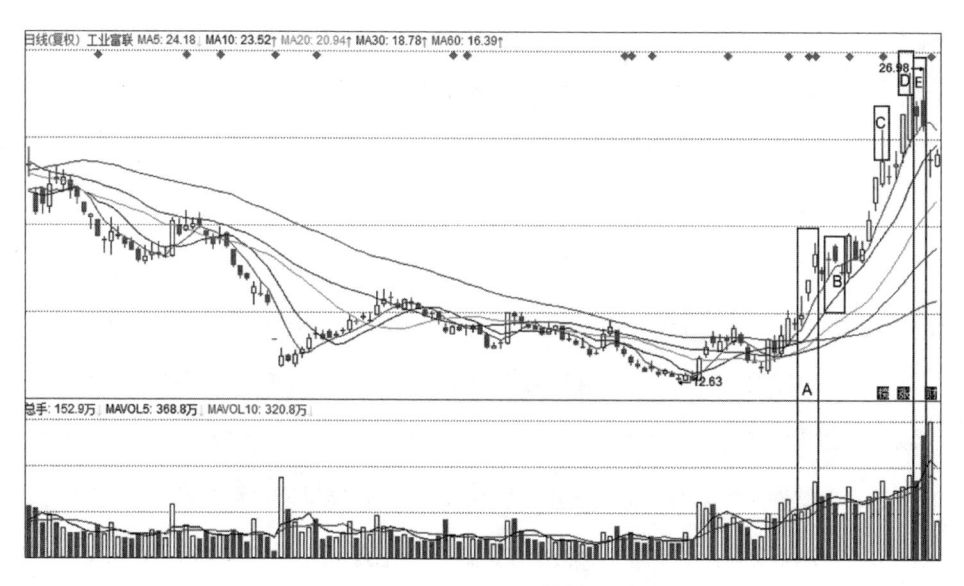

图2-9　工业富联日线图

注意事项：

（1）全仓操作是一种不好的交易习惯，并且长期这样操作，容易让投资者将炒股投资看作是一场赌博，并以这种赌博的心理去投资，所以，该种操作方式是投资者操盘时应主动改掉的一个坏习惯。

（2）投资者要想真正克服全仓操作的坏习惯，最好是在学习期间就形成一种良好的操盘习惯，如按照五三战法操作，或是学习其他技术的投资者，按照其具体的操盘要求去一一执行，这样在实战时就不会去全仓操作了，同时，多从投资风险的角度来认识投资行为，树立正确的投资观，自然也就不喜欢全仓操作了。

2.2.4　不逆市交易

逆市交易是指投资者在交易时，股票的当前趋势非上涨趋势，而是下跌趋势；

或买入的股票与大盘运行的趋势是相反的,如在大盘持续下跌时个股呈现出与大盘不同步的上涨,此期间的股票交易行为,都属于逆市交易。许多入市不深的投资者,经常会受到一些股评的影响,常常在某只股票出现下跌时,认为是机会,就会选择逆市交易,结果和抄底操作没什么区别,成了高位接盘侠或抄在了跌途的开始。所以说,投资者在学习五三战法前,一定要遵守不逆市交易的习惯,因为逆市就是违背趋势运行的一种行为,站在短线思维的角度来看,是完全不可取的,因为逆市交易短期是根本无法获利的。

实战案例:

如图2-10华特达因(000915)叠加上证指数的日线图所示,在A区域内,华特达因股价在持续震荡上涨,而同期的上证指数却在震荡下跌,这时投资者若买入华特达因,就是一种逆大盘趋势的逆市交易。同样,在其后的B段走势中,可以明显看出华特达因的股价是在持续下跌的状态,且上证指数也处于震荡下行的状态,在此期间买入华特达因这只股票的行为,同样是逆个股趋势的逆市交易。从图2-10中可以看出,在这两种逆市交易行为出现后的数个交易日中,投资者靠短线根本无法获利。因此,投资者应严格遵守不逆市交易的纪律。

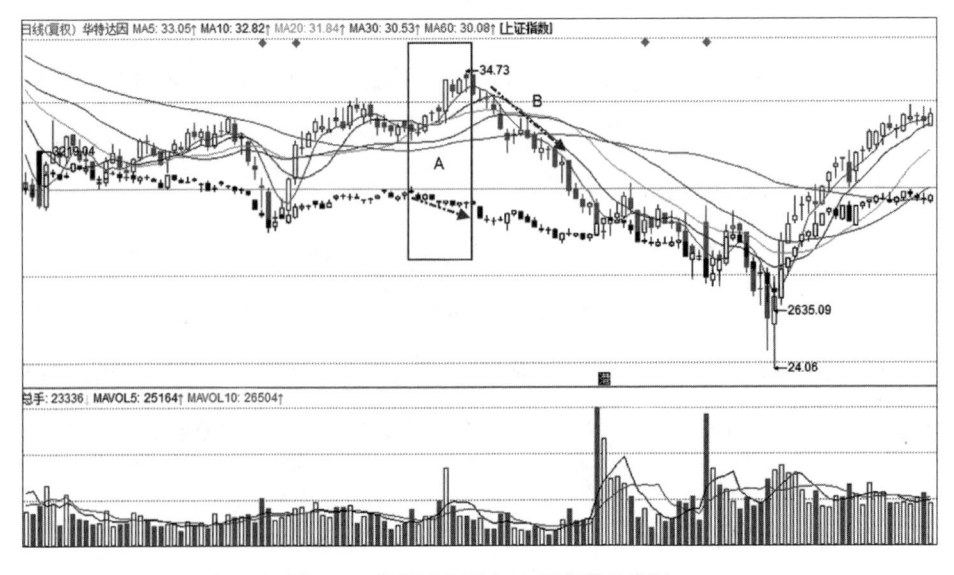

图2-10 华特达因叠加上证指数日线图

注意事项：

（1）有些逆大盘走势的个股，特别是市场热点股，往往走出的独立行情较为乐观，但大多数逆市而动的股票，往往上涨的持续性不强，因此，对于入市不深的投资者，不可养成逆市交易的习惯。

（2）五三战法的本质是顺势交易，所以，学习这一战法的朋友，一定要养成顺势而为的交易习惯，坚守不逆市交易的纪律，这样才能保证自己的投资生涯不剑走偏锋。

2.2.5　大幅盈利后一定要及时止盈

投资者在学习五三战法前，一定要树立一种正确的投资价值观，在不贪婪的同时，还要明白万事都要适可而止的道理，例如，当发现自己持有的一只股票出现了持续大幅的上涨形态后，如果发现出现了好像是五三战法中卖出股票的形态，又好像不像时，也就是投资者有些拿不准的时候，不妨换一种思路去舍留，因为舍得舍得，有舍才有得，所以，要学会在股票大幅盈利后，及时做到止盈，因为你做到及时止盈了，才会及时锁定收益，克服贪婪心理。因此，及时止盈也是一条利用五三战法操盘时必须遵守的纪律。

实战案例：

如图 2-11 中科曙光（603019）日线图所示，股价在弱势震荡下跌后，突然出现了持续上涨走势，并在 A 区域形成明显的五三战法买入形态，若此时买入股票，当其后 B 区域出现一根与前量比较略缩量却又为大量的阴线放量下跌时，投资者若无法准确地判断出卖出形态，不妨看一下此时的股票价格，低点 28.72 元与高点 56.80 元相比，基本上股价在短期内已经出现了翻倍的情况，持有该股短短数日获利颇丰，所以，不妨从止盈的角度卖出股票。事实上，如果从量价形态分析，B 区域与 56.80 元高点时的 K 线组合到一起，刚好是一种孕线状态，且这一区域已经形成了高位放量滞涨的量价形态，是主力隐藏出货时的一种量价形态，所以，即便后市股价还会略有冲高，此时的卖出也是正确的，因股价顶部迹象已经出现，下跌不过是迟早的事情。所以，投资者在根据五三战法实战时，要遵守大幅盈利后一定要及时止盈的纪律。

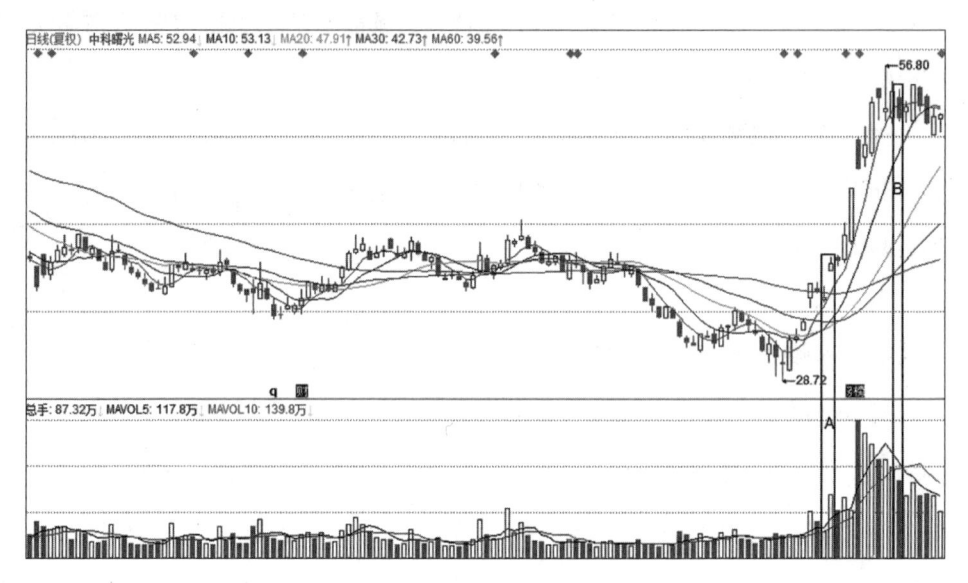

图2-11　中科曙光日线图

注意事项：

（1）股票交易其实不仅是一门技术，同样是一门艺术，就像月圆月缺一样，圆到无法再圆时就会渐渐转缺，股票的上涨同样如此，涨到难以再涨时，自然就会转跌，所以，止盈的纪律，就是要让投资者在交易时遵守趋势演变的规律。

（2）现实中的许多投资者，大多数在进行止损操作时都是比较果断地割肉卖出了，但当股价在涨势中时，往往不愿卖出，这主要是贪婪心理在作怪。所以，要想做到止盈，就要先摒弃内心的贪婪心理。

2.3　交易原则

2.3.1　尊重趋势转变方向进行交易

五三战法是一种顺势交易的操盘技术，所以，在根据五三战法实战期间，一

第 2 章 操盘攻略：五三战法获利的核心

定要尊重股价趋势方向的转变，并根据这一趋势方向进行相对应的交易行为，这样才能获得最大的收益。这种趋势转变方向时的交易，其实就是在弱势转为强势上涨的初期，及时买入交易，在上涨趋势转为下跌趋势或震荡趋势的初期，及时卖出股票。所以，尊重趋势转变方向的交易，就是严格按照五三战法买卖股票的要求去落实和执行。

实战案例：

如图 2-12 陕西煤业（601225）日线图所示，股票在弱势震荡中，于 A 区域形成了五三战法买入要求的五佛手形态，说明股价趋势已经转强，应及时在趋势方向改为上行时买入股票。其后的 B 区域，股价同样在强势后的短线震荡后，形成五三战法买入要求的弹指神通形态，同样说明股价趋势的短线调整已经结束，再次恢复了上涨趋势，应及时买入股票。在其后的持续震荡上涨中，当进入 C 区域，形成五三战法卖出要求的三心二意形态时，说明趋势已经出现了向下的转变，要及时卖出股票。这种 A 区域和 B 区域的买入交易行为，以及 C 区域的卖出交易行为，就是在尊重趋势转变方向的前提下进行交易的行为。

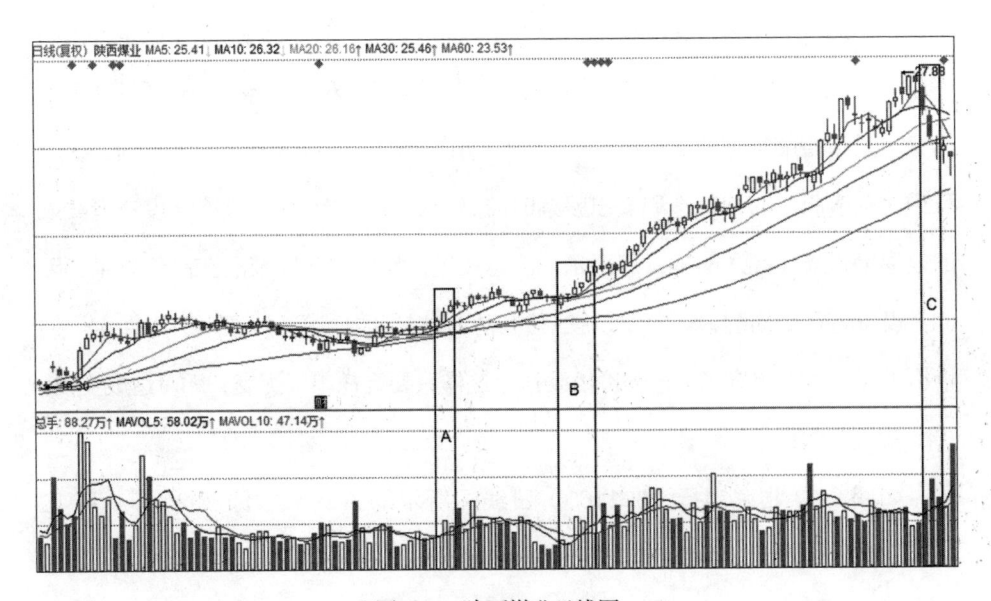

图2-12 陕西煤业日线图

注意事项：

（1）趋势方向的转变，意味着股价的趋势发生了变化，所以，投资者可交易的时机也相应出现了，应根据趋势具体的转变方向，进行对应的交易，即趋势变为上涨时买入股票，趋势转为下跌时卖出股票。

（2）在五三战法中，着重讲述的是基于中长线思维的中短线操盘，所以，投资者在根据趋势转变方向交易时，要记住一点，在进行买入交易或卖出交易时，更多的是侧重中短线投资中的买卖形态和要求。

2.3.2 现价交易原则

投资者在根据五三战法实战期间，一定要遵守现价交易的原则。因为不少投资者在进行股票交易时都有一个习惯，买入股票时，总是希望能买在更低的价格，所以，喜欢挂低于现价的单；卖出股票时，又总是希望能卖得稍微高点，所以，总是喜欢挂高于现价的单。这种想法是没有错的，但在股票交易中，这种想法经常会导致交易难以达成。因为五三战法是选择在股票趋势转强初期买入，在趋势转弱初期卖出，而这两个趋势转变的初期，都属于敏感时期。转强初期往往是低位，主力不愿意更多的散户持有过多的低位筹码，所以，总是喜欢拉涨停；在转弱初期，主力又总是希望能快速将高位筹码卖出去，所以，造成持续大量卖出的行为。这就导致了买入股票时挂低价和卖出股票时挂高价很难达成交易，最终让投资者买入时容易错过最佳买入时机，甚至是无法再买进，卖出时难以及时在高位出手。因此，投资者在交易时，一定要以股票的现价去提交委托单，如买入时选择卖一的价格委托，卖出时选择买一的价格委托。这样只要委托单一提交，即可达成交易。

实战案例：

如图2-13北京银行（601169）日线图所示的A区域，即2024年3月15日这一交易日内，如果投资者是想卖出股票，应选择右侧下方买盘中的买一所对应的价格5.45元进行委卖提交；若是投资者想买入股票，则应选择右侧上方卖盘中卖一对应的价格5.46元提交委买单。这样，只要投资者一提交委托单，即会在第一时间内完成对应的交易。这就是五三战法中现价交易原则下的具体执行方法。

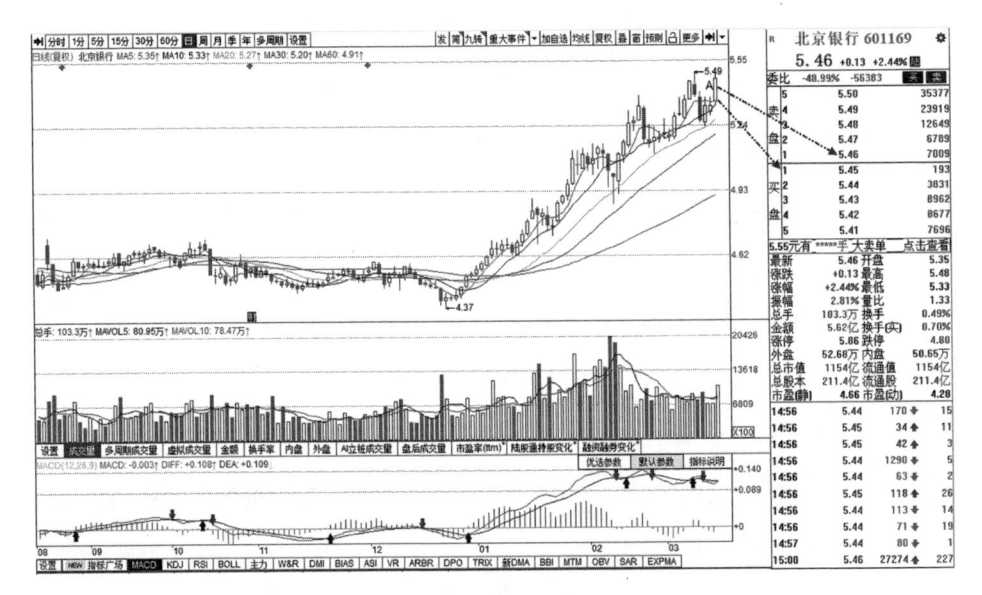

图2-13 北京银行日线图

注意事项：

（1）现价交易是投资者具体落实五三战法实战交易方法的最有力保障，也就是确保五三战法的执行力能够及时到位的方法，若是投资者未遵守这一交易原则，稍一迟疑，或许结果天差地别，造成应该买时没买成，应该卖时没卖出，进而影响到投资者的收益。

（2）对于那些平时喜欢犹豫或做事不够果断的人来说，更要严格要求自己，在交易时不能总是犹豫，因为你所有的交易指令，都是通过分析和判断得出的，是完全符合要求的，所以，交易时只要尽快执行到位即可。而快速执行到位的唯一方法就是现价交易。

2.3.3 交易时按照要求控制好仓位

投资者在根据五三战法进行交易期间，一定要严格按照仓位要求去控制好交易时的量,这是因为,仓位的控制,事实上就是让投资者更为科学地安排资金量的投入时机,让自己每一次的买入投入,都在恰当的时机,为收益最大化打好基础,同时,也有利于不同程度地有效降低投资者的操作风险。

实战案例:

如图2-14平煤股份(601666)日线图所示,当股价在弱势震荡中于A区域形成五三战法中量价齐升的五佛手形态时,如果前期未埋伏买入,应果断以三分之二以上或是五分之三的仓位重仓买入股票,因为此时为趋势由弱转强的初期,对于国有企业中盈利能力强的企业来说,股价正处于低位区,安全系数更高,所以应重仓买入。股价在其后的持续上涨和震荡走势中,进入了B区域,再次形成了五三战法中的量价齐升五佛手形态,若是空仓的投资者,同样可重仓买入,若是前期A区域重仓买入的投资者,此时可加仓买入,甚至达到全仓,因为前期的买入已经实现盈利。此时上涨往往是主升浪的开始,但是,无论是哪种情况的买入者,在买入股票后,更应注意股价的短期趋势走向,一旦股价出现转弱的迹象,应快速清仓式卖出股票。因此,投资者在进行买卖交易时,一定要学会合理控制仓位。

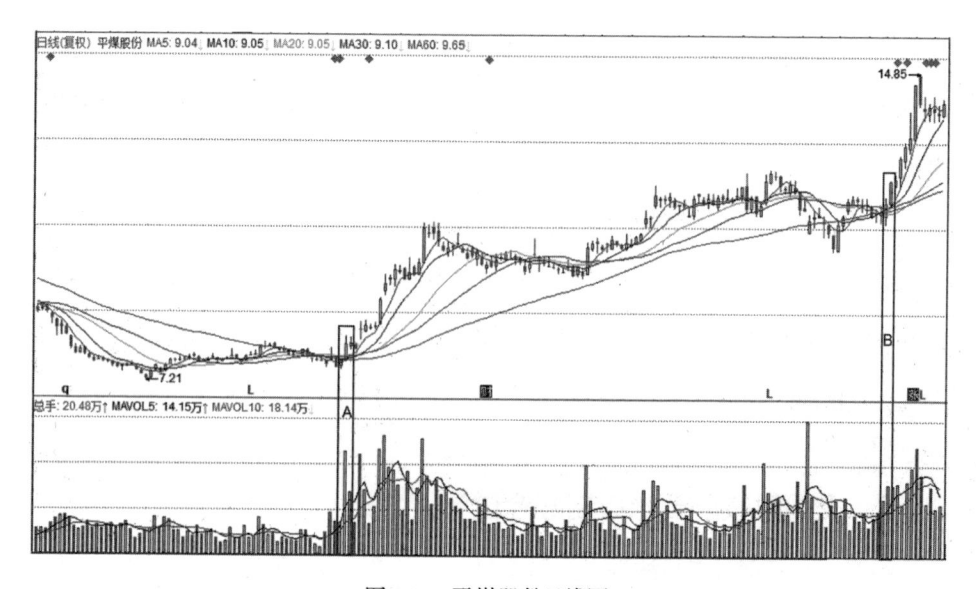

图2-14 平煤股份日线图

注意事项：

（1）在五三战法中，不是对仓位进行简单的资金量划分，而是要结合当时股价所处的趋势阶段进行重仓分配，因为即便是处于上涨趋势初期的股票，并不是就不存在风险，并且不同质地的股票，其上涨趋势出现后的涨幅也不是统一的。

（2）对于仓位的资金分配比例，我们只是根据投资的风险，给出一定比例的划分标准，投资者可视自身的风险承受能力，适度调整具体的比例。但有一条原则，只有在低位买入大幅获利的投资者，方可在主升浪到来时全仓操作，当然，在主升浪结束初期卖出股票时，也应及时和果断。

2.3.4 一定要在选股基础上进行分析判断后再交易

投资者在通过五三战法进行交易时，对于打算进行交易的目标股，要求一定是在事先经过了选股环节，符合选股要求的股票，方可进行交易，而不要临时抱佛脚式地选股观察后即进行交易。这是因为，不是说临时在盘中选的股票就一定不符合要求，而是如果是临时选的股票，由于时间关系，匆忙观察间，投资者很容易忽略选股要求中的某一细节，从而让自己遗漏一些关键因素，匆忙间去交易，很容易出现失误。因此，投资者交易的所有股票，都必须是在选股的基础上，对那些符合了五三战法选股要求的股票，才能在其后的观察和分析中判断出交易时机，并进行交易。这样的交易才更安全可靠。

实战案例：

如图 2-15 潞安环能（601699）日线图所示，在 A 区域形成了五三战法中的五佛手买入形态，但是判断这一买入时机前，一定要确保这只股票是经过了选股环节的，并符合选择要求。

从选股的技术层面来讲，如图 2-16 所示，潞安环能在月线图上，即在图 2-15 中 A 区域出现买入形态前的图 2-16 中的 B 区域，形成长期的底部弱势震荡走势，可谓整理充分。这时即可再从基本面去分析。

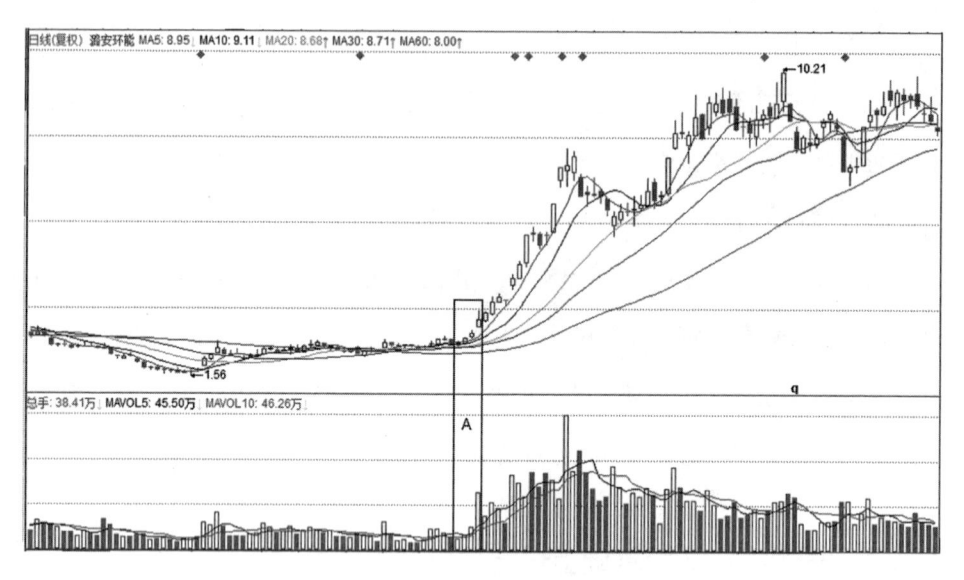

图2-15 潞安环能日线图

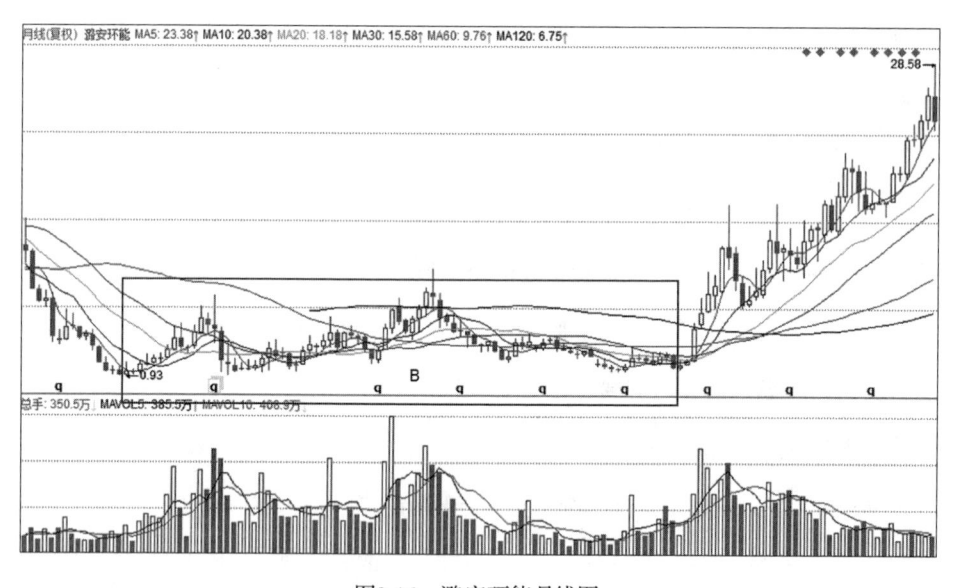

图2-16 潞安环能月线图

从图 2-17 中可见,潞安环能这家上市公司在净利润、基本每股收益、净资产收益率三个方面,表现都较为稳定,最近三年持续保持着稳定和极强的盈利水平,而图 2-18 显示,潞安环能是一家国有企业,且位居行业先列,是一家绩优股和二线蓝筹股。

38

第 2 章 操盘攻略：五三战法获利的核心

图2-17 潞安环能个股资料财务分析

图2-18 潞安环能个股资料最新动态

因此，结合以上技术面与基本面的情况，可判断出潞安环能是符合五三战法的选股要求的。这时方可在图 2-15 中 A 区域出现买入形态时买入股票。这时的操作，才是五三战法中在选股基础上进行分析和观察后进行买股的正确交易步骤。

注意事项：

（1）五三战法中的股票交易，之所以要求在选股的基础上进行分析和判断，主要是考虑确保技术面趋势转强初期是真正的转强，因为很多业绩不佳的股票，在弱势长期整理后也会出现转强，但持续性往往不够，涨幅也有限。因此，选股是为了确保买入后的安全性。

（2）投资者在选股时，切忌只观察技术面，而忽略了五三战法对基本面的要求，因为基本面才是确保技术面弱势转强的根本，否则这只股票极有可能只是短时的震荡走强，此时，买入后是难以获利的。

2.3.5　卖出股票时要坚决

投资者在根据五三战法实战交易期间，在卖出股票时，一定要做到坚决和果断。这是因为，主力在操盘一只股票时，当一只股票被持续大幅拉升后，主力已经实现了大幅盈利，这时候主力最想做的就是高位快速卖出，以锁定收益。因此，股票在高位区时主力是以大量持续卖出为主的。所以，投资者在卖出股票时，不管是否发现形态上出现了标准的五三战法卖出形态，只要是发现股价在大幅上涨后的高位区出现了资金净流出较大现象时，一定要果断地卖出股票，以锁定自己的前期收益。

实战案例：

如图 2-19 中国石油（601857）日线图所示，若是投资者在 A 区域根据五三战法的五佛手形态买入这只股票，其后当股价上涨到 B 区域时，虽然在当日收盘前判断，并未形成明显的五三战法卖出形态，但当日盘口却显示，主力资金是以

第 2 章 操盘攻略：五三战法获利的核心

大幅流出为主的，并且从低点到高点观察，短期股价已上涨了约50%。或许投资者会认为这一幅度并不算大，但是别忘了，中国石油可是一只超级大盘权重股，其涨跌往往影响着整个上证指数的短期涨跌。因此，投资者此时应果断卖出这只股票。

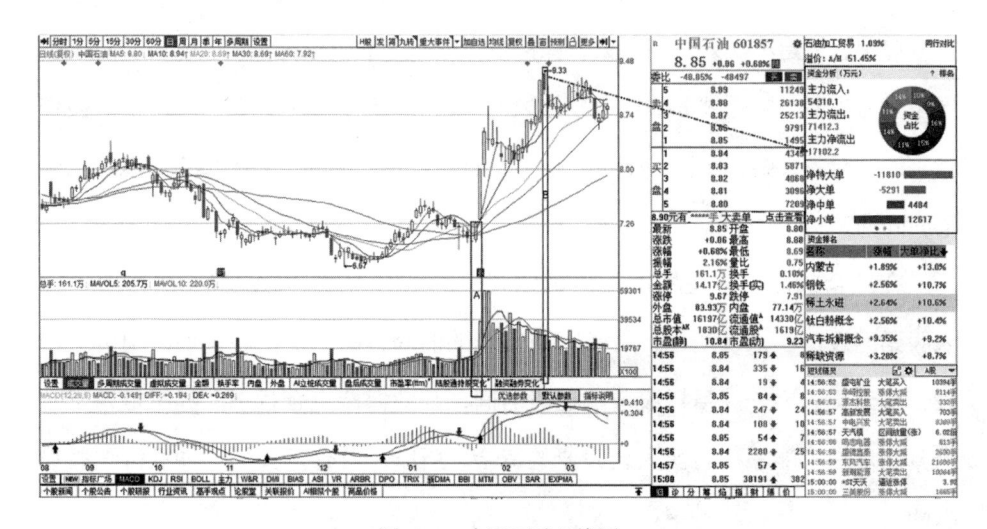

图2-19 中国石油日线图

注意事项：

（1）在 A 股市场，一只股票的股价走势经常表现为牛短熊长，往往是和许多资金主力短线炒作股票相关的，因为资金的短视，才造成了强势股票的这种大起大落的涨跌，虽然这种行为不可取，但却是市场上存在的一大现实，因此，投资者只能被迫接受，只要在出现卖出迹象时果断坚决，就不会影响到自身的收益。

（2）投资者要想做到卖出股票时果断坚决，就必须克服拖拉的习惯，同时，在学习五三战法期间，一定要认真仔细，把所有判断和分析股票强弱与买卖时机的知识都掌握，然后通过案例一一熟练运用，再去实战，自然就不会拖拉了。

2.4 仓位管理

2.4.1 空　　仓

在根据五三战法进行实战时，一定要明白空仓的管理方法，因为空仓看起来十分简单，就是不买入任何股票，保持资金账号内的资金充裕。实际上，对于股票投资者来说，空仓并非一件容易做到的事情。然而，空仓对于五三战法的投资者来说，至关重要，所以，一定要学会空仓管理，并明白空仓的意义，以及空仓的时间期。

在空仓状态下，是根本无法赚到利益的，但不会空仓，就无法在应该买入股票时及时买入，所以，必须明白空仓的时间，即从卖出股票后，到再次选股，再到买入另一只目标股前的这段时间，都要保持空仓状态。其不是为了空仓，而是为了能够拥有买入新股票的资金。所以，空仓其实是一种准备与蓄势以待。

实战案例：

比如投资者在图 2-20 四川金顶（600678）日线图的 A 区域，即 2023 年 12 月 14 日卖出这只股票，在其后的日子里，只要是没选好股票，并发现目标股出现买入形态期间，均应保持空仓状态。比如直到选出图 2-21 海尔智家（600690）这只股票，并于 B 区域，即 2024 年 1 月 24 日，才发现买入时机，方可再买入股票。也就是说，在 2013 年 12 月 14 日到 2014 年 1 月 24 日期间，投资者都应保持一种空仓状态，在此期间的空仓，是为在 2014 年 1 月 24 日，即图 2-21 中 B 区域买入海尔智家这只股票所做出的准备。

注意事项：

（1）空仓听起来简单，事实上并不简单，它考验的是投资者是否能够抵御住市场的诱惑，以及自己内心买股的冲动，因此，能够做好空仓的投资者，都必须经历一番心理上的折磨与斗争，是一场自我对贪婪、冲动心理的斗争。

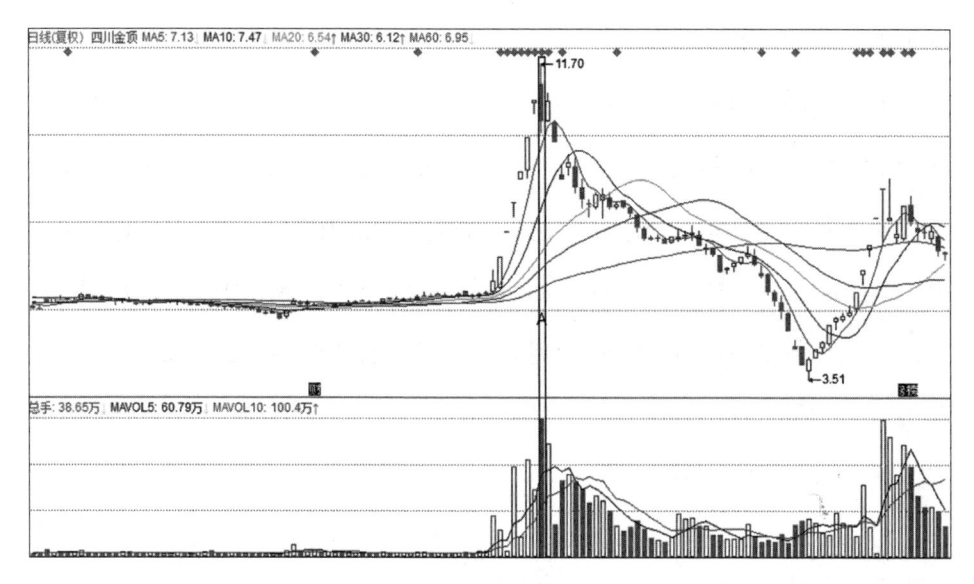

图2-20 四川金顶日线图

（2）投资者要想做好空仓，就要先明白空仓的意义，并非不买股票，而是要认真选股，然后持续观察，到目标股出现好的买入时机时再去入手股票。

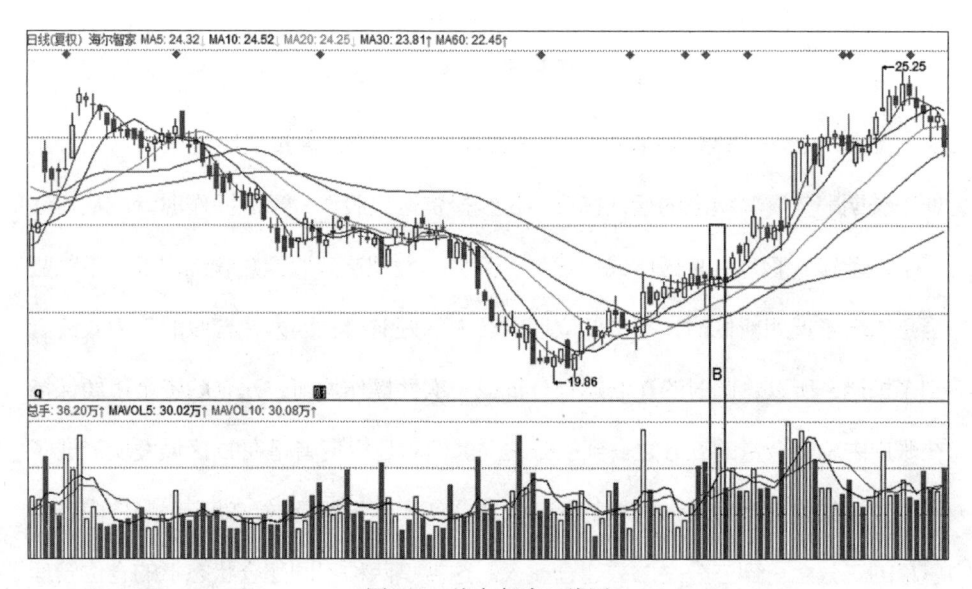

图2-21 海尔智家日线图

2.4.2 建　　仓

在五三战法实战中，建仓是迈出交易的第一步，也是中长线操盘中买入股票的一个时机，或是当发现目标股出现趋势突变的买入形态时，以一定的资金比例去先期买入一只股票的行为。尽管这两种行为的出发点不同，买入时机也截然不同，但目的却是一样的。前一种方法，叫作埋伏性买入，是从中长线出发去考量，择低而买入部分底仓；后一种行为则是基于中短线股价突变走强的买入。但不管是出于什么目的，这种初次买入一只股票的行为，都属于建仓。所以，一定要事先了解建仓时的资金比例。

对于中长线在支撑位逢低而建的底仓，这一仓位的比例往往约为总资金量的三分之一，也可以分批依次买入，但只要是建底仓，资金量也要保持在五分之一至三分之一；对于遇中短线买入时机时的建仓，此时的仓位应更重一些，保持在三分之一到三分之二的资金水平。因为建底仓属于埋伏性买入，是低位埋伏买入，看重的是未来的上涨，而中短线的买入时机，则是股价启动初期的攻击形态，是买入后即会上涨的情况，所以，仓位应相对重一些。

实战案例：

如图2-22一汽富维（600742）日线图所示，若是通过周线观察到这只股票处于长期弱势震荡状态的话，打算中长线投资这只股票，那么操作时就应从日线下手，逢到A区域、B区域或C区域，只要是发现这只股票短线上出现了下跌甚至是出现了近期新低时，都是低位埋伏买入的好时机，因为在选股时于中长线看到了机遇，所以，此时的逢低建仓分批或一次性操作均可，建仓的资金量要保持在账户内总资金量的五分之一到三分之一。但若是投资者是在D区域发现形成了五三战法的弹指神通买入时机的话，那么在买入这只股票时，就应用账户内资金总量的三分之一到三分之二去建仓买入。这就是两种不同建仓状态下的仓位管理方法。

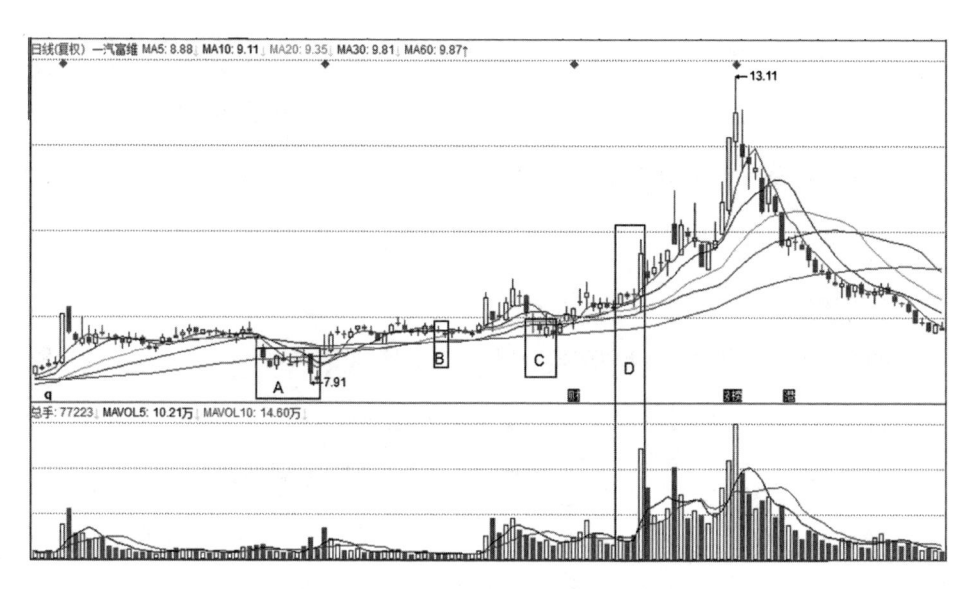

图2-22 一汽富维日线图

注意事项：

（1）建仓有两种方式方法，不同的方式方法分别代表着不同的投资策略和资金买入股票目的。因此，建仓时的资金量，也会因不同的目的而略有差异。

（2）建仓时的资金比例不是绝对的，只是投资者从投入资金安全性出发的一种分配方式，也会因个人的投资习惯不同而有所不同。所以，建仓时无论资金多或少，只要投资者能够合理分配自己的资金量即可，无须过于在意或多或少的比例。

2.4.3 加　　仓

加仓在股票交易中是一门学问，合理的加仓会让投资者在短期内增加自己的收益，同时根本无须顾虑风险，因为就是看到了股价的快速上涨形态时才会进行加仓，加入前期低位买入的筹码中，所以，加仓几乎是一种无风险的获利。但是，在加仓时，必须确保看到了股价超短期的强势走势，并且加仓时的资金比例一般相对较大，若是从与建仓时的资金量比较而言，前期如果买入的比例较大，加仓时就可以小一些，但至少要达到资金总量的三分之二，即前期若是以三分之一的量建仓，那么加仓也应买入三分之一的资金量。若是投资者前期建仓的量较大，那么一旦发现了超短线的超强类股票，完全可以把账户内其余的资金全部加仓买入。

实战案例：

如图2-23南京熊猫（600775）日线图叠加2023年11月14日分时图所示，若是投资者在A区域以五佛手形态买入这只股票，如果当时买入的仓位是三分之一，那么在B区域，即当下一个交易日中的分时图上表现出超强的量价齐升形态时，应果断加仓三分之一到三分之二，若是A区域买入的仓位是三分之二，那么B区域加仓时可加至全仓，因为B区域的超短线超强状态明显。

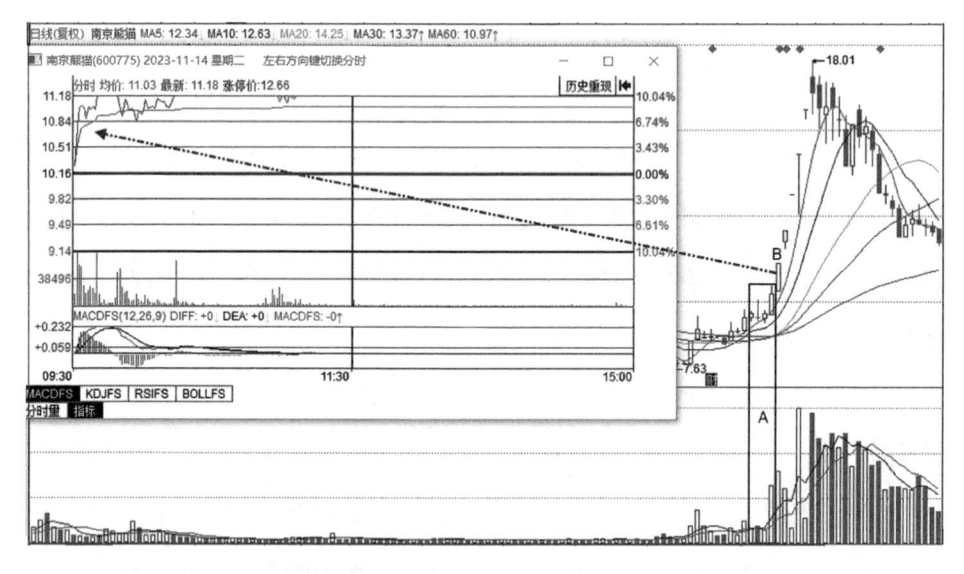

图2-23　南京熊猫日线图叠加2023年11月14日分时图

注意事项：

（1）加仓是一门资金管理的学问，所以，在投资前，投资者一定要在了解五三战法中仓位管理要求的情况下，根据自身的具体情况，再来决定加仓时的仓位大小，不必非要遵守某个固定的比例。

（2）投资者在进行加仓操作时，如果是加到了满仓，其后一旦发现股价出现了哪怕只是短期的较大波动，也应及时卖出部分加仓的股票数量，以及时锁定住利润为主，只有那些低位底仓的股票数量，方可长期持有。

2.4.4 重　　仓

重仓是五三战法操盘过程中一个重要的仓位管理方法，原则上，重仓的持仓比例，应至少为账户内总资产的三分之二。投资者在根据五三战法买入股票时，当股价趋势表现为短线的极强状态时，可在初次买入时选择重仓持股。这是因为，对于短线极强状态的股票，当日股价冲击涨停的概率极高，且买入股票后短期快速上涨的概率极高，也就是说，这类股票往往短线快速持续大幅上涨的概率是高的，往往是短线的牛股。因此，尽管是初次买入，也应加大投资比例，一买入即重仓持有。

实战案例：

如图 2-24 华力创通（300045）日线图所示，在持续弱势震荡中，股价进入 A 区域后，表现为五三战法中的五佛手买入形态，同时放量上涨明显，且出现了跳空上涨，放量持续明显，这说明股价在加速上涨，在买入股票时，应以至少是资金总量的三分之二水平的重仓买入这只股票。因为这是一只短线牛股的概率极高，果不其然，其后在略震荡后，股价出现了持续涨停。

注意事项：

（1）重仓是五三战法操盘中一种重要的仓位管理方法，重仓意味着较大资金量的投入，所以采取重仓方式时，投资者一定要谨慎。重仓后，持续上涨的收益固然较大，但若是判断失误，损失同样是巨大的。

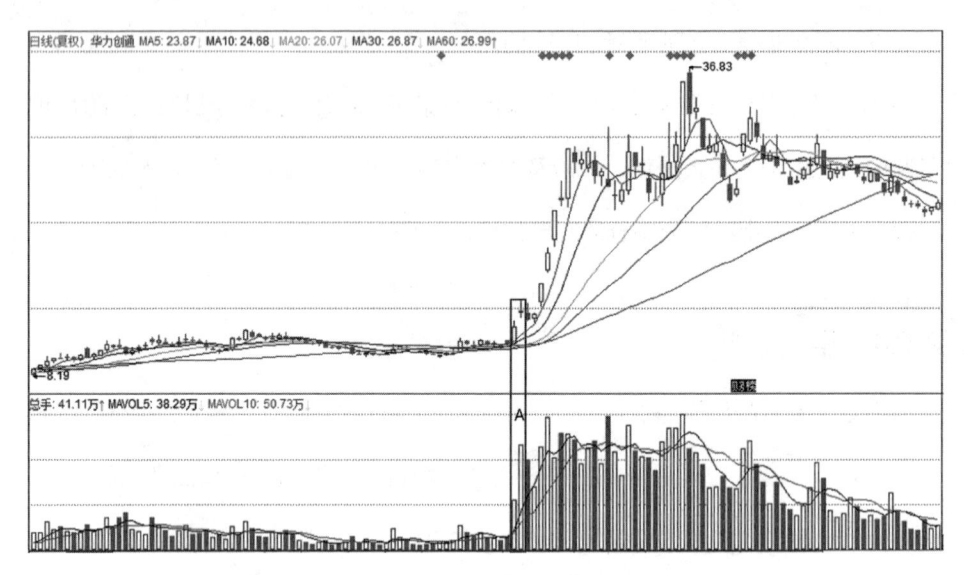

图2-24 华力创通日线图

（2）采取重仓的投资者，一定要在判断买股时机之际，发现那些短线极强状态的股票时，才可重仓持股，否则，就应通过加仓去实现重仓持股。

第3章

均线：
五三战法中重要的技术指标

均线，这一在炒股软件中最为普通的技术指标，却是五三战法操盘技术的核心指标之一，虽然在交易环节上，投资者可能会认为它并不难，不过就是一些均线形态判断，事实上，这只是五三战法中对均线的使用在交易环节上的体现，其在其他环节上的体现才是更为关键的，那就是在选股环节的观察与判断时中长期均线那些看似可有可无的要求。

3.1 均线构成

3.1.1 短期均线

在日线图上，短期均线为5日均线和10日均线。其中，5日均线是股价或指数在5个交易日收盘价或点数的平均值的连线，10日均线是股价或指数在10个交易日内收盘价或点数的平均值的连线。因此，从趋势的角度看，短期均线往往代表着较短周期内股票收盘价格或指数收盘点数的具体走向，所以，短期均线往往代表着短期的趋势变化，对于短线投资者来说，短期均线往往有着重要的参考价值。投资者在了解短期均线前一定要明白，一只股票的短期均线，代表着这只股票的短期价格走向，而大盘的短期均线，代表着大盘指数在短期的走向。

实战案例：

（1）大盘短期均线。图3-1为上证指数（000001）日线图，从图上可以看到，最靠近K线的一条线，即为5日均线，为上证指数最近5个交易日收盘点数的平均值的连线；位于5日均线下方的那条线为10日均线，为上证指数最近10个交易日收盘点数的平均值的连线。5日均线和10日均线连在一起，就形成了两条代表着上证指数短期趋势走高变化的趋势线。

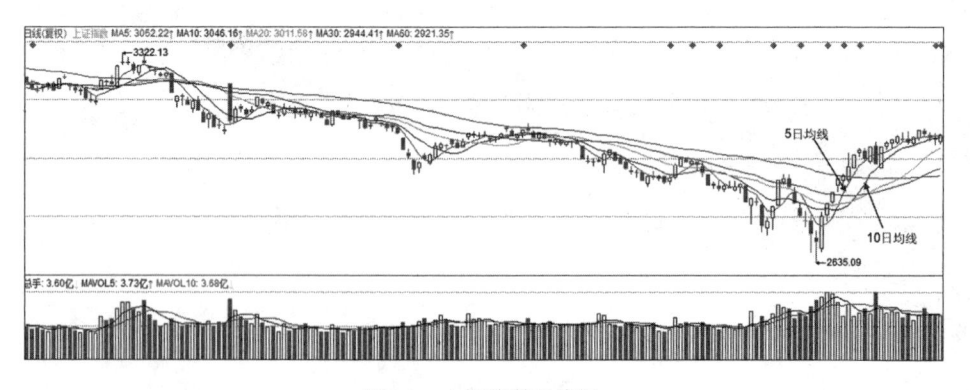

图3-1　上证指数日线图

（2）个股短期均线。如图3-2伊力特（600197）日线图所示，最接近K线的那条线为5日均线，是这只股票最近5个交易日收盘价的平均值的连线；位于其下方不远处的线为 10 日均线，是这只股票最近 10 个交易日收盘价的平均值的连线。这两条线即短期均线，代表着伊力特的股价在短期内的具体走势。

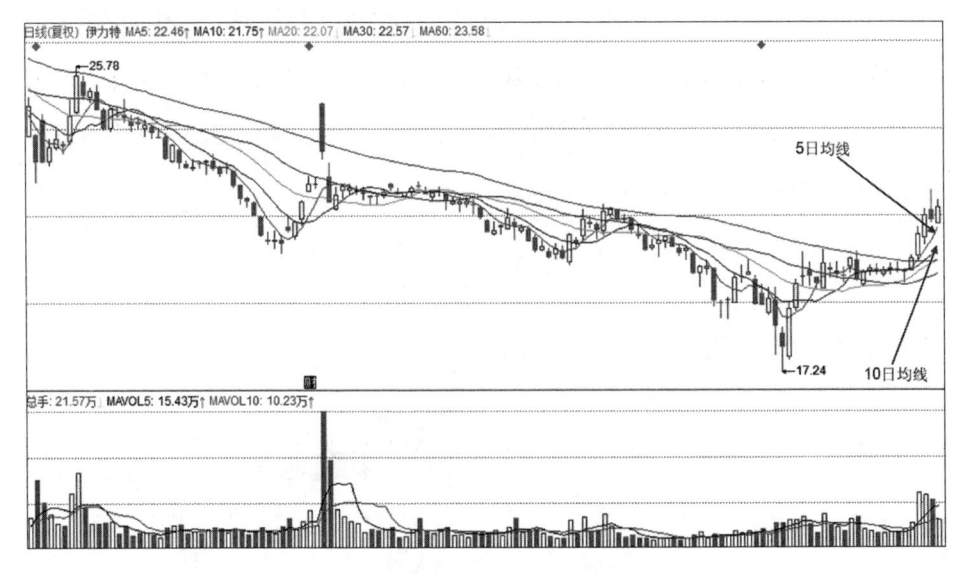

图3-2 伊力特日线图

注意事项：

（1）在了解均线时，投资者一定要明白，只要不是在均线缠绕状态下，通常距离 K 线最近的那条线，即为 5 日均线，跟 5 日均线最近的那条线，即为 10 日均线。但在识别时，投资者只要将鼠标对准其中的线，就会显示出均线的周期。

（2）短期均线，在分析和研判股价或指数的短期走势与波动时，相对来说是准确的，但在极端情况下，利用短期均线判断趋势时，往往会出现失真或不准确的情况，所以，还要结合中长期均线来进行综合判断。

3.1.2 中期均线

中期均线，是指日线图上的 20 日、30 日和 60 日均线，分别是股价或指数的收盘价或点数在对应周期内的平均值的连线，由于统计周期相对较长，所以，这三条均线被称为中期均线，往往代表着一只股票或是指数在相对较长周期内的具体走势。在根据均线研判趋势时，中期均线和短期均线基本上能够满足投资者对于日线图的趋向研判需求。

实战案例：

（1）个股中期均线。图 3-3 为复星医药（600196）日线图，从图中可以清楚地看到，位于 10 日均线上方的线为 20 日均线，再上方的线为 30 日均线，最上方的为 60 日均线，三条线均属于这只股票的中期均线，其走势往往代表着股价在相对较长时期内的具体走向。

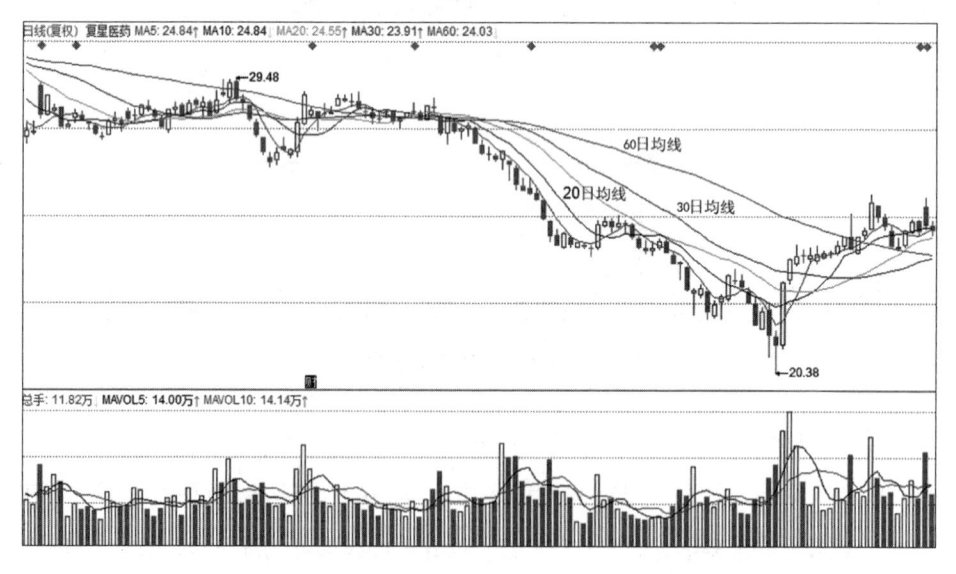

图3-3 复星医药日线图

（2）大盘中期均线。图 3-4 为深证成指（399001）日线图，其中远离 10 日均线的三条线分别为 20 日均线、30 日均线和 60 日均线，为深证成指的中期均线，其走势代表着深证成指在相对较长周期内的具体走势情况。

注意事项：

（1）在日线图上，中期均线与短期均线黏合在一起，就是炒股软件上自动显示出的五条均线，对于初学者而言，利用这五条均线足以判断出股价或指数的中短期趋势演变了，但为了确保这一日线趋势的准确性，往往还需要配合观察长期均线的走势。

（2）通常意义上讲的中期均线或短期均线，均为日线上的均线，在其他周期图上，如周线图上，同样有着不同周期的均线，但其统计周期为 5 周、10 周等，即 5 周均线与 10 周均线等。如 20 周、30 周和 60 周均线，在周线图上虽说也属于这一周期图上的中期均线，但其意义却不同，因其统计周期较日线长多了。

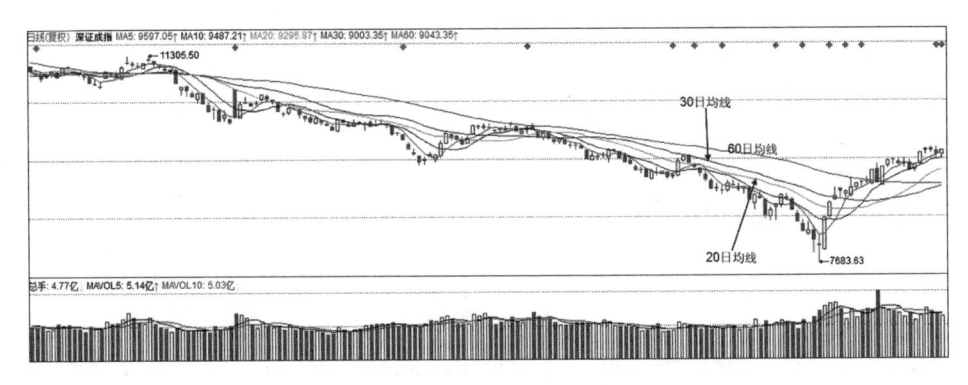

图3-4　深证成指日线图

3.1.3　长期均线

长期均线，通常是指日线图上的 120 日均线和 240 日均线，120 日均线又被称为半年线，240 日均线又被称为年线。因此，这两条均线，往往代表着较长周期的股价或指数的趋势走向与演变。在日线图上，下载炒股软件后是不会自动在 K 线图上显示出 120 日均线和 240 日均线的。因此，投资者要想观察到日线图上的这两条长期均线，必须进行均线手动设置与显示设置，即手动调出修改参数，设定出 120 和 240 的统计周期，然后在显示均线数量处，由原来的显示 5 条改为显示 7 条，这样，在日线图上就能够看到这两条长期均线了。

实战案例：

（1）个股长期均线。图 3-5 为中牧股份（600195）日线图，最上方的那条线为 240 日均线，其略下方的那条线为 120 日均线，这两条线均为长期均线，代表着中牧股份股价的长期趋势演变。

（2）指数长期均线。图 3-6 为创业板指（399006）日线图，最上面的那条线为 240 日均线，略向下的那条线为 120 日均线，这两条线就是创业板指数的长期均线，代表着创业板指长期的趋势演变过程。

图3-5 中牧股份日线图

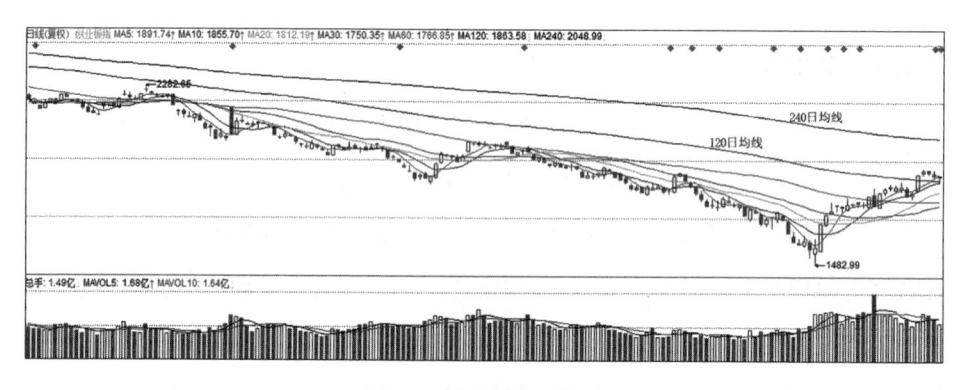

图3-6 创业板指日线图

注意事项：

（1）投资者在实际观察K线图时，一定要记住，无论是大盘指数还是个股，是不会在图中直接显示出长期均线的，需要显示的话，必须进行手动修改指标参数，先设定好要增加的均线统计天数，再改变显示的均线数量，这样才会显示出长期均线。

（2）很多初学者，一般不会喜欢观察长期均线，事实上，要想看清一只股票的中短期趋势，其长期趋势的演变是不容忽视的，尤其是涉及长期均线的跌破或突破时，往往是判断调整到位与否、涨势能否长久的关键。

3.2 均线应用

3.2.1 均线的常规显示

投资者在了解均线时，一定要明白，无论是哪一种炒股软件，基本上在均线的显示数量上都是自动显示五条，即前面介绍的日线图上的短期均线和中期均线，也就是 5 日均线、10 日均线、20 日均线、30 日均线和 60 日均线。因为对于投资者日常的短线操作而言，这五条均线已经足够用了，若是要观察长周期变化，可以切换至周线图或月线图。因此，投资者在接触 K 线图时，一定要明白均线的常规显示，无论是在哪个周期的 K 线图上，都是自动显示五条均线。

实战案例：

（1）日线图上均线的常规显示。图 3-7 为创兴资源（600193）日线图，在 K 线图的右侧，可以清楚地看到一共有五条均线，分别为 5 日均线、10 日均线、20 日均线、30 日均线和 60 日均线，这就是均线在日线图上的常规显示。

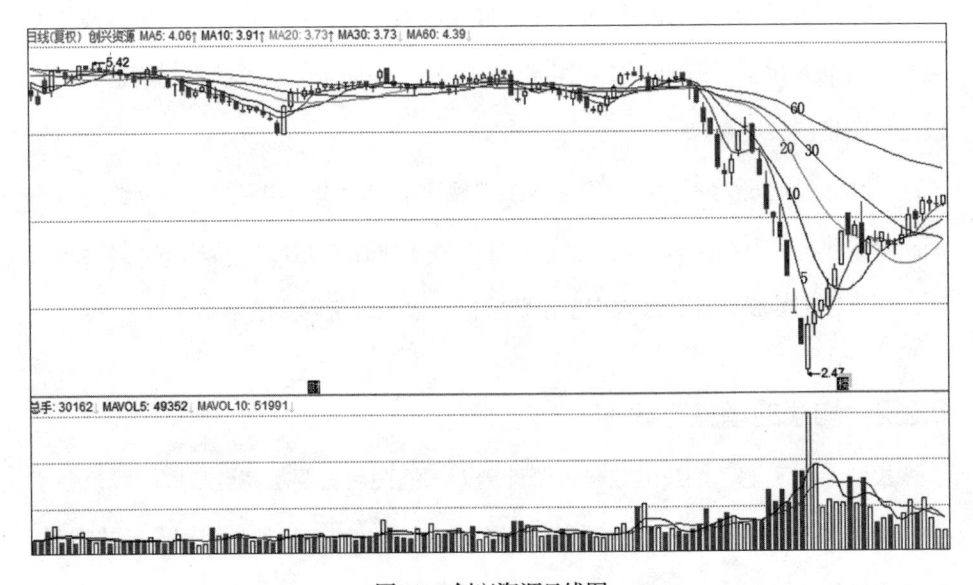

图3-7　创兴资源日线图

（2）周线图上均线的常规显示。图3-8为华资实业（600191）周线图，从K线图中间的部分可以清楚地看到一共有五条均线，分别为5周均线、10周均线、20周均线、30周均线和60周均线。这就是均线周线图上的常规显示。

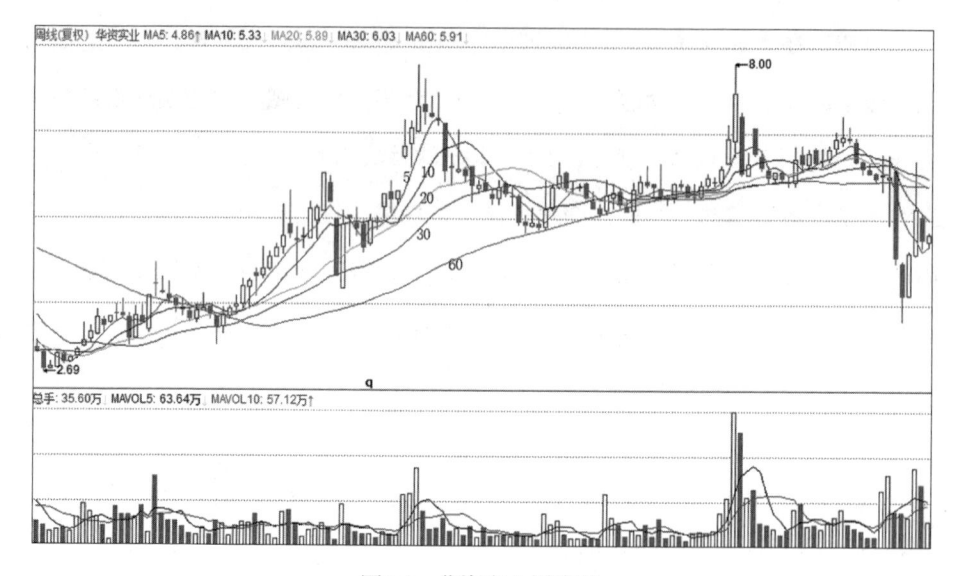

图3-8 华资实业周线图

注意事项：

（1）均线的显示，从投资者正常的操盘观察来说，五条均线已经足够投资者去研判行情变化了，再加上K线图周期的变化，同样可以从长线去观察趋势，所以才保留了五条均线。

（2）投资者一定不要小看了这五条常规显示的均线，如果投资者能够用日线图结合周线图和月线图去研判行情，同样能够准确地判断出一只股票的趋势变化。所以，多数的炒股软件，才采用了设置成自动显示五条均线的方案。

3.2.2 均线的增减与改变

投资者在了解了均线的数量及统计周期的情况后，要想完全掌握均线，必须学会如何在常规显示的情况下去设置和修改均线的数量，也就是根据自身的需要，手动去增加或减少均线数量，甚至是改变均线的统计周期。因为炒股软件都是自

第 3 章 均线：五三战法中重要的技术指标

动生成式的统计，所以，只要是按照自身的需求，改变了参数的统计周期，系统就会自动按照这一周期显示出相应的统计结果。但是，在具体操作时，不能忘记了修改好后，一定要顺便修改一下均线显示的数量，这样才能真正地显示出你想要的结果。

实战案例：

修改步骤一：在此以日线图为例，打开 K 线图，如图 3-9 泉阳泉（600189）日线图所示，将鼠标对准任意空白区域，右击，就会出现另一对话框。

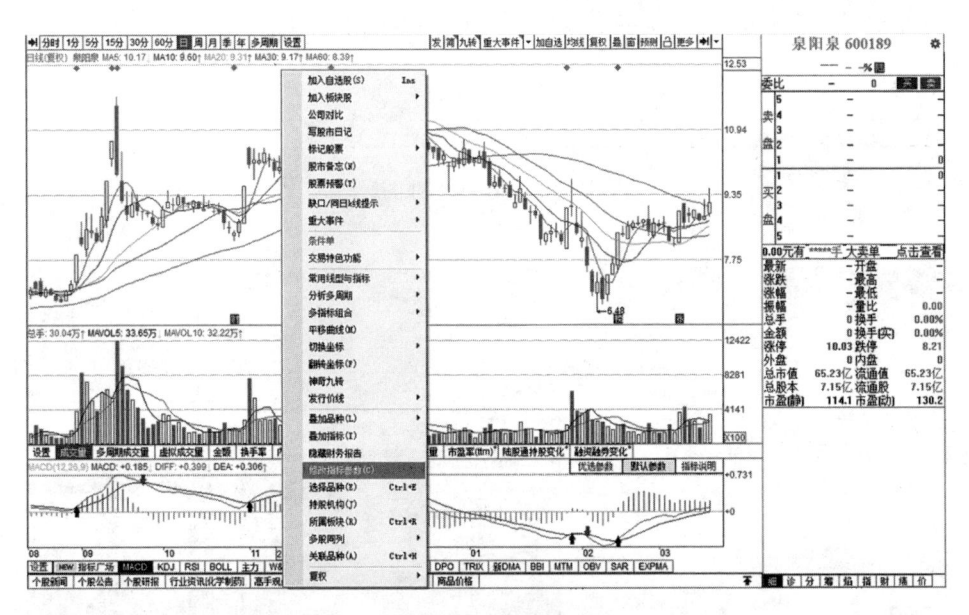

图3-9　泉阳泉日线图1

修改步骤二：这时鼠标在对话框上下滑到"修改指标参数（C）"处，单击，在页面上就会再次跳出一个小对话框，如图 3-10 所示。

修改步骤三：这时即可对图 3-10 对话框内的均线统计周期进行修改或增减操作，比如我们增加两条长期均线，只需要在 60 日均线数据下的空白处添上 120，下方空白处再添上 240，然后再将对话框内最下方的显示前 5 条均线的数量改为 7 条均线，如图 3-11 所示。

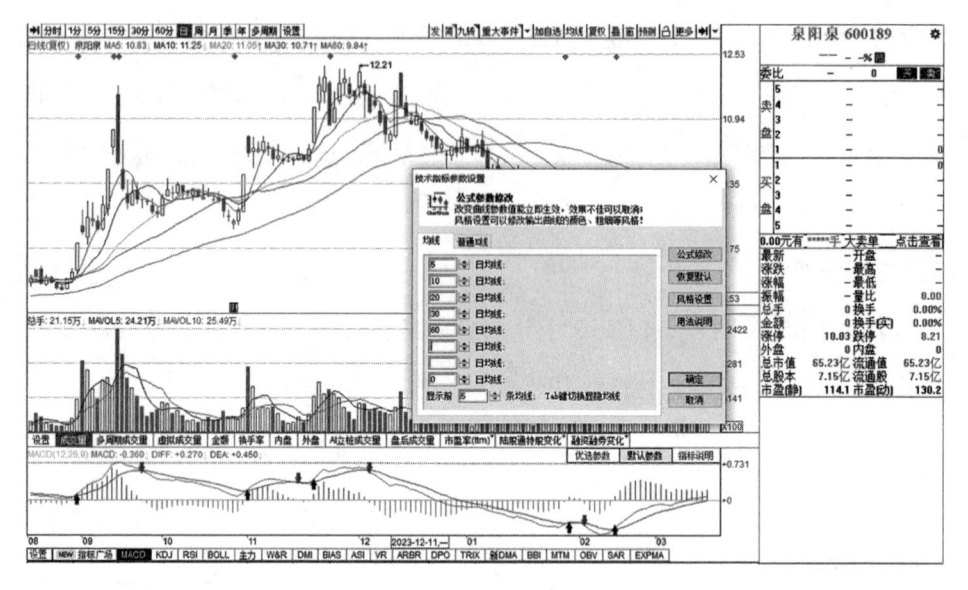

图3-10　泉阳泉日线图2

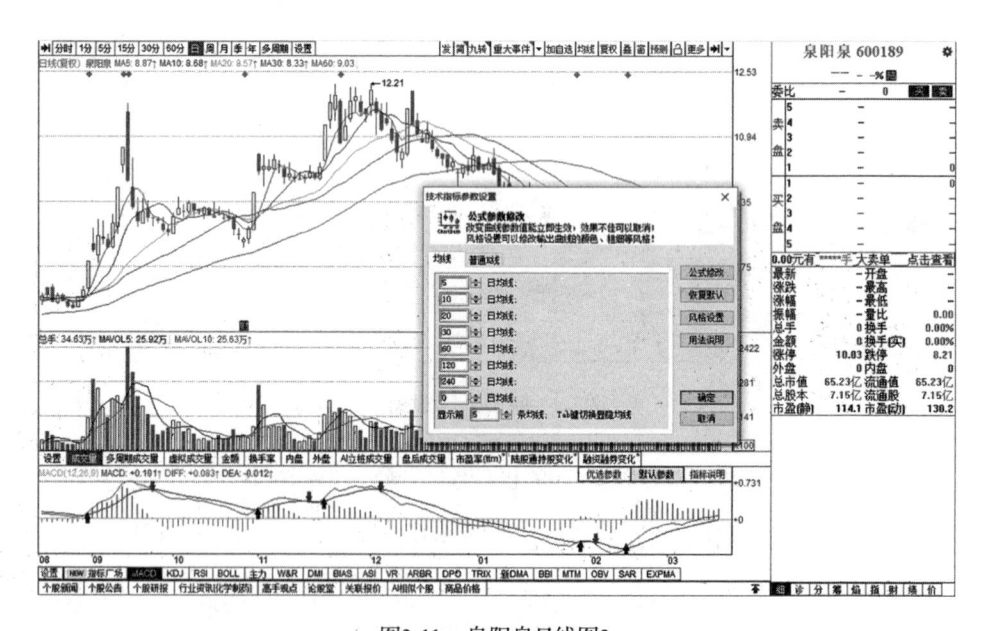

图3-11　泉阳泉日线图3

修改步骤四：这时只要用鼠标单击一下对话框右侧的"确定"按钮，系统就会按照修改的内容，自动生成并显示在日线图上了，如图3-12所示。

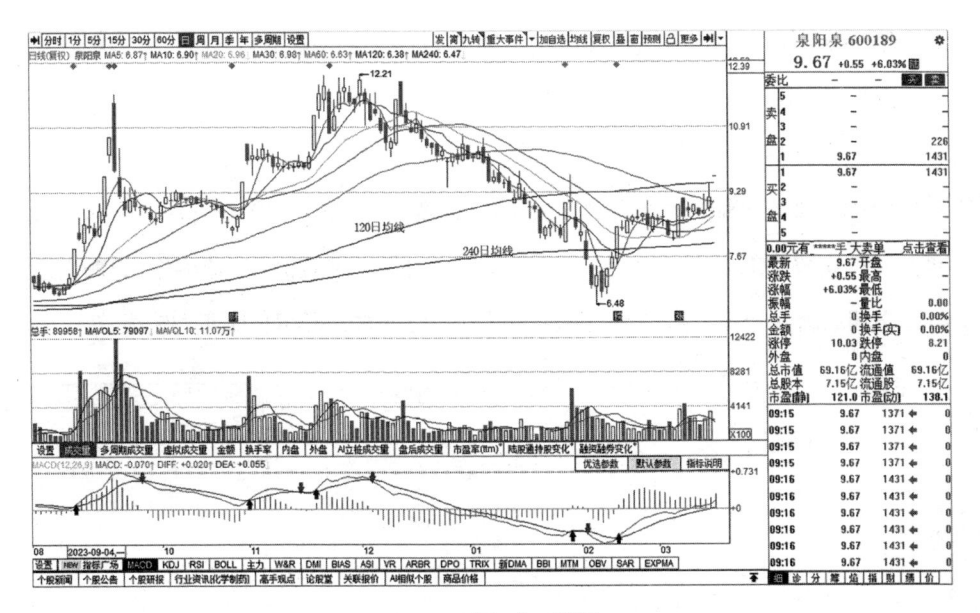

图3-12　泉阳泉日线图4

注意事项：

（1）投资者在修改均线的统计参数或增加、删减均线数量时，一定要仔细认真，在完成修改后，一定不要忘了再仔细检查一遍修改的内容是否正确，尤其是在增加长期均线后，一定要将最下方的显示数量的条数进行修改，否则是无法显示出来的。

（2）投资者在修改均线的参数或增减均线数量时，在对一个周期的K线图进行一次性的修改后，炒股软件上所有相应的周期图上都会如此显示，如更改的是周线图，则所有的周线图上都会如此显示，而其他周期图则不受影响，要改变时还要另行修改。

3.2.3　五三战法对均线的要求

在五三战法中，在对均线的使用上只是对均线所形成的形态有所要求，比如买卖形态，但对均线的参数却没有其他特殊的要求，也就是说，投资者只要按照炒股软件上自动生成的均线显示情况判断行情即可，只不过，要在日线图、周线图上增加两条长期均线，月线图上增不增加均可。这两条长期均线，就是半年线120日均线和年线240日均线。

实战案例：

比如在观察行情或进行选股判断时，如找到了光电股份（600184）这只股票，最先观察到的是图3-13所示的日线图，图中显示股价在高位平台长期震荡持续走弱后震荡回升，两条长期均线均横亘在最上方，说明长期压力较大。

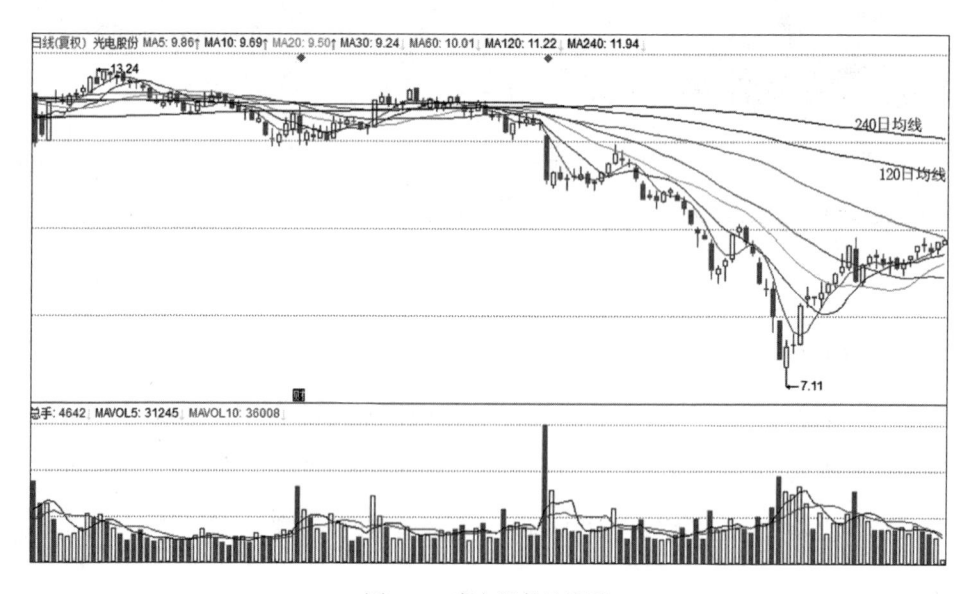

图3-13 光电股份日线图

这时，不妨再打开图3-14所示的周线图，从图中可以发现，这只股票并非如日线图一样是在高位震荡后破位走弱，而属于长期弱势震荡状态，股价原本一直是在两条长期均线附近震荡整理，而近期的下跌与回升，长期看均是破位的突然下跌，属于长线投资的"黄金坑"，但必须确保公司基本面未发生大的变化。

这时我们不妨再打开这只股票的月线图来观察其大势，如图3-15所示，股价一直处于月线低位震荡整理状态，为底部平台整理状态，右侧的突然下跌，不过是月线级别的短时震荡下探震荡平台低位的行为。由此即可果断得出当前的技术观察结论：在这只股票的基本面未发生根本恶化的情况下，此时这只股票正属于中长线的超跌状态，右侧这种短时的快速下跌，甚至是图3-14中周线级别的

第 3 章 均线：五三战法中重要的技术指标

破位，多数是最后一跌，或是系统性风险造成的股价一次短时的下探。再观察一下基本面，只要公司生产经营未出现变故，图 3-13 中日线级别的下跌深蹲行为，则是中长线埋伏买入很好的低位切入点。若是短线操作者，完全可以在股价 7.11 元低位回升时进行抢反弹操作。

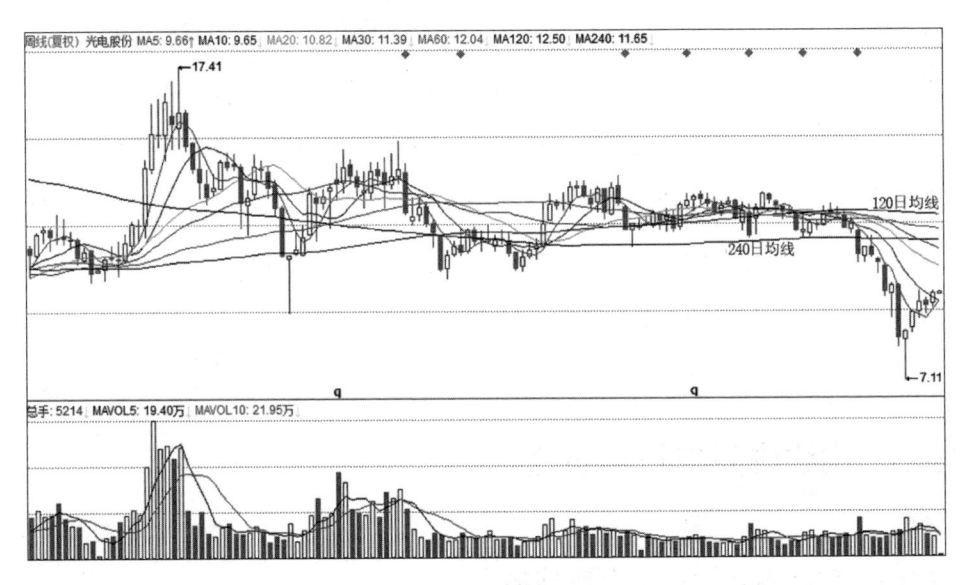

图3-14 光电股份周线图

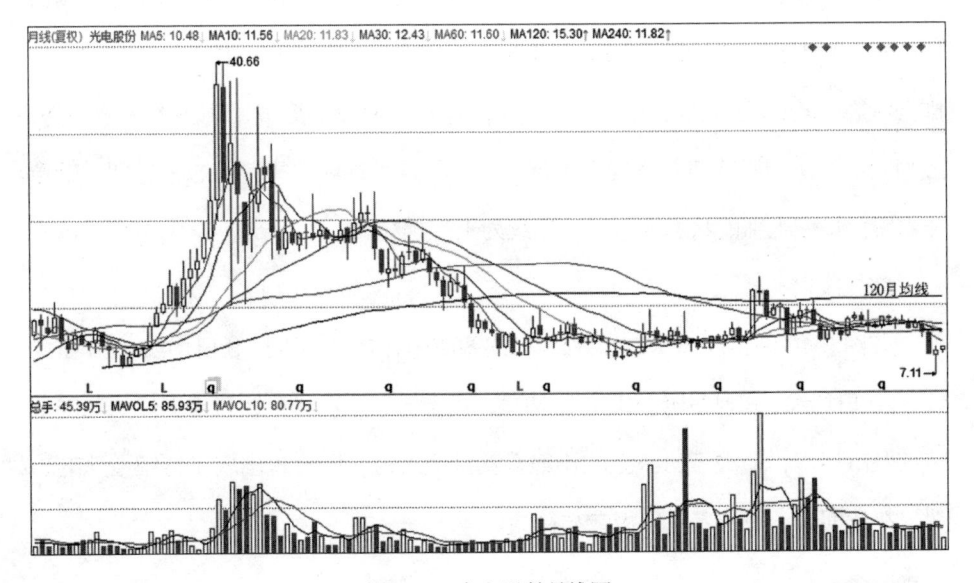

图3-15 光电股份月线图

61

以上在日线、周线及月线图上的观察结果，就是在均线增加了 120 日均线和 240 日均线后，长短线结合，对一只股票的趋势行情的分析和结论。

注意事项：

（1）投资者在学习均线知识时，一定要在了解均线的功能和短中长期均线对股价的影响，以及对股价变动的反应后，再深刻理解五三战法中对均线的具体要求，这样才能充分利用均线这一技术指标，对行情做出准确的判断。

（2）在使用五三战法实战前，投资者一定要明白长期均线在日线图和周线图上的作用，主要是用来观察大趋势的支撑情况的，因为只有股价长期处于弱势状态还始终围绕长期均线整理，其后的短中期趋势转强，后续长趋势反转的概率才越大，否则只能是日线级别的震荡上涨行情。

3.3 均线排列与趋势演变

3.3.1 均线多头排列与上涨趋势

均线多头排列，是指在 K 线图上，5 日均线、10 日均线、20 日均线、30 日均线和 60 日均线由上向下依次排列，并且呈现线头均向上发散运行状态的一种排列状态。均线多头排列的状态一出现，就意味着股价形成了明显的上涨趋势，因为五条均线的平均值都在向上运行，所以，这种均线的排列状态一出现，就意味着股价持续上涨的状态形成了，后续为上涨趋势。

实战案例：

如图 3-16 南钢股份（600282）日线图所示，在 A 区域，5 日均线、10 日均线、20 日均线、30 日均线和 60 日均线，由上向下依次排列，且保持线头均向上持续发散运行，形成了日线上的均线多头排列形态，股价也出现了持续上涨的趋势，在此期间，投资者应积极参与行情。

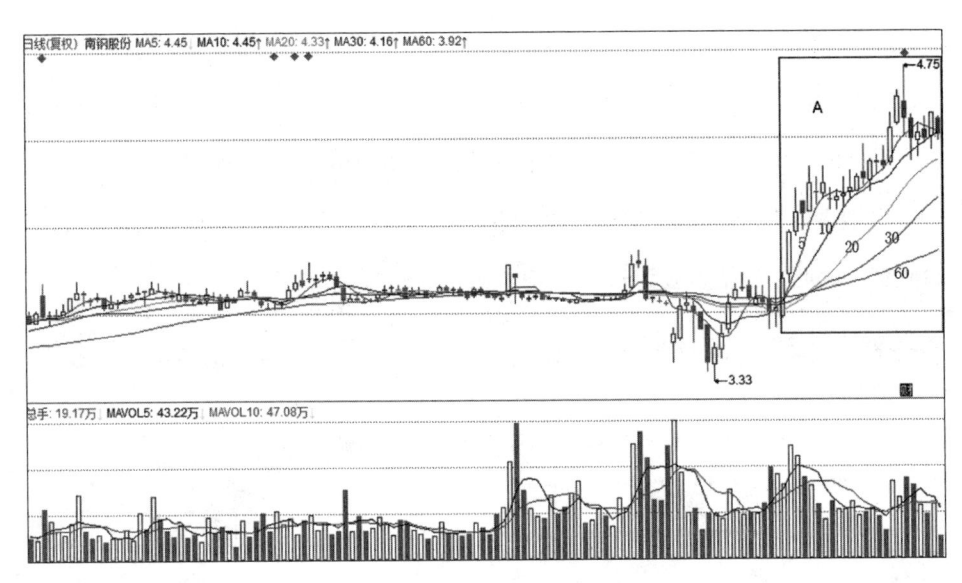

图3-16 南钢股份日线图

注意事项：

（1）投资者在利用均线排列形态来判断趋势时，均线的多头排列是一种明显的上涨趋势，即便是按照五三战法操盘的投资者，如果发现了这种形态的股票，哪怕是错过了最佳的参与时机，只要股价涨幅并不过高，均可适当参与。

（2）不同级别上的均线多头排列所代表的上涨趋势的持续时间是不同的，比如周线上的均线多头排列，往往是一轮中级级别及以上的上涨趋势，月线级别的均线多头排列，往往出现在牛市中，或是出现在长牛股身上。

3.3.2 均线空头排列与下跌趋势

均线空头排列，是指在K线图上，5日均线、10日均线、20日均线、30日均线和60日均线由下向上依次排列，并且呈现线头均向下发散运行的一种排列状态。均线空头排列的状态一出现，就意味着股价形成了明显的下跌趋势，因为五条均线的平均值都在向下运行，股价持续下跌的状态形成了，后续为下跌趋势。

实战案例：

如图3-17华阳新材（600281）日线图所示，在A区域，出现了5日均线、10日均线、20日均线、30日均线和60日均线由下向上依次排列，并且线头均向下发散运行的一种排列状态。此期间股价明显在持续大幅地下跌，为明显的下跌趋势。因此，投资者应尽量回避这种形态的股票。

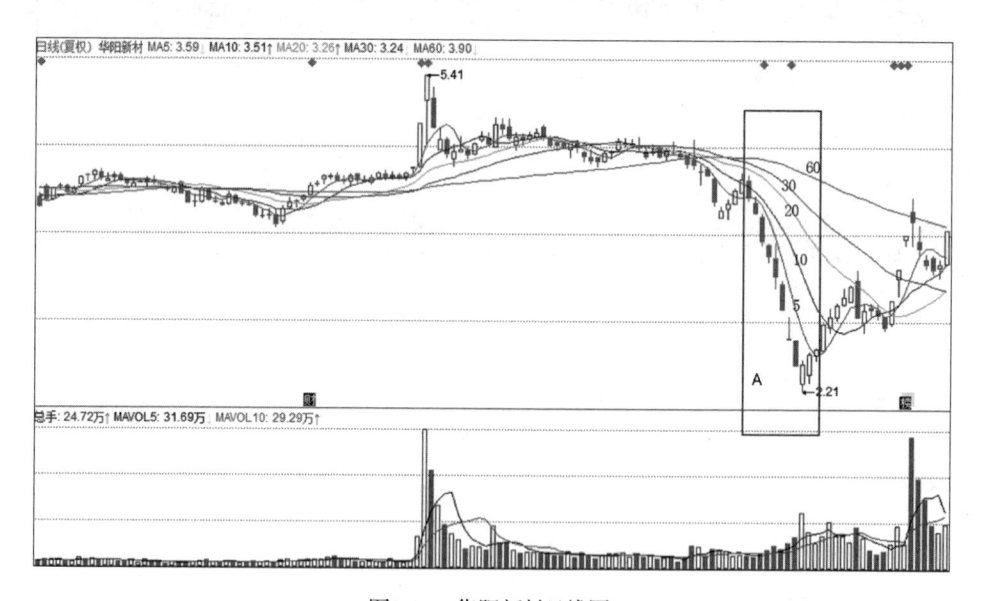

图3-17 华阳新材日线图

注意事项：

（1）均线空头排列是一种典型的股票下跌趋势状态，也是投资者利用均线来判断股价趋势的方法，所以，投资者千万不可一见到股价在下跌过程中出现了稍稍回弹，就认为是跌不下去的上车机会，要多从趋势的角度观察，若是形成了均线的空头排列，不要轻易上车。

（2）在实战中，当发现一只股票在均线空头排列状态下出现了持续大幅的下跌，往往在止跌转为震荡时，会出现五三战法中的一种选股技术形态，但必须结合长线和公司基本面去判断。

3.3.3 均线缠绕与震荡趋势

均线缠绕，是指 5 日均线、10 日均线、20 日均线、30 日均线和 60 日均线五条均线在相距较近的情况下，出现了相互间的缠绕。在这种缠绕状态中，往往均线之间的距离很近，甚至是出现了部分均线之间的黏合，K 线涨跌的幅度也不大，多表现为在某一范围内反复小幅涨跌，说明各统计周期的均线数值相差不大，因此为股价的震荡趋势。

实战案例：

如图 3-18 开开实业（600272）日线图所示，股价在进入 A 区域后，5 日均线、10 日均线、20 日均线、30 日均线和 60 日均线都处于一种相近的位置，间距很小，形成了反复的缠绕状态，此为均线缠绕形态，在此期间的股价也在 A 区域反复小幅地震荡涨跌，在 12 元到 13 元之间波动，震荡的幅度并不大，所以，股价处于一种震荡趋势中。

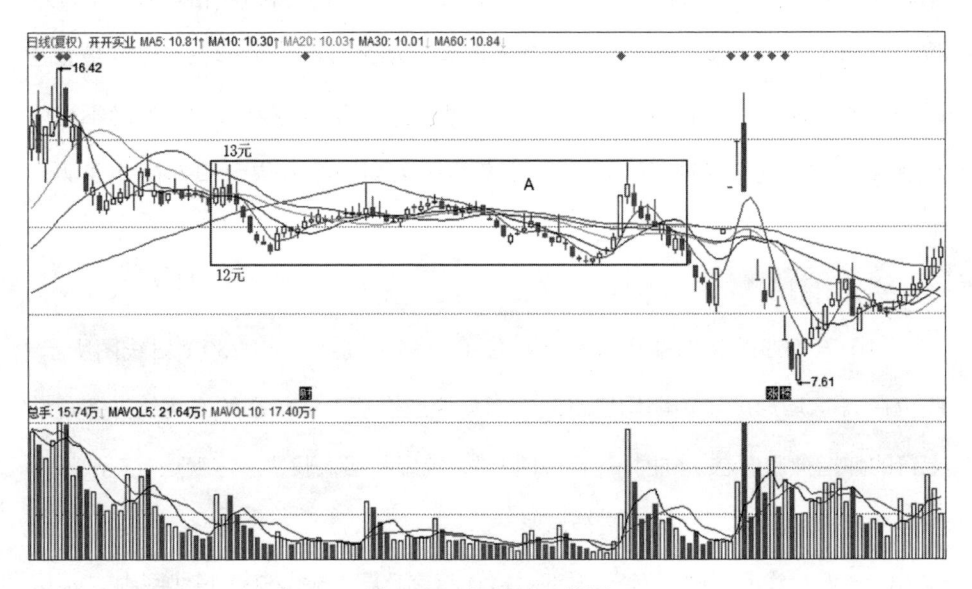

图3-18　开开实业日线图

注意事项：

（1）利用均线缠绕判断震荡趋势时，只要均线之间长期处于相距较近的状态，即可确认为股价进入了震荡趋势。另外，在判断震荡趋势时，成交量也往往处于近期较低水平，主要是这一期间内盘中交投清淡所致。

（2）均线缠绕的震荡趋势，往往缠绕的均线周期越长，其震荡整理得越充分，因为只有较长周期的资金也开始参与了震荡整理，也就是长期资金未完全离开，新的长期资金又进来了，新旧主力的这种切换，才会让股价焕发出其后反转向上的生机。

3.4　均线排列在五三战法中的具体应用

3.4.1　五三战法中"五"的均线形态

在五三战法中，"五"所代表的就是日线上的五条均线，也就是K线图上常态显示的5日均线、10日均线、20日均线、30日均线和60日均线。但并不仅仅是指这五条均线，而是包含了这五条均线所形成的相关形态，也就是五三战法中的买入股票形态与卖出股票形态，但是，就买入形态来说，也绝不是单纯意义上的均线多头排列，而是均线多头排列初期的五佛手和弹指神通买入形态。

实战案例：

（1）五均线的弹指神通形态。如图3-19 赣粤高速（600269）日线图所示，股价在A区域形成了短期均线略向下后又快速恢复上涨状态的五均线齐齐发散上行的弹指神通形态，同时量价齐升明显，应果断买入股票。这就是五三战法中"五"均线在买入股票时的弹指神通形态。

（2）五均线的五佛手形态。如图3-20 南京商旅（600250）日线图中的A区域所示，股价在长期震荡整理中，渐渐形成了五条均线由短到长依次向上排列、线头微微向上齐齐发散的五佛手状态，同时，放量上涨明显，应及时买入股票。这就是五三战法中"五"均线在买入股票时形成的五佛手形态。

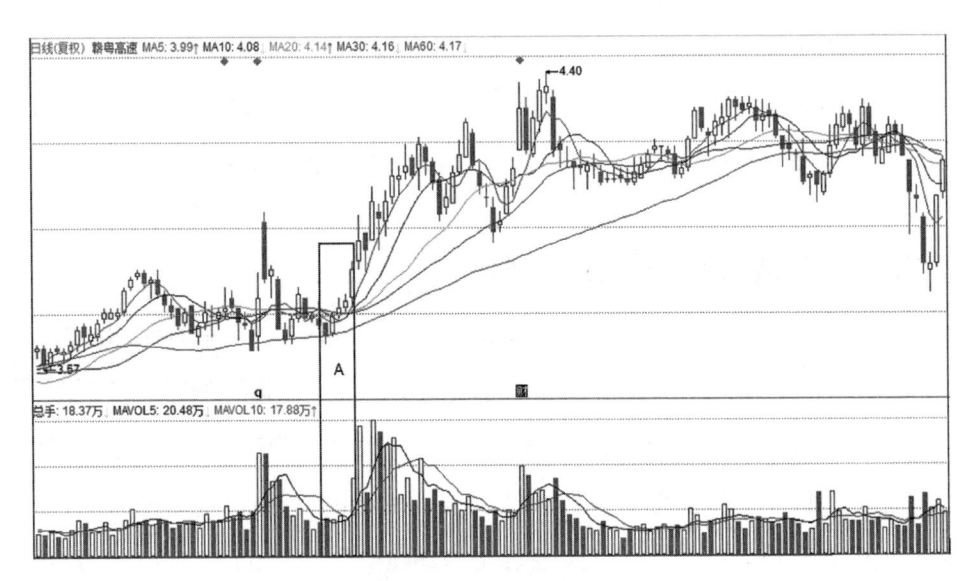

图3-19　赣粤高速日线图

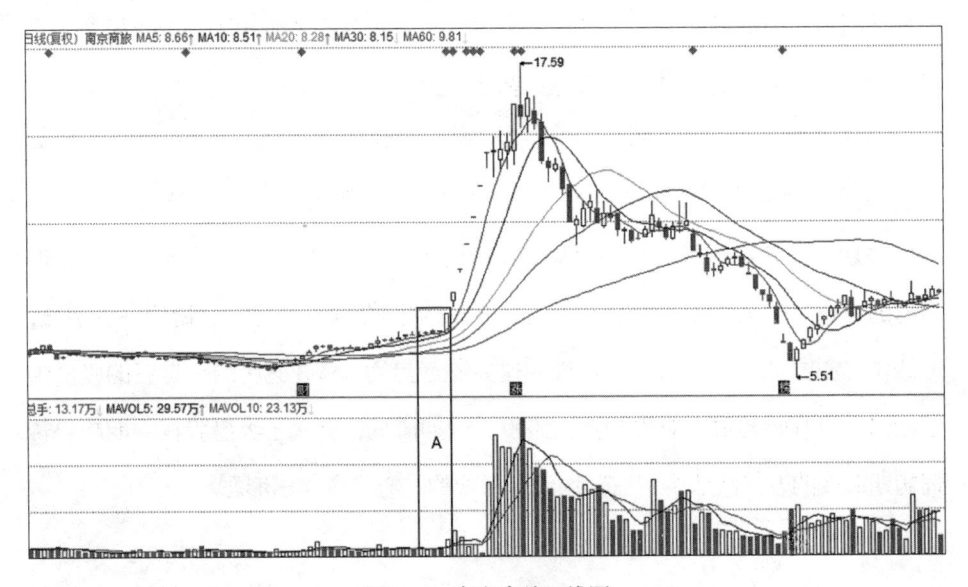

图3-20　南京商旅日线图

注意事项：

（1）五三战法中的"五"虽然代表的是五根均线，但真正的买入形态，却不能简单地以均线多头排列来看待，因为五三战法的买入时机，是选在了上涨趋势初期，所以，此时的均线形态是一方面，量价形态则是另一个重要的关键判断指标。

（2）关于五三战法中五条均线所形成的两种买入形态：五佛手和弹指神通形态，在后面的章节中会详细介绍这两种形态的具体要求，以及对相关的买入时机和条件的具体判断方法，投资者不能简单地只以均线形态来确认买点。

3.4.2 五三战法中"三"的均线形态

五三战法中的"三"，主要是指均线指标中的20日均线、30日均线和60日均线，主要是指卖出股票时的一种均线形态，主要是用来判断卖股时的三心二意形态的。但是，在观察与分析时，却不是主要观察这三根中期均线，而是观察5日均线和10日均线这两条短期均线，只要是在上涨趋势中，5日均线与10日均线出现了向下运行走势，20日均线、30日均线和60日均线依然保持着上行状态，同时量价齐跌，就可以确认为卖股时的三心二意日线形态，此时为卖出股票的最佳时机。但这种形态，大多应用于目标股为大盘股的股票中，或是投资者在进行中长线投资时使用的一种卖出股票的均线形态。

实战案例：

如图3-21中煤能源（601898）日线图所示，股价在持续上涨中，当进入A区域后，股价在持续高位震荡中，5日均线与10日均线均转头向下运行，但下方的10日均线、20日均线和60日均线却依旧在向上运行，且量价齐跌明显，形成了三心二意的卖出形态，这说明这只流通盘为91.53亿股的大盘股的股价中期趋势已经开始转弱，应果断卖出该股。这种情况，就属于大盘股在中期趋势转弱初期形成的五三战法中"三"均线所形成的三心二意卖出形态。

注意事项：

（1）在学习五三战法时，必须明白其中的"三"到底是指什么，然后才能更好地去理解这三条均线所形成形态的意义。

（2）投资者在根据五三战法中"三"所代表的三心二意形态卖出股票时，往往都是基于中长线投资的目标股中期趋势转弱初期的卖股时机，或是一些大盘股中期趋势转弱时的征兆。

第 3 章 均线：五三战法中重要的技术指标

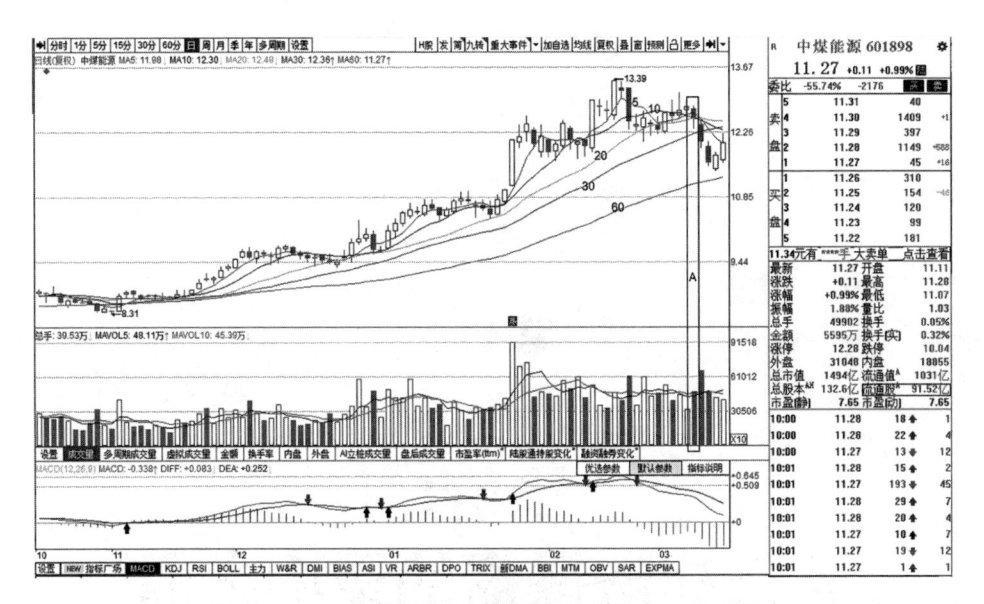

图3-21 中煤能源日线图

（3）中长期投资者在卖出股票时，要想真正从日线级别判断出趋势转弱，最好能结合 20 日均线也转为下行来确认。因为两根短期均线的转弱，只是中期趋势转弱初期的征兆，要确认中期趋势的转弱，必须要 20 日均线也转为下行，但往往 20 日均线明显转为下行时，股价已经下跌很多了。

第 4 章

量价：
五三战法操盘的重中之重

　　量价历来都是市场分析人士极为重视的一个指标形态，虽然它表现出来的仅仅是价格波动与成交资金的关系状态，但是，在不同情况下，以及趋势在反转之初所表现出来的量价的某些特殊形态，却能够真实地反映出当前主力资金的意图。再配合五三战法中买卖股票时的要求，量价成为五三战法中最后确认是否要进行交易的重要判断指标。

4.1 量：成交量的简称

4.1.1 阳量柱与阴量柱

在分析成交量时，首要任务是能够分辨出阳量柱与阴量柱，它们的区分其实很明显，阳量柱就是颜色为红色的成交量柱，意味着盘中买入的资金量大于卖出的资金量，所以，往往阳量柱是股价上涨的象征，尤其是放大的阳量柱；而阴量柱则是颜色为绿色的成交量柱，意味着盘中卖出的资金量大于买入的资金量，所以通常意味着股价的下跌，尤其是放大的阴量柱。因此，识别出阴量或阳量，更有助于根据五三战法在实战中有效判断买卖时机。

实战案例：

如图 4-1 国电南自（600268）日线图所示，在对应的成交量显示区域内，A 区域中的成交量柱为红色，属于阳量柱，代表着股价上涨；B 区域内的成交量柱为阴量柱，代表着股价的下跌。

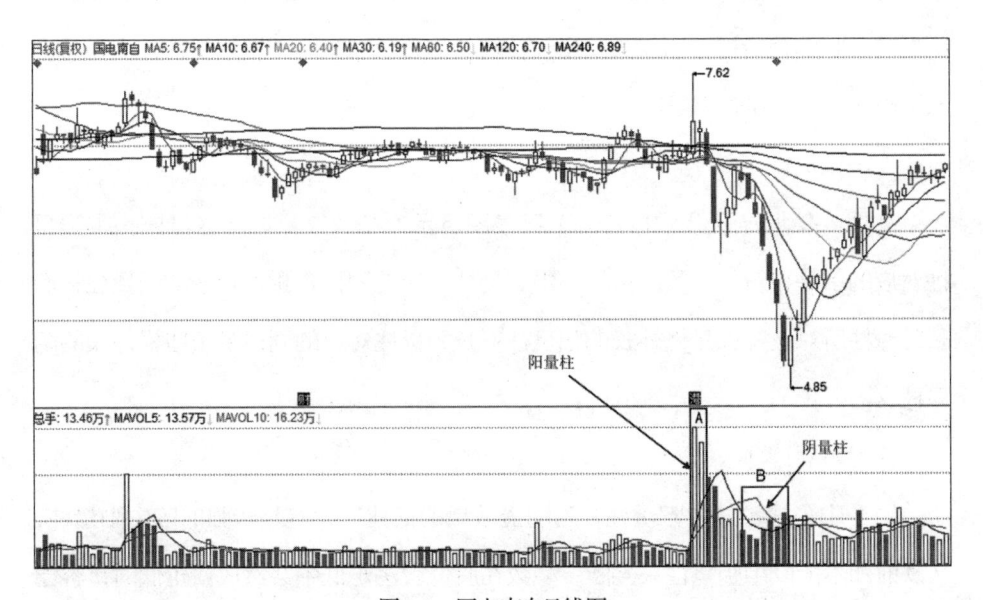

图4-1　国电南自日线图

注意事项：

（1）阴量柱与阳量柱是投资者在认识成交量时接触到的最基本的一个概念，因为分清阴量与阳量，更有助于判断出资金在某一周期内的买进或卖出的状况，判断出行情演变时量能的变化情况。

（2）在实战中，投资者一定要明白，不同周期图上的量柱水平所代表的周期是不同的，如周线图中的一根量柱，代表的是一周内的成交量，而30分钟图上的一根量柱，代表的仅仅是盘中30分钟内的成交量大小。

4.1.2　中长阳量与中长阴量

中长阳量与中长阴量，是投资者在看盘时经常听到专业人士讲的一种术语，同时也是对较大成交量的一种称呼。中长阳量可分为中阳量柱和长阳量柱；中长阴量可分为中阴量柱和长阴量柱。因此，这两种称呼只是市场人士对较大成交量的一种称呼，并无确切的量能标准。所以，较长的阴量柱，就可称为中阴量柱，明显特别长的阴量柱，叫作长阴量柱；较长的阳量柱，叫作中阳量柱，明显特别长的阳量柱，叫作长阳量柱。

实战案例：

如图4-2北方股份（600262）日线图所示，在成交量显示区域内，中阳量柱对应的都是相对较长的阳量柱；中阴量柱对应的同样是相对较长的阴量柱；而长阳量柱所对应的都是格外长的阳量柱；长阴量柱对应的同样是那些格外长的阴量柱。

注意事项：

（1）中阴柱量与中阳量柱，为明显放量的征兆，尤其是转强时的中阳量柱，转跌时却不能以中阴量柱来判断，多数在股价震荡走低中突然放量走低时，容易出现中阴量柱，或是在上涨调整行情中出现。

（2）出现长阴量柱为高位快速转跌的征兆，如果出现在低位弱势时，往往是主力资金短期砸底时常用的诱空之举；而长阳量柱往往出现在底部突然弱势启涨时，因此，准确识别出不同的放量程度，更有助于实战中进行准确判断。

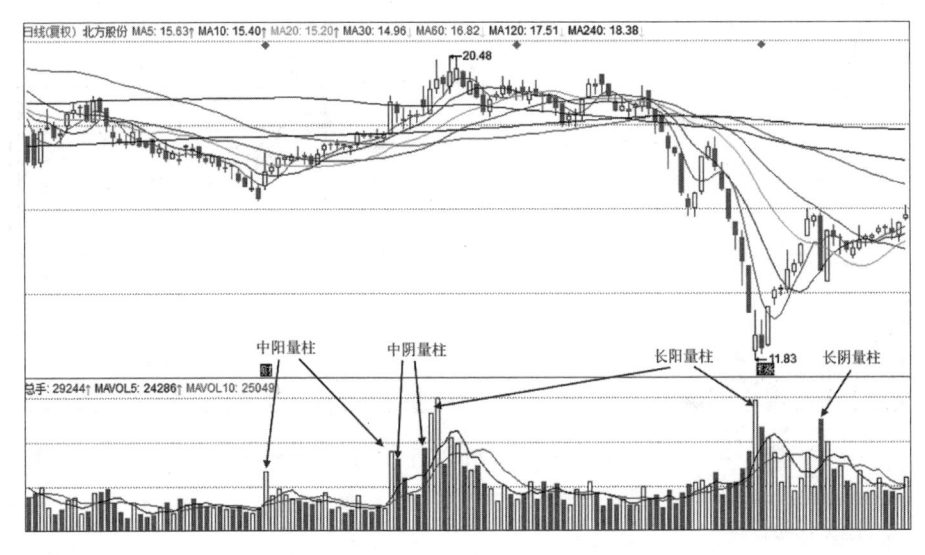

图4-2 北方股份日线图

（3）在实战中，长阴量柱与长阳量柱，经常又被称为巨量柱，指的就是在某一周期内突然爆出了格外大的成交量之意。

4.1.3 小阴量与小阳量

小阴量与小阳量，是指那些量柱高度不高的成交量柱，无论是显示为红色的小阳量柱，还是绿色的小阴量柱，都习惯性地被统一称为小阴量与小阳量。小阴量与小阳量的出现，往往意味着盘中股票的交投不够活跃，所以经常出现在股价调整时期，往往也意味着股价的盘整状态。

实战案例：

如图 4-3 大湖股份（600257）日线图所示，在持续下跌的 A 区域，股价处于弱势震荡期间，涨跌幅度都不大，下方成交量显示区域内的成交量柱均表现为极短的状态，为小阴量与小阳量柱，这意味着股价的弱势盘整，所以，盘口买卖股票的情况不是很积极，交投清淡，才造成了这种小阴量与小阳量的持续出现。

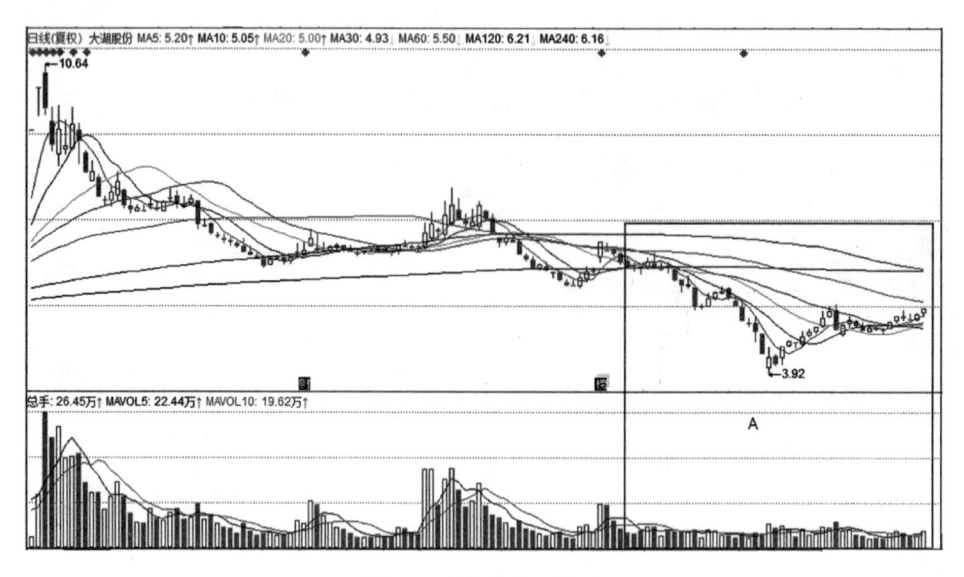

图4-3 大湖股份日线图

注意事项：

（1）小阴量与小阳量在判断上其实很容易，只要根据量能柱的长短即可判断出，但是，需要注意的是，应当相对地去看成交量，而不能以当日成交量的大小来确认，因为流通盘大的股票，每日交易的量自然较大，但成交量在显示时同样可能会小，但这种小只是相对其余时间的大而言的。

（2）小阴量与小阳量经常出现在股价处于长期弱势震荡形态的股票整理期，所以，它是五三战法选股期间成交量上的一种参考判断方法。但那些绩差股或ST类股也经常会出现这种小阴量与小阳量，投资者却切忌去参与。

4.1.4 放量与缩量

放量，是指在成交量柱中，后一根量柱高于前一根量柱；缩量，是指后面的成交量柱低于前一根量柱。放量与缩量判断起来并不难，但不同的量柱，出现放量或缩量时的表现却不一样，阳量放量，往往意味着股价的持续上涨；阳量缩量，多数时候是买盘力量不足，其后股价转跌的概率较高；阴量放量，为股价快速下跌的征兆；阴量缩量，意味着卖盘力量在减弱，其后股价回升的概率较高。因此，

第 4 章　量价：五三战法操盘的重中之重

投资者在学习成交量时，不仅要分辨出放量与缩量，同时还要看清楚是阳量在缩量或放量，还是阴量在缩量或放量。

实战案例：

如图 4-4 陕建股份（600248）日线图所示，在 A 区域，为阴量后一根高于前一根的放量，股价大幅下跌；在 B 区域，阳量持续呈现后一根低于前一根的缩量形态，意味着涨势难以持续；C 区域为阳量的后一根高于前一根的放量，股价持续上涨；D 区域为阴量后一根低于前一根的缩量，股价的跌势渐缓。

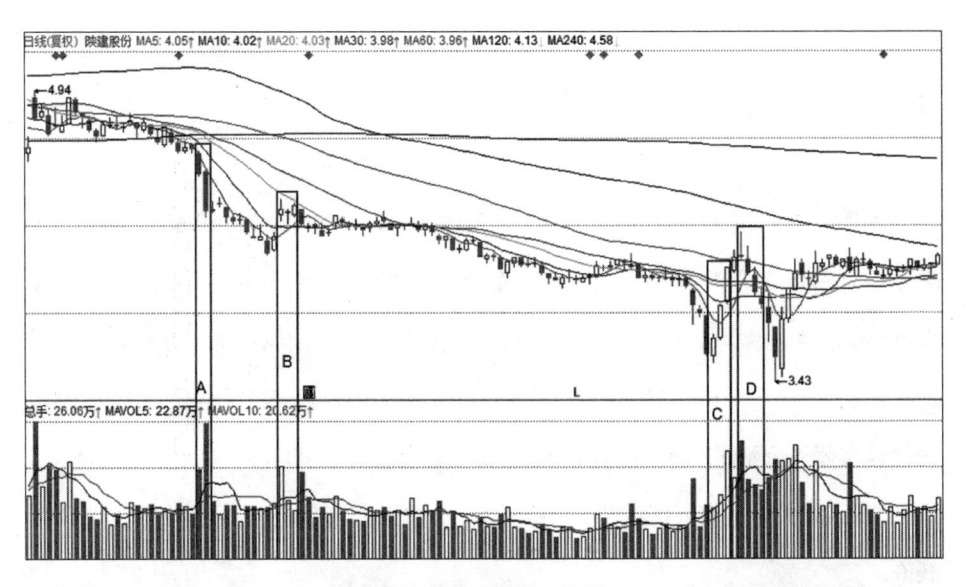

图4-4　陕建股份日线图

注意事项：

（1）判断缩量与放量并不难，肉眼即可分辨出来，关键是要这种缩量或放量能够持续，此时，行情方可按照缩量或放量的状况去延续，如持续放涨上涨，或持续放量下跌。

（2）投资者在判断放量或缩量时，小阴量与小阳量状态的缩量与放量往往意义并不大，因为，此时的放量或缩量看似明显，实则整体量能变化不大，往往是震荡中的偶然状况，只有明显的放量才有可能是转变趋势的征兆。

4.2 价：K线的实质

4.2.1 阳线与阴线

阳线，就是颜色为红色的K线；阴线，就是颜色为绿色的K线。在实际行情中，阳线意味着股价的上涨，阴线意味着股价的下跌，所以，投资者可通过阴线阳线的出现来判断和捕捉住行情是否到来，也就是股价上涨趋势的出现。但投资者在认清阳线与阴线时，还要了解一下一根K线身上所代表的不同意义。这样只要你看到了一根K线后，用鼠标一点，就能够知道这根K线形成时的开盘价、收盘价、最高价和最低价。

实战案例：

如图4-5万通发展（600246）日线图所示，A区域的K线是一根绿色的阴线，其实体上方的线为影线，影线最上方的价格是当日的最高价；实体最下方的线为影线，影线最下方的价格为当日的最低价；实体上沿的价格是当日的开盘价；实体下沿的价格是当日的收盘价。B区域为一根红色的K线，为阳线，其实体最上沿的价格为当日的收盘价；实体最下沿的价格为当日开盘价；实体上方影线最上端的价格为当日最高价；实体下方影线的最下沿价格为当日最低价。

注意事项：

（1）通常意义上来讲，阴线代表这一统计周期的股价处于下跌状态，阳线代表这一统计周期内的股价处于上涨状态，但如果将K线连接起来去看趋势，则阴线不一定就是下跌状态，阳线也不一定就是上升状态。

（2）在通过K线判断这一统计周期的价格时，如日线上的K线，阳线时实体上沿为收盘价，实体下沿则为开盘价，而阴线实体上沿为开盘价，阴线实体下沿为收盘价。这一点不可搞混，至于影线，如果没有时，则实体上下沿即为最高价或最低价。

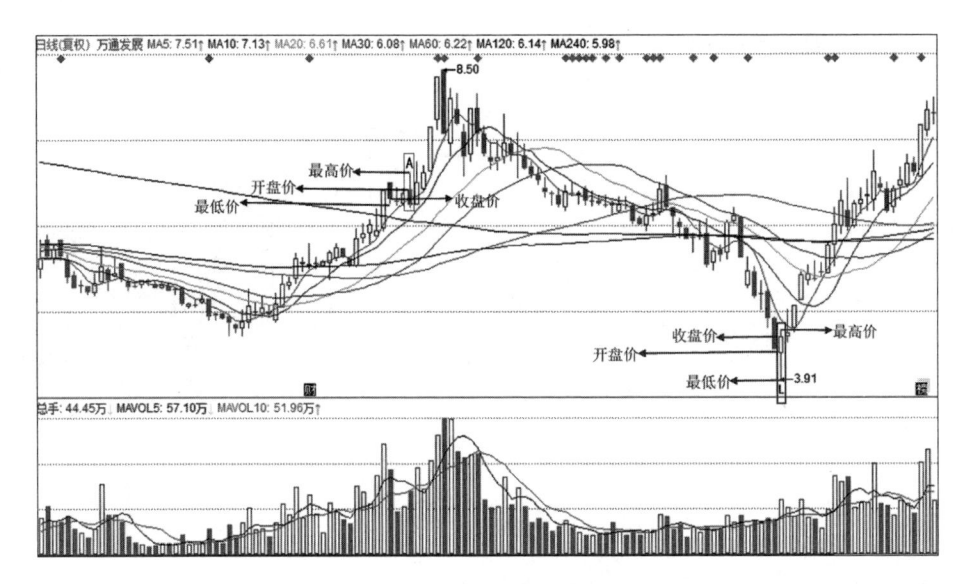

图4-5 万通发展日线图

4.2.2 中长阳线与中长阴线

当阳线形成后，实体相对较长时为中阳线，若是阳线格外长时即为长阳线，二者合起来统一称为中长阳线，代表着股价上涨强劲。当阴线形成后，实体相对较长时为中阴线，格外长时为长阴线，合称为中长阴线，意味着股价大幅下跌。

实战案例：

如图 4-6 海南椰岛（600238）日线图所示，A 区域的那根格外长的阳线为长阳线，说明当日涨幅巨大，而 B 区域那根相对较长的阳线为中阳线，说明涨幅相对大；C 区域那根格外长的阴线为长阴线，说明当日跌幅极大，D 区域那根相对较长的阴线为中阴线，说明当日跌幅相对较大。

注意事项：

（1）对于中阳线与长阳线，或是长阴线与中阴线的判断，市场上并没有一个统一的判断标准，所以，通常认为，只要是波动较大的阴线则为长阴线，阳线为长阳线，相对较大的则为中阴线或中阳线。

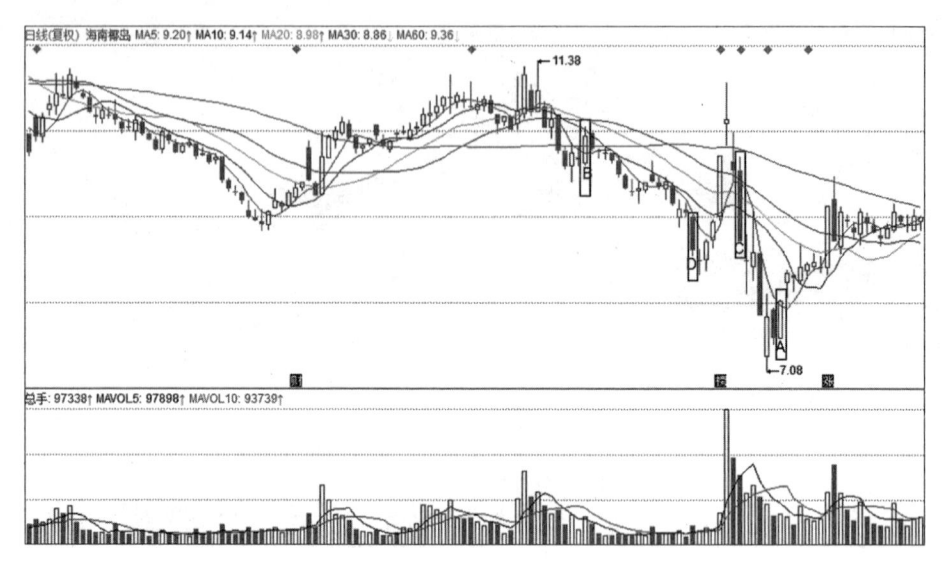

图4-6　海南椰岛日线图

（2）在谈到中长阴线或中长阳线时，市场专业人士更喜欢以放量长阳线或放量大阳线来表明股价或指数的回升力度，或是以放量长阴或放量大阴线来说明市场的弱势。所以，至于是中阴或长阴，或是中阳与长阳，均无所谓，K线实体的长短，事实上代表着当日收盘与开盘在价格上的波动幅度大，并不一定就意味着强势，因为一字涨停或T形涨停线，同样是股价极强的表现。

4.2.3　小阴线与小阳线

小阴线与小阳线，指K线出现时，实体相对较短的K线，甚至是表现为影线不长的十字星，绿色时为小阴线或绿十字星，红色时为小阳线或阳十字星。小阴小阳线的出现，往往意味着股价的小幅震荡和盘整，所以是一种股价的整理状态，因为盘中股价的涨跌幅都不大，所以，这种震荡整理的级别也相对较小，往往是整理尾声的一种征兆。

实战案例：

如图4-7铜峰电子（600237）日线图所示，在A区域和B区域，K线均为实体较小或影线并不长的十字星，为小阴线与小阳线，股价也基本维持在一个水平上小幅横盘震荡，不同的是，A 区域的小阴线与小阳线盘整后，股价出现了破位下行走势，而 B 区域的小阴线与小阳线盘整后，股价开启了上行走势。

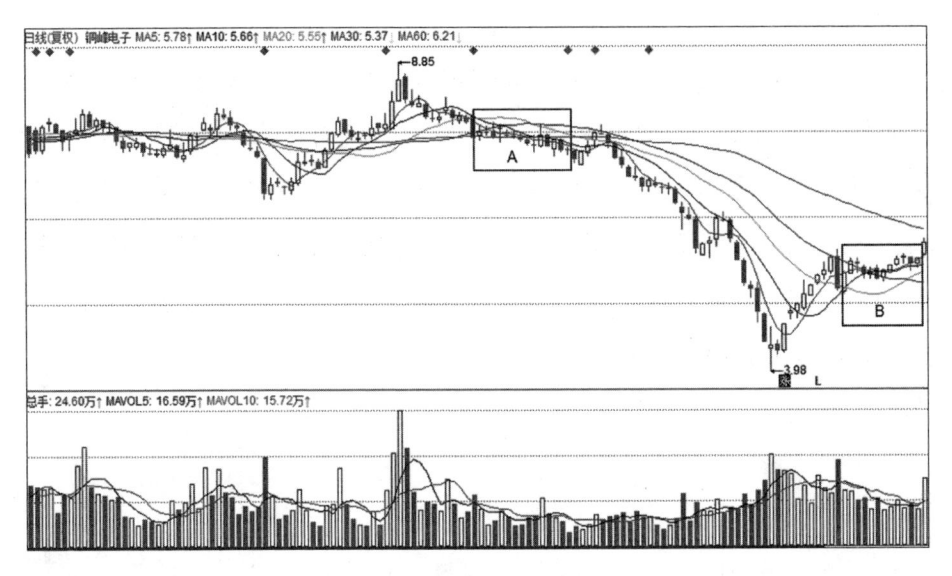

图4-7　铜峰电子日线图

注意事项：

（1）小阴线与小阳线，往往是一种股价小幅整理的象征，但整理后的结果往往难以提前预知，尤其是在震荡趋势下出现的小阴小阳线盘整，其后震荡走高或震荡走低均可。

（2）在大多时候，只有在趋势明朗，并且涨跌幅度并不大的情况下出现的小阴线与小阳线盘整，才是一种中继整理，即之前为上涨趋势的，小阴线与小阳线盘整后，趋势会恢复上涨；之前趋势为下跌的，小阴线与小阳盘整后，趋势会回归下跌。

4.2.4　影　　线

影线，就是在一根 K 线上，除了实体之外，位于实体上方或下方的线。位于实体上方的线叫上影线，位于下方的线叫下影线。影线的出现，代表股价在盘中的上下波动，其长短也说明着这种波动的幅度大小。如上影线的长短，代表着股价盘中冲高回落的波动幅度大小；下影线的长短，代表着股价盘中向下探底回升的波动幅度大小。因此，影线的出现，是股价在盘中向上或向下波动幅度大小的征兆，在实战中，对投资者预判行情具有一定的参考价值。

实战案例：

如图4-8桂冠电力（600236）日线图所示，在A区域、B区域、C区域，K线实体下方均出现了较长的下影线，说明盘中股价下探时的波动幅度均较大，但回升也快，其后均出现了短线的快速上涨；而D区域、E区域、F区域和H区域，K线实体上方的上影线同样均较长，说明股价在盘中快速冲高回落的幅度较大，结果其后股价均出现了持续下跌。这就是K线的上影线与下影线出现的情况，以及影线较长时对行情的影响。

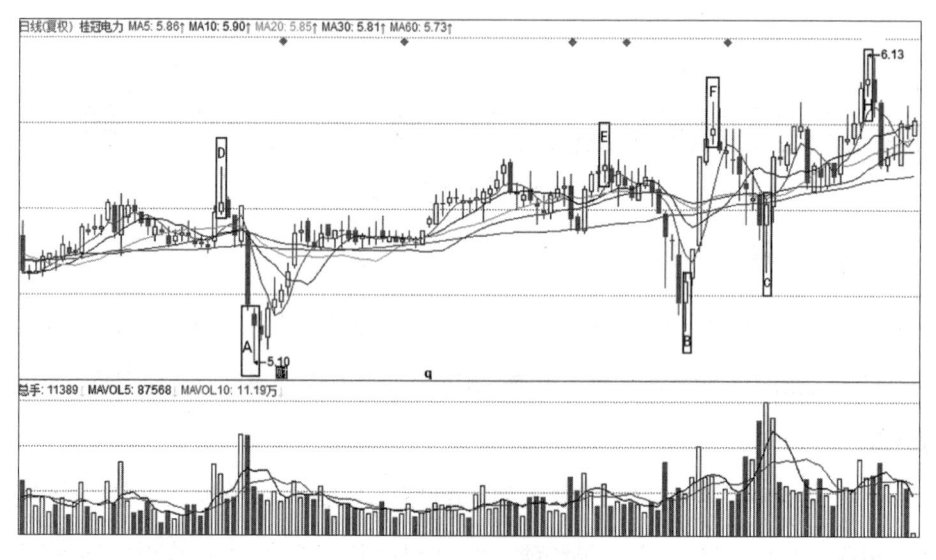

图4-8 桂冠电力日线图

注意事项：

（1）在K线显示中，影线并不一定会出现，而即便出现，也不一定均会在K线实体的上方或下方同时出现，所以，在判断行情时，不可单纯地以影线来确认行情与趋势变化，只能作为一种参考来辅助判断。

（2）通常情况下，股价在持股上涨中出现的较长上影线，多数是股价见顶回落的征兆，而在持续下跌状态下，突然出现的较长下影线，多数是股价快速探底回升的征兆，但在判断行情时，应结合相关技术形态和成交量来综合判断。

4.2.5 孕　　线

孕线，又称作子母线，至少由两根 K 线组成，前一根必须为实体较长的 K 线，阴线或阳线均可，后一根或多根 K 线较短，其高低点均在前一根 K 线的高低点范围之内，因形态极像一位母亲将孩子抱在怀里的样子，所以叫作孕线。

在孕线形态中，前面为阳线、后面为阴线的叫阴孕线，前面为阴线、后面为阳线的叫阳孕线。在常态中，阳孕线出现在低位时，经常是趋势反转为强势的征兆；而阴孕线出现在高位时，往往是股价见顶回落的征兆。因此，根据五三战法实战前，充分了解孕线的形态，更有助于配合五三战法的买卖形态确认买卖时机。

实战案例：

（1）高位阴孕线。如图 4-9 两面针（600249）日线图所示，在持续上涨的 A 区域，股价在创出新高 7.34 元的当日，收出一根较长阳线，而下一个交易日却收出一根较短的阴线，高低点在上一根阳线的高低范围之内，为高位阴孕线，且当日成交量为一根长阴量柱，因此是股价见顶的征兆，持有者应果断卖出手里的股票。

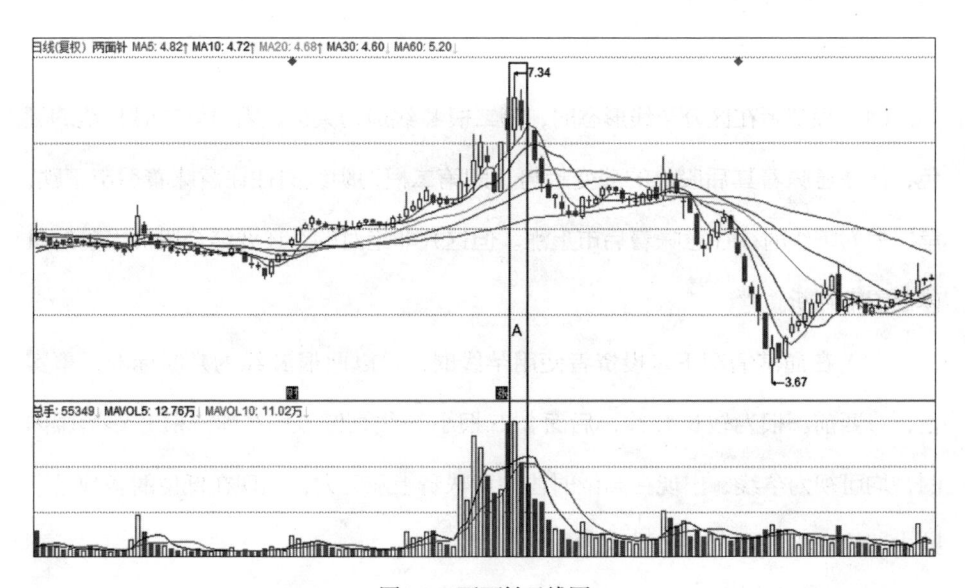

图4-9　两面针日线图

（2）低位阳孕线。如图4-10华升股份（600156）日线图所示，股价在持续快速下跌中进入A区域时，先是形成了一根创新低3.28元的较长阴线，下一个交易日却形成了一根较小的阳线，高低点均在上一根阴线范围内，为低位阳孕线，其后趋势持续震荡转强，投资者可参与行情。

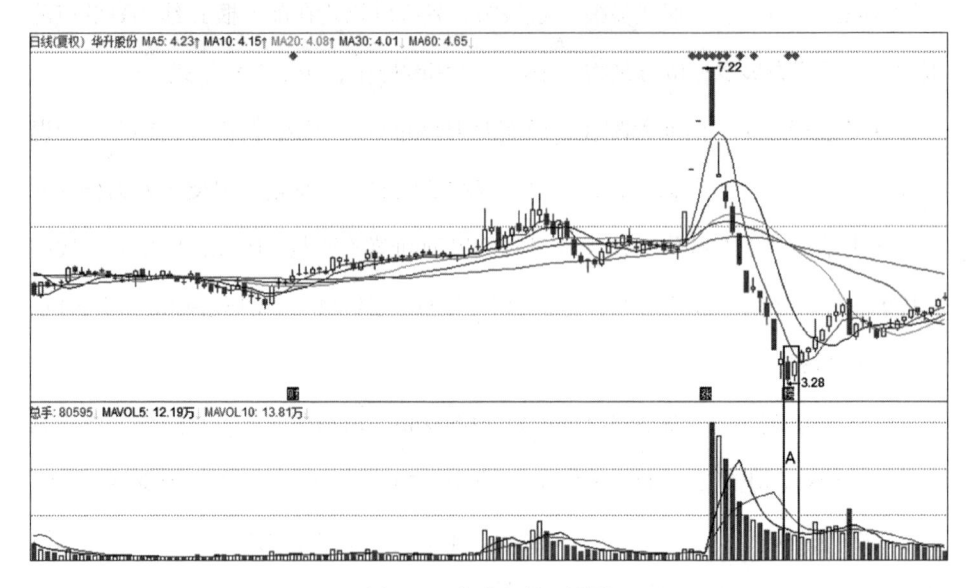

图4-10　华升股份日线图

注意事项：

（1）投资者在区分孕线形态时，第二根K线最为关键，因为第二根K线的颜色，往往意味着其后股价的演变趋势，即第二根为阴线时往往意味着后市下跌，第二根为阳线时往往意味着后市上涨。但这并非绝对的，还要结合股价当前的具体位置来判断。

（2）在通常情况下，投资者使用孕线时，是以两根K线为判断标准，事实上，只要前一根为较长K线，后面3~5根小K线高低点均在前一根K线范围内时，均可视为孕线，出现在高位时往往意味着上涨乏力，出现在低位时多数是下跌末端的征兆。

4.3 量价形态

4.3.1 放量上涨

放量上涨，又称量价齐升，是指股价在上涨的同时，成交量也表现为明显的放大。在放量上涨中，如果形态明显时，即K线为阳线且明显为上升状态，成交量柱也表现为明显高出之前成交量水平，如果再符合了五三战法中的技术买入形态，则是买入股票最为有利的时机。因此，投资者在明白放量上涨的同时，还要明白什么样状态的放量上涨才是买股时机的形态。

实战案例：

在图4-11 嘉化能源（600273）日线图中的A区域，右侧的K线明显为上升阳线，成交量柱也明显高出前一根量柱，所以为明显的放量上涨形态，但在操作上，只可以根据情况适当抢反弹，因为形态上并不符合五三战法的买入形态要求。

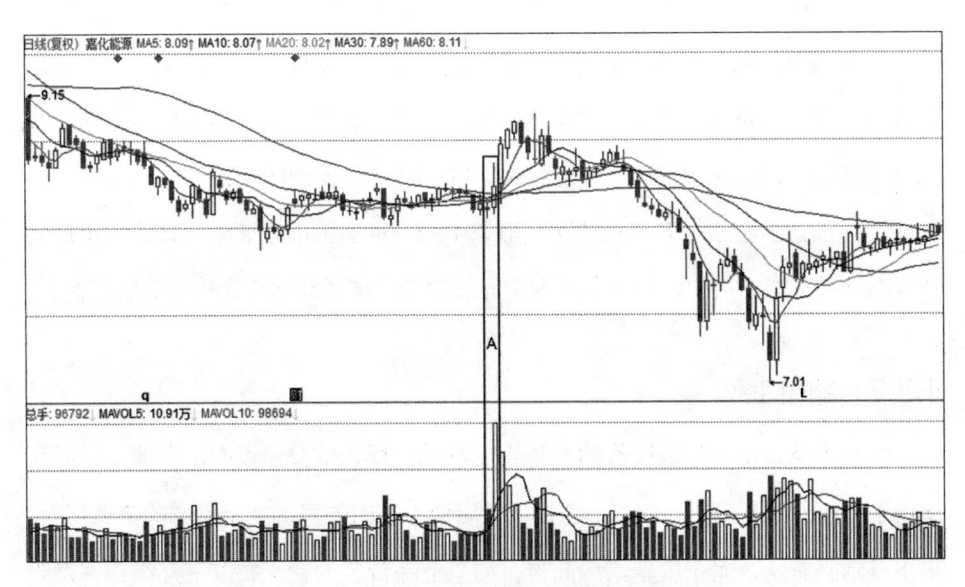

图4-11　嘉化能源日线图

然而，在图 4-12 南钢股份（600282）日线图中的 A 区域，前后两根 K 线和成交量，同样表现为后一根 K 线为上升阳线，成交量柱明显高于前一根，为放量上涨形态，但此时均线系统形成了五佛手买入形态，所以可及时买入股票。

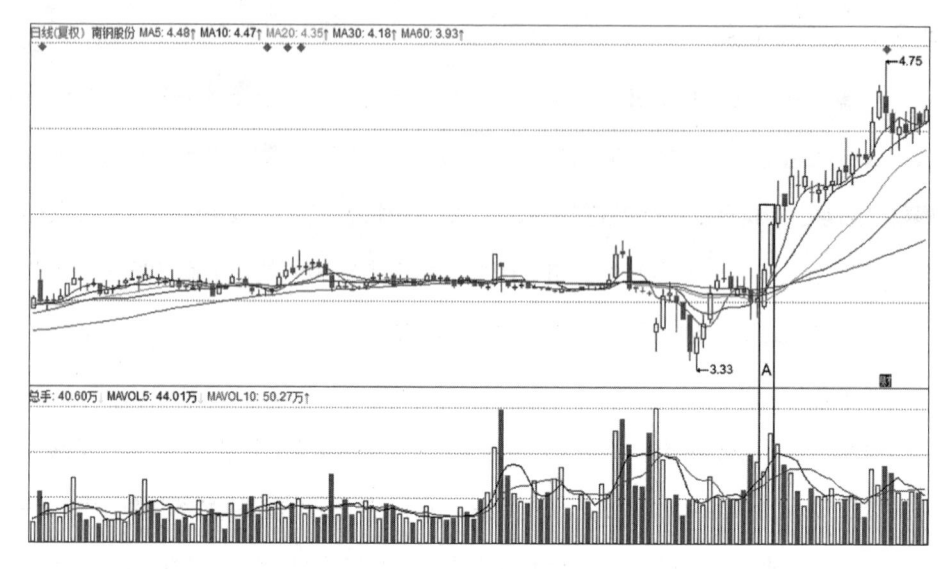

图4-12 南钢股份日线图

注意事项：

（1）放量上涨是股价转强时的征兆，只要在股价出现正常上涨时，都会表现为放量上涨，只有主力高度控盘类的股票，才经常表现为量能不明显的上涨，甚至是一字涨停。因此，放量上涨是最健康的一种股价上涨时的量价形态。

（2）放量上涨也是五三战法买入形态中的一种量价形态要求，如五佛手形态或弹指神通形态，均要求量价表现为明显的放量上涨，此时才会构成买股时机。

4.3.2 缩量上涨

缩量上涨，是指代表股价的 K 线在上涨的时候，成交量没有出现放大，反而出现了缩量。由此可见，缩量上涨是一种股价上涨时的异动或反常态的背离行为，事出反常必有妖，对于股票市场而言，缩量上涨背后的意义有以下几个：一是股价虽然在上涨，但市场投资者并不认同这种上涨，没有纷纷跟进买入，从而造成成交量的缩小，若是如此，则后市只要未有效放量，股价的上涨是难以持续的；

二是主力已经高度控盘这只股票，无须大的成交量即可推动股价的上涨，此时缩量上涨是主力筹码集中的表现，所以，缩量上涨若是发生在上涨期间，可安心持股；再有一种缩量上涨，是由于股价的涨停，导致股票无法成交，才导致缩量，所以是一种强势的表现。

实战案例：

在图4-13华阳新材（600281）日线图中的A区域，股价持续出现了阳线上涨，成交量柱却持续缩减，形成明显的缩量上涨，说明主力筹码集中，其后再放量后，股价恢复了继续上涨。但是，在B区域的上涨中，K线在持续上升，成交量又出现了持续缩减，为缩量上涨，一来说明主力控盘力较强，但同时也说明持续的反弹上涨，市场上的投资者并不看好这只股票，认为其后面难以持续上涨，所以，买入并不积极，因此，其后会出现调整。

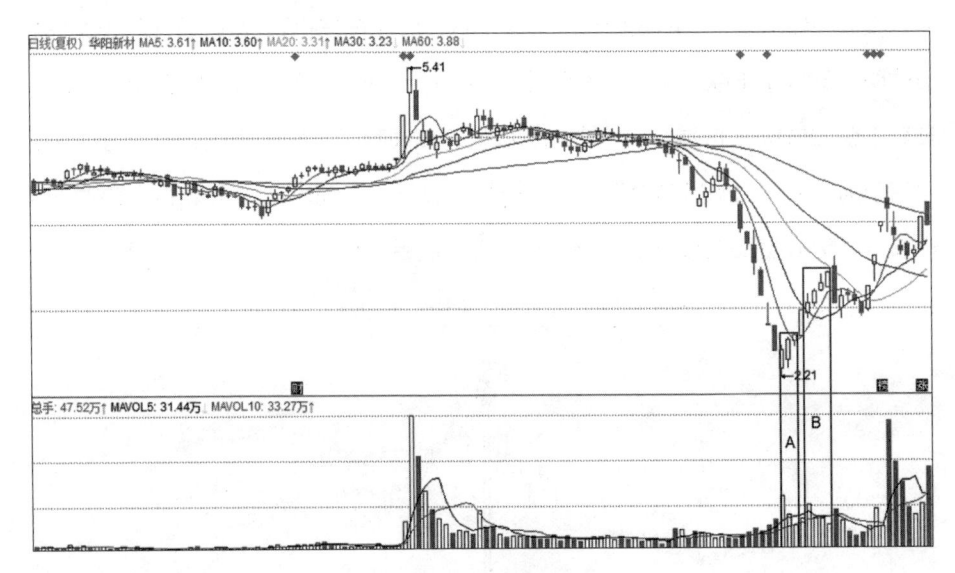

图4-13 华阳新材日线图

注意事项：

（1）在震荡行情或是弱势行情中，一旦出现缩量上涨，往往意味着股价的上涨乏力，短线投资者应在这种量价形态出现时，及时卖出股票，以锁住收益，因其后股价出现震荡下跌的概率极高。

（2）缩量上涨只有出现在一轮明显的上涨途中时，才更为可信，它是主力筹码高度集中的表现，所以，也是耐心持股待涨的征兆。

4.3.3 放量下跌

放量下跌，是指当代表股价的 K 线出现下跌时，成交量也出现了明显的量柱变长。这种放量下跌的形态表现得明显时，也就是成交量为中阴或长阴量柱，K 线为中阴线或极长上影线的 K 线时，就会成为短期趋势突然变坏的征兆，股价在高位时为短线卖股的最佳时机，股价在低位平台震荡期间时为破位下行的征兆，也应先行卖出回避。但放量下跌若是在股价低位时出现，多数是最后一跌。

实战案例：

如图 4-14 江苏舜天（600287）（现 ST 舜天）日线图所示，在上涨中的 A 区域，股价突然出现了上影线极长的阴线下跌，成交量柱也表现为明显极长的阴量，形成明显的放量下跌形态，这说明趋势短线已经快速转弱，应果断卖出股票。而其后下跌的低位 B 区域，股价在刷新前低，K 线收于一根中阴线，成交量柱也明显高于前一根，为明显的放量下跌，但其后股价再次创出 3.35 元新低后快速回升转强，说明 B 区域的放量下跌是下跌末端的最后一跌。

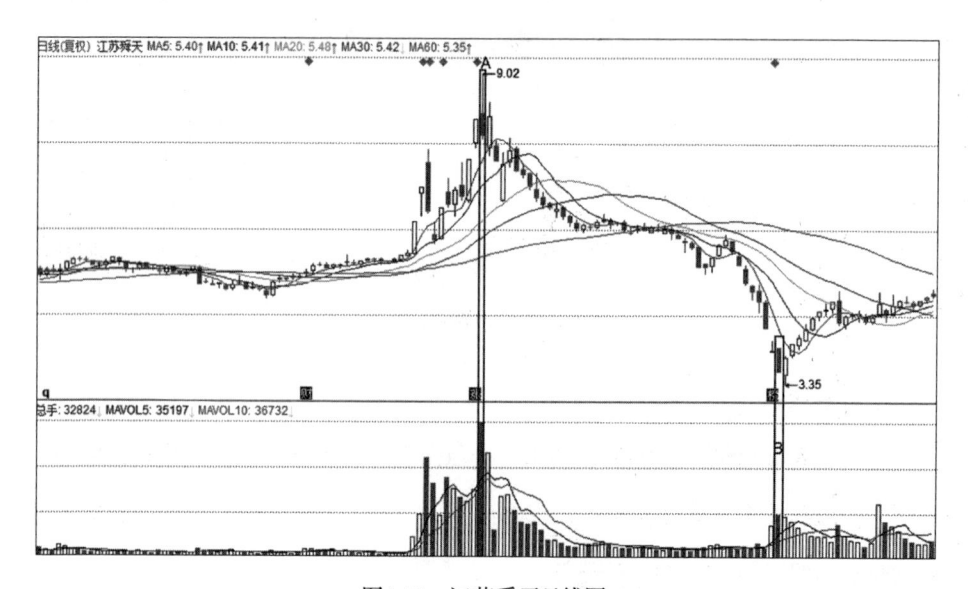

图4-14　江苏舜天日线图

注意事项：

（1）放量下跌出现时，对于研判趋势变化有着较强的意义，尤其是明显的放量下跌，但必须结合当前的趋势来进行综合判断，不可一言以蔽之。

（2）只有股价在持续上涨的高位区，突然出了放量下跌时，才是短期趋势突然转弱的征兆，近几年主力洗盘时经常十分凶猛，常以天地板的放巨量快速洗盘，有一点投资者需牢记，只要是大幅上涨后出现的放量下跌，不管是否形成了五三战法中的卖出形态，短线操盘者均应以卖出股票为主。

4.3.4 缩量下跌

缩量下跌，是指代表股价的 K 线出现下跌的时候，成交量没有放大，反而出现了明显的量柱变短。这种量价形态是一种股价在下跌途中十分正常的现象，因为股价下跌，自然无法吸引到投资者积极买入股票，所以，成交量才会出现缩量的低迷状态。但是，如果股价是在震荡行情或上涨行情中出现的明显缩量下跌，这同时说明了另一个事实：股价的下跌，未造成持有者大举抛售股票，所以，它也是股价即将企稳回升的征兆。

实战案例：

如图 4-15 大恒科技（600288）日线图所示，在 A 区域、B 区域、C 区域，股价出现阴线下跌的同时，成交量柱也出现了明显的量柱变短的缩量，均形成了缩量下跌形态。但由于 A 区域为明显的上涨行情，所以，缩量下跌后股价很快企稳恢复了上涨，而 B 区域和 C 区域，由于出现在下跌趋势中，虽然量能已经相对变小，缩量下跌却是下跌中的一种常态量价形态，所以才会持续出现，投资者不可轻易参与其中。

注意事项：

（1）缩量下跌出现在下跌趋势中时，往往是股价的正常量价表现，主要是由于弱势下参与者少的原因造成的，不能证明跌势已经结束，所以，投资者不可轻易参与其中。

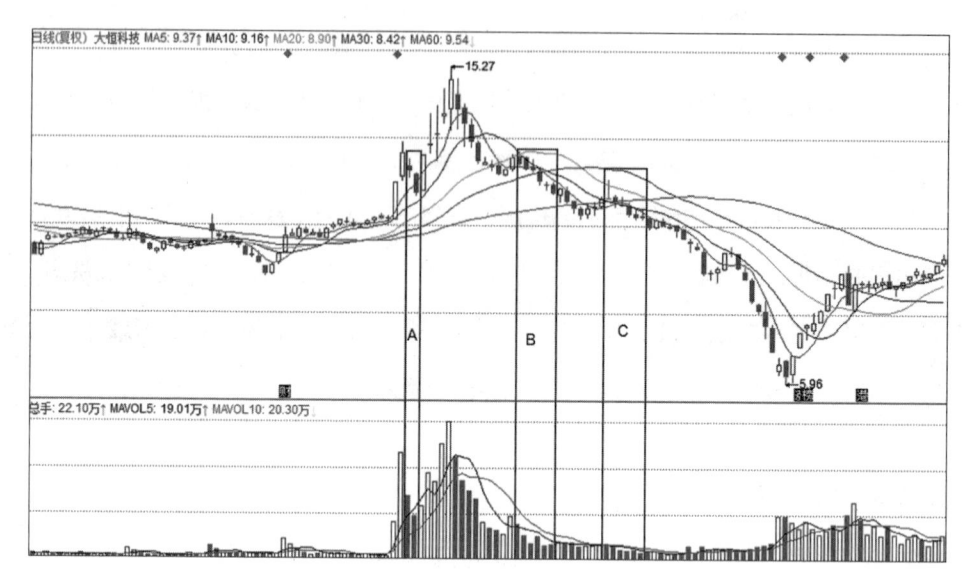

图4-15　大恒科技日线图

（2）上涨行情中出现的缩量下跌，往往缩量很明显，但只有转阳量止跌时方可适当参与行情，但这种量价形态却是五三战法中坚定持股的量价形态。

4.4　量价在五三战法中的应用

4.4.1　量价齐升：五三战法买入形态中的买点依据

量价齐升是五三战法中出现五佛手或是弹指神通等买入形态，分析买点时一种必不可少的量价形态，并且要求这种量价齐升必须明显，也就是股价上涨的同时，成交量必须出现明显的放量或是持续的放大量状态。也就是说，如果当时未出现明显的量价齐升，即便均线表现出的买入形态再完美，也不能买入股票。

实战案例：

如图4-16羚锐制药（600285）日线图所示，股价在持续的弱势震荡中，进入A区域后，五条均线形成了明显的向上发散的五佛手形态，股价表现为持续阳线上涨、成交量持续阳量明显放大的量价齐升形态，应果断买入股票。

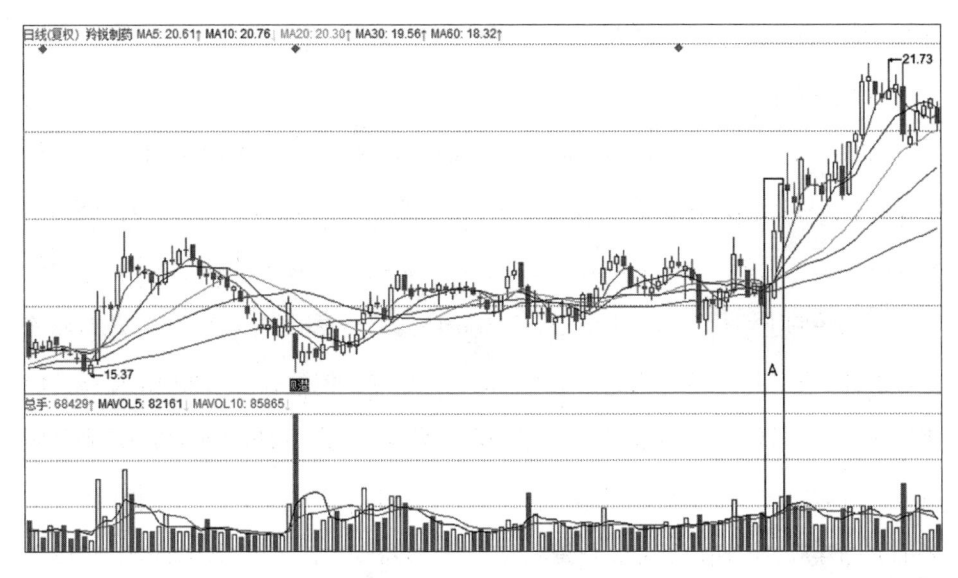

图4-16 羚锐制药日线图

注意事项：

（1）量价不仅是五三战法中买入形态形成时判断买股与否的关键依据，同时也是运用其他操盘技术进行买卖时机判断时不可或缺的一种形态，因为若没有量的支撑，所有的K线形态与技术指标形态，都不可信，所以，只有资金大举涌入的成交量放大形态，才是买股最坚实的基础。

（2）投资者在根据量价齐升状态买股期间，一定要牢记一点，放量不明显的量价齐升往往不可靠，而单一的、过大的成交量同样是不可信的，只有持续的大量才可信。

4.4.2 量价齐跌：五三战法卖出形态中的卖点依据

量价齐跌，在五三战法卖股形态中同样是重要的卖点判断依据，对那些以日线上涨波段为主的投资者来说，量价齐跌状态是完全可以单独用来判断一只股票卖点的一种形态。比如在五三战法中的一心一意卖股形态，量价齐跌就是主要的判断依据。但是，这种只以单一交易日的量价突变为主的判断卖点的方法，必须结合当时股价的涨幅，以及当时的盘口信息来综合确认卖点，出现的量价齐跌必须为明显的大量状态的量价齐跌。

实战案例：

如图4-17华阳股份（600348）日线图所示，股价在持续上涨过程中，股价在上一交易日创出10.97元新高后，进入A区域，未再继续刷新高点，反而出现了持续的大阴量下跌，为明显的量价齐跌，K线附近的5日均线也出现了上行乏力后的转向下运行趋势，形成了五三战法中一心一意的卖股形态，应及时在A区域右侧K线当日，5日均线初拐下行时卖出股票。但若是日线波段的短线操作者，可在A区域内左侧股价略冲高即快速回落时，结合当时的分时图量价齐跌情况，以及盘口主力资金流出状态，即一旦发现短时主力流出较大、盘中换手率较高时，同样应及时做出反应，尽管此时5日均线尚未出现向下拐头情况，也应果断卖出股票，因为短期趋势已经明显走弱了。

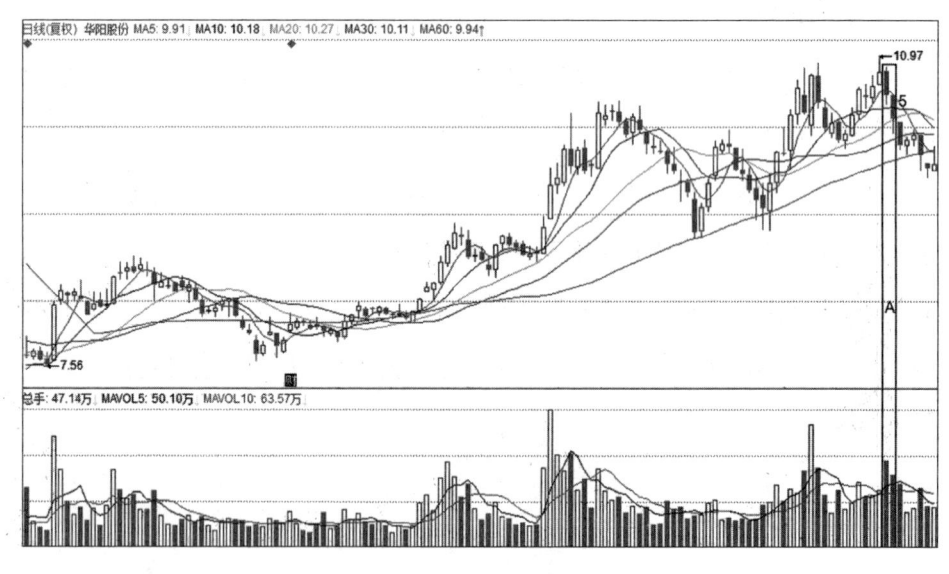

图4-17 华阳股份日线图

注意事项：

（1）量价齐跌是五三战法中卖出股票时一种重要的量价形态，这一点甚至是比买股时的量价齐升形态还要重要，因为投资者如果把握不好卖股时机，收益会出现较大的缩水。

（2）对于日线波段中短线操作的投资者来说，量价齐跌在卖股时尤为重要，特别是单一量能放大的量价齐跌，甚至是这种单一阴线阴量放大的量价齐跌在当日尚未形成时，如何结合分时图的量价齐跌及盘口信息来准确捕捉卖点，是需要投资者在学会五三战法后，反复通过实践去练习，只有这样才能熟练地把握时机。

第 5 章

选股：
交易前必要的准备

很多投资者，更为看重的是操盘技术中的买卖交易方法，在五三战法中，我们更注重选股环节，虽然这一环节根本未涉及交易，但却为日后交易中的选择目标阶段奠定了基础。目标股未来是否具有上涨的潜力，以及这种潜力到底有多大，关系到的不仅仅是股价未来的涨幅和投资者的收益，更为关键的是，这与投资者日后的投资风险密切相关。

5.1 选股原则

5.1.1 强弱结合的选股原则

投资者在根据五三战法实战选股前,一定要明白五三战法的选股原则,尤其是其中强弱结合的原则,因为原则把握不好,自然会影响到选股后的收益。所谓的强弱结合原则,就是所选股票在基本面上必须表现为强,也就是上市公司的业绩要好,技术面上则要表现为弱,即技术面处于弱势整理状态。因为技术面上呈现弱势整理的股票,后市转强的概率较大,而基本面好又是促使公司股票转强的基本保障。

实战案例:

如图 5-1 山东高速(600350)在个股资料的财务分析中所示,这家上市公司在 2017—2022 年净利润保持在 20 多亿元到 30 多亿元之间,基本每股收益一直在 0.5~0.7 元,净资产收益率多年保持在 6%~11%,毫无疑问,这是一个业绩优良的绩优股。这就是选股时目标股表现出的强。

这时我们再回到这只股票的技术面走势上,如图 5-2 山东高速周线图上的 A 区域所示,也就是 2021 年 7 月—2022 年 8 月期间,股价一直保持长期弱势震荡走势。这就是选股时技术面上的弱。

从图 5-2 中 A 区域后的股价表现可以看出,在这种基本面强、技术面弱的强弱结合的选股原则下,如果投资者选到了这只股票,并且其后在买入形态时买入了这只股票,收益是相当可观的。

注意事项:

(1)投资者在根据五三战法选股前,一定要明白强弱结合的选股原则,因为只有在这一原则下去选股,所选到的目标股才是未来最具上涨潜力的股票,并且其后股价若反转上涨时,往往会走出一波较大的上涨行情。

(2)强弱结合的选股原则,就是基本面强、技术面弱,所以,投资者在选股时,切不可从单一的技术面入手去看股票,而忽略其基本面的信息,也不要只看重基本面，而忽略了技术面的走势。

科目\年度	2022	2021	2020	2019	2018	2017
成长能力指标						
净利润(元)	28.55亿	30.52亿	22.81亿	31.26亿	29.44亿	27.03亿
净利润同比增长率	-6.45%	33.83%	-27.04%	6.19%	8.91%	-12.51%
扣非净利润(元)	24.76亿	26.89亿	18.60亿	25.45亿	19.32亿	24.29亿
扣非净利润同比增长率	-7.93%	44.55%	-26.92%	31.76%	-20.47%	-6.58%
营业总收入(元)	184.86亿	162.04亿	130.03亿	104.15亿	68.29亿	81.27亿
营业总收入同比增长率	14.09%	24.61%	9.13%	9.02%	-15.98%	-12.78%
每股指标						
基本每股收益(元)	0.5030	0.5970	0.4530	0.6460	0.6120	0.5620
每股净资产(元)	6.12	6.03	5.87	6.26	5.67	5.53
每股资本公积金(元)	0.26	0.25	0.36	0.86	0.68	0.96
每股未分配利润(元)	4.06	4.02	3.79	3.74	3.38	3.00
每股经营现金流(元)	1.06	2.04	0.90	1.14	0.81	0.72
盈利能力指标						
销售净利率	20.23%	24.18%	18.82%	41.18%	53.10%	38.98%
销售毛利率	34.67%	43.32%	33.48%	53.03%	49.48%	56.76%
净资产收益率	8.28%	9.87%	6.30%	10.73%	10.38%	10.29%
净资产收益率-摊薄	7.20%	8.21%	6.48%	9.48%	10.80%	9.94%

图5-1　山东高速个股资料财务分析

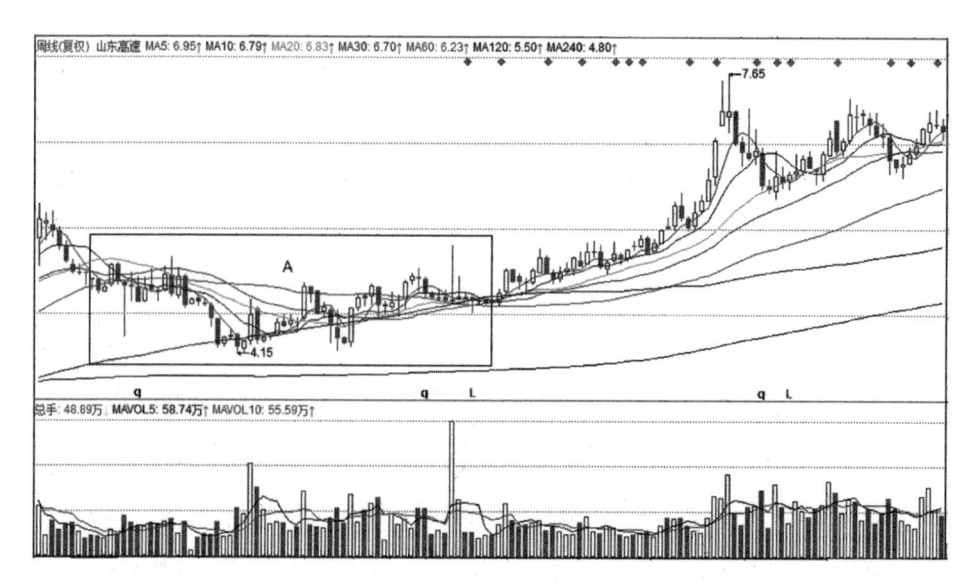

图5-2　山东高速周线图

第 5 章 选股：交易前必要的准备

5.1.2 以价值投资为核心的选股原则

投资者在了解强弱结合的选股原则后，还要明白另一个选股原则，那就是以价值投资为核心的选股原则。这是五三战法选股的根本，因为一只股票，如果失去了投资价值，那它所有的上涨就都只是资金推动下的上涨，尽管可能会因某一概念而走强，但却是很难长久的。也就是说，没有价值的上市公司，其股价是很难走出一波波澜壮阔的上涨行情的。这就要求投资者在判断一家上市公司是否有价值时，不要总是看这家上市公司的短期业绩好坏，而是着重于其长期业绩的好坏。这样选股，才能选到真正具有长期投资价值的股票。

实战案例：

例如，我们在 2024 年 3 月选股期间，当看到如图 5-3 海正药业（600267）周线图上，股价在 A 区域长期弱势震荡的情况下，出现 B 段的破位下行走势，并在 C 区域再次形成一个平台，出现了弱势震荡整理，此时，在确认了其技术面弱势的状态后，就要及时观察其基本面，以判断这家上市公司是否存在价值投资。

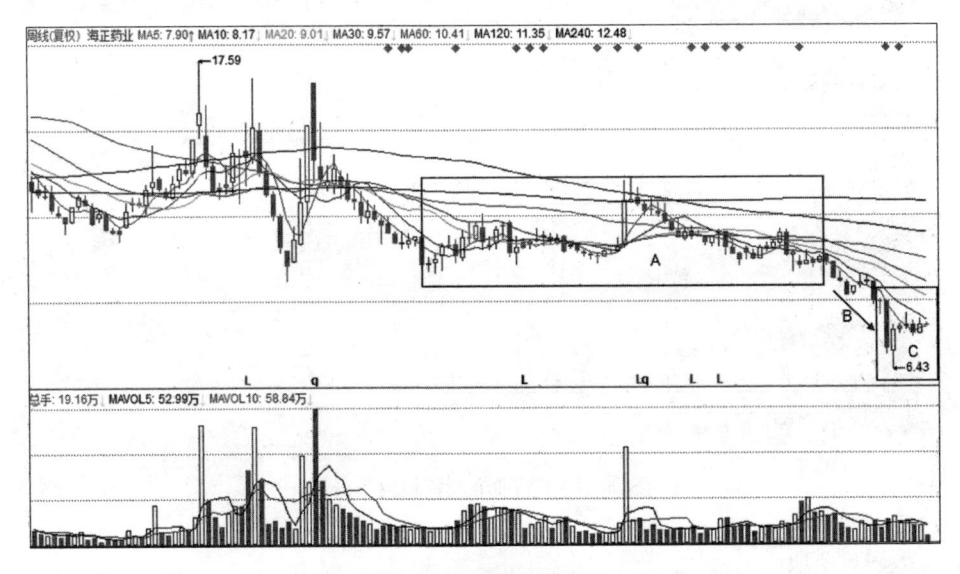

图5-3 海正药业周线图

如图 5-4 海正药业在个股资料的财务分析所示，这家公司在 2020—2022 年净利润、基本每股收益和净资产收益率三个方面的表现为：净利润持续保持在

4亿元以上，基本每股收益持续保持在0.42~0.43元的水平，净资产收益率持续保持6%~8%，无疑，这是一家业绩优良的公司。而从公司的资料中可以得知，这家药企不仅一直在做制药，同时是一家创新药企业，以研发新药为主，如近两年刚刚上市的具有知识产权的自主研发的降脂新药海博麦布片等合计四类新药32个，国家二类新黄药23个，明显是具有独立知识产权、核心竞争力的上市公司，其投资价值显而易见。因此，投资者完全可以基于中长线或短线去择机投资，此时即可将其列为日后持续观察的目标股。这种方法就是在以价值投资为核心的原则下进行选股的结果。

科目\年度	2022	2021	2020	2019	2018	2017
成长能力指标						
净利润(元)	4.89亿	4.87亿	4.17亿	9307.27万	-4.92亿	1356.62万
净利润同比增长率	0.44%	16.71%	348.25%	118.90%	-3730.15%	114.37%
扣非净利润(元)	3.13亿	2.10亿	5563.71万	-25.21亿	-6.12亿	-1.41亿
扣非净利润同比增长率	48.81%	277.94%	102.21%	-312.15%	-332.50%	50.09%
营业总收入(元)	120.37亿	121.36亿	113.54亿	110.72亿	101.87亿	105.72亿
营业总收入同比增长率	-0.82%	6.89%	2.55%	8.68%	-3.63%	8.61%
每股指标						
基本每股收益(元)	0.4200	0.4300	0.4300	0.1000	-0.5100	0.0100
每股净资产(元)	6.39	5.75	6.92	6.50	6.40	6.96
每股资本公积金(元)	3.47	2.94	3.76	3.78	3.78	3.78
每股未分配利润(元)	1.93	1.70	1.69	1.34	1.27	1.83
每股经营现金流(元)	1.72	1.45	1.65	0.72	1.50	1.29
盈利能力指标						
销售净利率	4.08%	4.21%	6.37%	2.92%	-2.33%	2.19%
销售毛利率	41.86%	40.79%	43.27%	42.97%	41.78%	31.52%
净资产收益率	6.38%	7.49%	6.46%	1.49%	-7.64%	0.20%
净资产收益率-摊薄	6.05%	6.67%	6.25%	1.48%	-7.96%	0.20%

图5-4 海正药业个股资料财务分析

注意事项：

（1）投资者在选股前，一定要明白上市公司的内在价值是什么，而在判断这一价值时，有预期价值和业绩价值，因为，如今不少板块是允许非营利公司上市的，但这类未来价值的判断，对普通投资者来说是比较困难的，除非是专业人士，所以，投资者还是应以业绩价值为核心，这样更为直观。

（2）在以价值为核心的选股原则下，投资者在观察上市公司的业绩时，可以忽略其短期业绩表现，因为在大多数情况下，公司短期业绩差时，公司股价才会出现弱势的低位整理走势，但是，只要这种短期业绩差并非由公司经营能力下降导致，一般可以忽略。

5.2 技术面选股形态与判断方法

5.2.1 长期弱势震荡整理形态

长期弱势震荡，是运用五三战法选股时一种重要的技术形态，是指股价在较长时间内始终处于一种下跌后的弱势震荡整理状态，基本是股价在这一时期内上下波动并不大，在判断形态时，其实从K线处于下跌后的弱势小幅震荡状态下，成交量一直处于较低的状态即可判断出，同时观察均线，一般处于一种相距较近、几近黏合状态下的反复缠绕状态。值得注意的是，这种长期弱势震荡形态并非在日线图上，而是在周线图上呈现出的状态，周线图上的长期均线与其他均线相距有一定距离，或是与其他短周期均线一样相距较近均可。只要是通过周线图发现了这种形态的股票，即可放入自选股中。同时，如果投资者是在观察处于探大底状态的股票，或是在寻找一只股票的长期支撑时，可再观察月线图，若是月线图上呈现的形态与周线图一样，是处于长期弱势平台的震荡整理状态，则这类股票一旦出现反转，将进入更大级别的上涨行情，所以，可将其作为选股时判断是否为未来牛股的形态。

实战案例：

投资者在选股期间，若是看到了如图 5-5 嘉化能源（600273）周线图中所示的 A 区域时就会发现，这只股票是在创出 13.29 元高点后下跌震荡进入的 A 区域，并在 A 区域内以一定幅度反复震荡，成交量也缩减到了较低水平，且均线之间长期处于相对较近的反复缠绕状态，这时，不妨再去看一眼月线图。

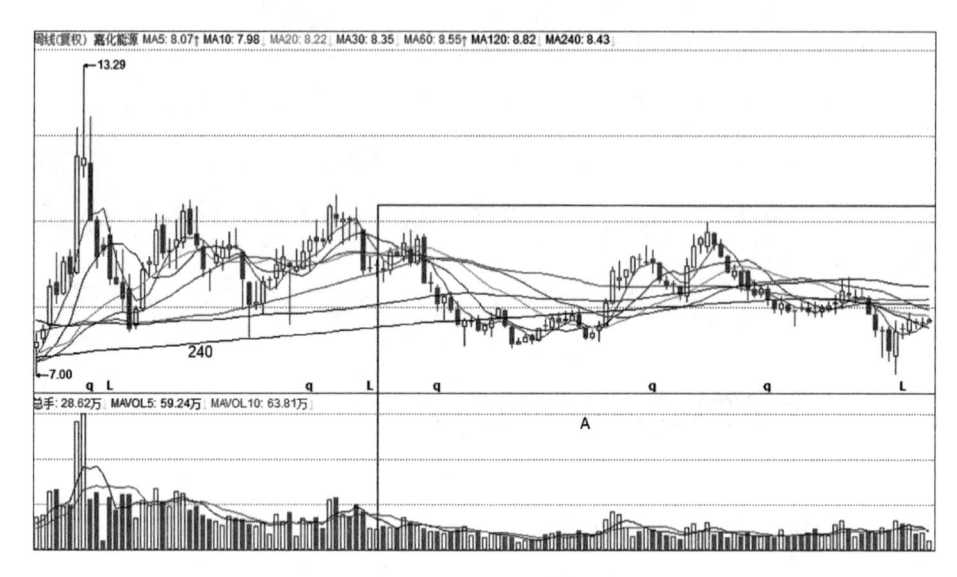

图5-5 嘉化能源周线图

如图5-6嘉化能源月线图所示，A区域同样呈现出幅度并不大的长期弱势震荡整理状态，量能也在持续缩减变小，与周线形态基本一致，这就说明，这只股票在中长期内，一直面临着下跌后的弱势整理状态，从技术形态上来说，该股具有未来发动上涨的潜力，但仍需对其基本面进行观察，方可确认为目标股。

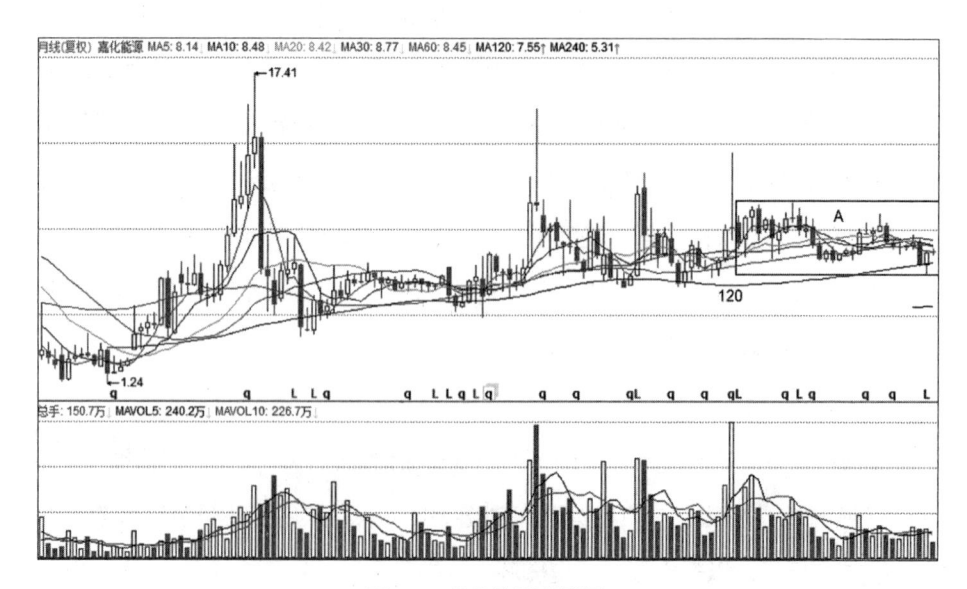

图5-6 嘉化能源月线图

注意事项：

（1）投资者在根据长期弱势震荡整理形态选股时，一定不要只观察日线图，因日线图上的趋势多数是周期极短的趋势，要想寻找到洗盘充分、未来反转力度大的牛股，必须从周线图与月线图去选股。

（2）在长期弱势震荡整理形态中，股价上下震荡的幅度可大可小，通常越是震荡幅度小的股票，整理得越是充分，未来发动上涨时往往启动较快，但在选股时，必须在技术面符合要求后再观察基本面，符合基本面要求时方可列为目标股。

5.2.2 短期弱势整理形态

短期弱势整理形态，是指在周线图上，当股价在一轮明显的上涨趋势中突然出现了**短期的下跌或是横盘震荡**调整时，表现为相对的弱势状态，但是在技术形态上又没有改变长期上涨的趋势，只是5周均线出现了一定的下行或平行调整，**成交量**也出现了明显的持续大幅缩量。这时即可放入股票池。原则上，这类股票是不需要观察基本面的，因为周线上涨趋势的出现，即证明了股票的强势，对谨慎的投资者来说，为防止突然变盘，还是观察一下基本面为好，只要基本面不是过坏，均可再通过观察日线去寻找买入时机。

实战案例：

如图5-7五洲新春（603667）周线图上的A区域和B区域，股价处在明显的上涨趋势中，均出现了持续的阴线下跌，但成交量却出现了大幅缩减，仅仅是5周均线出现了略下行的走势，60周均线出现了平行，其余均线均处于上行状态，是股价短期弱势波动的征兆，这种形态就属于短期弱势整理形态，观察基本面符合要求后，即可作为目标股，从日线图上寻找短线介入的时机。

注意事项：

（1）投资者在选择短期弱势震荡整理类的股票时，同样应尽量回避日线，因日线反映的趋势通常较短，尤其是调整行情出现时，一旦判断不准，有可能看似的短线调整，结果演变为了反转向下，所以，应多从周线图出发，去选股。

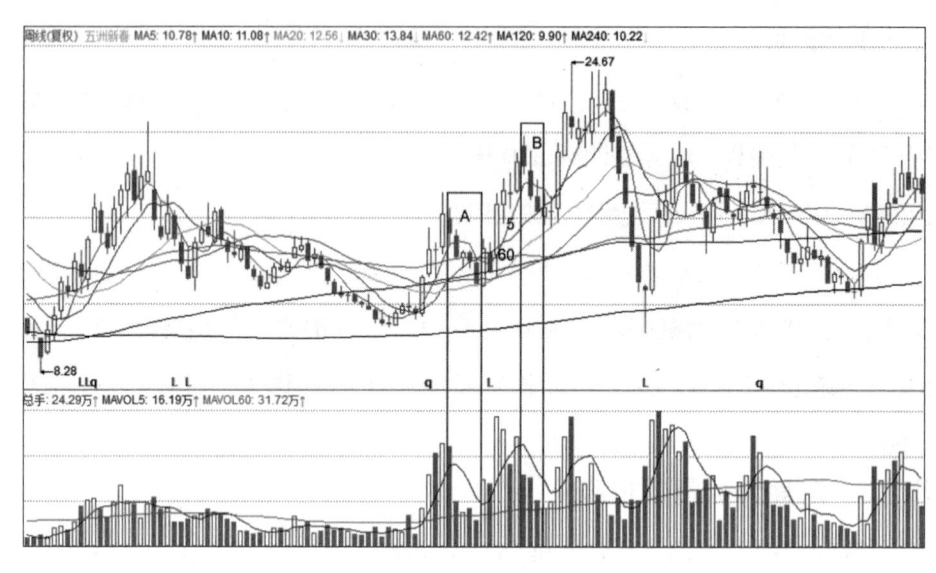

图5-7　五洲新春周线图

（2）短期弱势震荡形态的选股，其实是在选择周线图上那些上涨趋势明显的股票所出现的短期次要趋势的调整，尤其是上涨趋势形成后出现的首次回调，往往可信度更高，操作的安全性也更有保障。

5.3　基本面选股方法

5.3.1　选股时的三大财务指标及要求

投资者在根据五三战法基本面选股时，主要是分析上市公司的财务状况，但上市公司的财务报表中的项目较多，完全读完要花费不少时间，所以，只需要观察三个主要的财务指标的情况，即可判断出这家上市公司的经营情况：一是观察净利润，只要持续三年始终保持在一定数值的盈利状态，即说明经营稳定；二是基本每股收益，一般要在 0.2 元以上为佳，当然，若能达到近 1 元的水平，则说明公司的盈利能力极强；三是看净资产收益率，一般只要达到了持续三年在 5% 以上，就说明不错了，若是达到 10%~20%，则是非常好的状态，

第 5 章　选股：交易前必要的准备

通常为绩优股。

实战案例：

如图 5-8 东方创业（600278）在个股资料内的财务状况一栏所示的一样，2020—2022 年，公司的净利润一直保持在 2 亿多元到 3 亿多元的稳定状态；基本每股收益连续三年保持在 0.3~0.5 元的水平；净资产收益率只有一年是 4.57%，其后两年均超过了 5%。因此，仅仅从上市公司的基本面出发，该公司是符合五三战法的选股要求的，一旦其在技术面上符合选股要求，即可放入股票池持续观察。

科目\年度	2022	2021	2020	2019	2018	2017
成长能力指标						
净利润(元)	3.70亿	3.81亿	2.78亿	1.83亿	1.54亿	1.73亿
净利润同比增长率	-2.80%	36.94%	52.15%	18.67%	-11.21%	16.14%
扣非净利润(元)	3.22亿	2.37亿	1.61亿	9951.90万	7628.94万	2803.92万
扣非净利润同比增长率	35.73%	47.17%	61.84%	30.45%	172.08%	-49.27%
营业总收入(元)	414.77亿	435.49亿	419.64亿	388.82亿	167.44亿	158.34亿
营业总收入同比增长率	-4.76%	3.78%	1.36%	5.66%	5.73%	1.46%
每股指标						
基本每股收益(元)	0.4200	0.4400	0.3700	0.2400	0.2900	0.3300
每股净资产(元)	8.00	7.96	8.00	8.09	7.02	7.79
每股资本公积金(元)	3.15	3.13	3.27	1.83	1.84	1.84
每股未分配利润(元)	2.92	2.69	2.28	2.64	2.47	2.29
每股经营现金流(元)	1.08	0.15	0.07	0.47	0.04	0.39
盈利能力指标						
销售净利率	1.15%	1.06%	0.85%	1.06%	1.16%	1.28%
销售毛利率	5.07%	3.89%	3.55%	5.54%	5.60%	5.55%
净资产收益率	5.30%	5.34%	4.57%	3.00%	3.92%	4.77%
净资产收益率-摊薄	5.24%	5.51%	3.86%	2.67%	4.14%	4.26%

图5-8　东方创业个股资料财务状况

注意事项：

（1）投资者在通过基本面选股时，不要过于在意净利润增长率的变化，要看其年净利润的数值，只要变化不大，处于盈利状态即可。包括基本每股收益和净资产收益率，都要选择按年度观察，而不要只观察季度或报告期的情况。

101

（2）在观察一家上市公司的基本面时，若是在连续三年中，仅有一年数据相对差了一点，此时，只要三个财务指标的其他两项符合要求，同样属于符合基本要求，即无须太过苛刻，因基本面观察的是上市公司连续三年的经营状况，是允许其短期出现波动的，短期波动不会导致其技术面上出现大跌。

5.3.2 绩优股、白马股的判断方法

绩优股，无疑就是那些业绩持续优良，但公司增长的速度又并不快的上市公司的股票，投资这类股票，往往回报率高且稳定，因此，该类股票在市场上备受关注。在判断一只股票是否为绩优股时，一般净资产收益率持续超过10%，即可确认为绩优股，但炒股软件中多会自动统计分析，如同花顺上可在最新动态的财务分析一栏中寻找，属于绩优股的即会注明。

白马股，通常是指那些经营业绩优秀，且股本结构合理，成长性又好，资本充足，具有较大名气的上市公司股票。这类股票的信息大多是透明的，投资回报率好，公司增长具有一定的确定性。判断一只股票是否为白马股时，通常参考每股净资产值、每股收益、净利润增长率、净资产收益率、主营业务收入增长率等几个方面，但投资者在寻找白马股时，依然很简单，那些在行业内多年声名在外的上市公司，多为白马股，特别是多年绩优的股票，均为白马股，因市场上很多白马股地位发生了变化，所以，近几年大多系统不再以白马股提示，但有些耳熟能详的上市公司，均为公认的白马股。

实战案例：

（1）绩优股。如图5-9钱江水利（600283）所示，在个股资料中的最新动态栏内，右侧的财务分析框中有这只股票为绩优股的提示，所以，一旦符合技术面要求，该股可为优选的目标股。

（2）如图5-10贵州茅台（600519）所示，其本身就是A股的一张名片，长期业绩优良，每年都进行大笔分红，从图5-10中可以看出，在整个白酒行业的上市公司中，贵州茅台多年来一直为行业第一，利润远高于第二名，且如今的贵

州茅台早已不单单是一家白酒企业。因此，贵州茅台依然是国人心目中当之无愧的大白马股，若在技术面符合要求时，同样应为优选目标股，只不过贵州茅台的股价太贵，一般的投资者是很难参与的。

图5-9 钱江水利个股资料最新动态

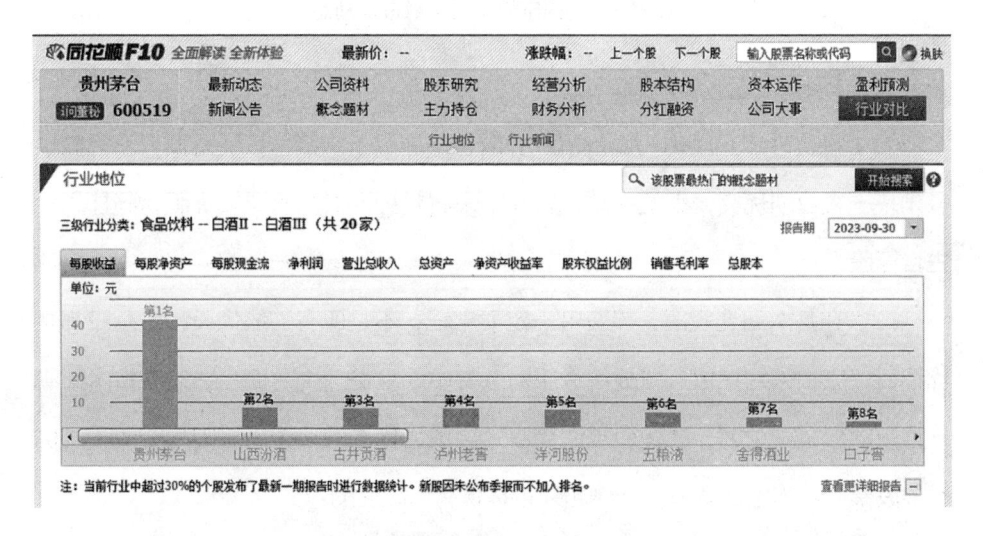

图5-10 贵州茅台个股资料行业对比

如图 5-11 药明康德（603259）在个股资料的最新动态内的财务分析中的显示所示，这只股票既是一只权重股和一线蓝筹股，同时又是一只绩优股和白马股，而从其基本每股收益（3.27元）中就可以看出，其业绩相当优秀，因此，从某种意义上讲，一些白马股，往往同时又是业绩优良的绩优股，只要是技术面符合选股要求，就可作为优选的标的股。

图5-11　药明康德个股资料最新动态

注意事项：

（1）投资者在判断白马股或绩优股时，不要过于纠结，只要是发现一只股票多年来一直业绩优良，即便在炒股软件中未将其列为白马股或绩优股，同样为优先目标股。

（2）在基本面选股时，投资者一定要牢记，不是所有的绩优股和白马股都是优选目标股，因为在用五三战法选股时，基本面只是一个方面，必须在技术面满足选股的形态要求时，绩优股或白马股才会成为优选的目标股。因为即便是再优秀的股票，若不出现调整，操作起来也是具有风险性的。

5.3.3　龙头股的判断方法

在五三战法中，龙头股是指那些在行业中处于领先地位的上市公司的股票。由于这些处于领先地位的龙头企业，要么是所占市场份额极高，要么就是公司拥有的技术壁垒很高，处于领先地位，在所在行业内，具有无可替代的作用。这类股票，因企业自身具有极强的抗风险能力，即便遇到行业危机，也能凭借自身的优势，最先走出危机，所以，投资者在选股时，若是技术面满足选股要求，只要是龙头股，即可作为优选对象。投资者在判断龙头股时，可综合上市公司的信息，如行业对比中位列前三的，或是细化行业中位列第一的，均为龙头股。而在同花顺的个股资料页面，同样会在公司亮点中提示上市公司在行业中的地位。

实战案例：

若投资者在选股时，在发现通策医疗（600763）这只股票在技术面上符合选股要求后，这时就可以观察图5-12中该股的基本面了，从个股资料的最新动态中可以看到，在右侧上方的公司亮点中，明确标明了这家企业为根植于浙江的口腔医疗服务龙头，而图5-13的行业对比中显示，这家公司在行业中仅次于普瑞眼科，位于第二名，无疑是一家龙头企业，应及时将其列为目标股持续观察。

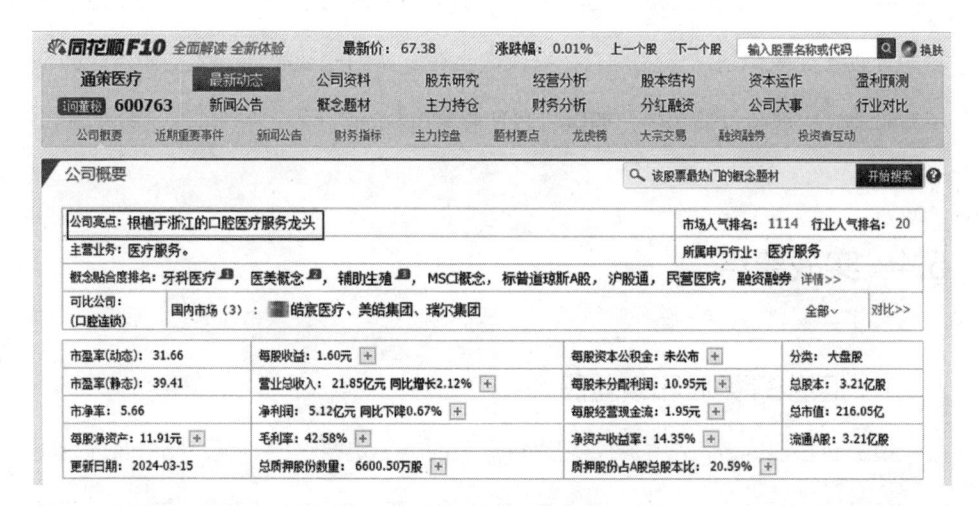

图5-12 通策医疗个股资料最新动态

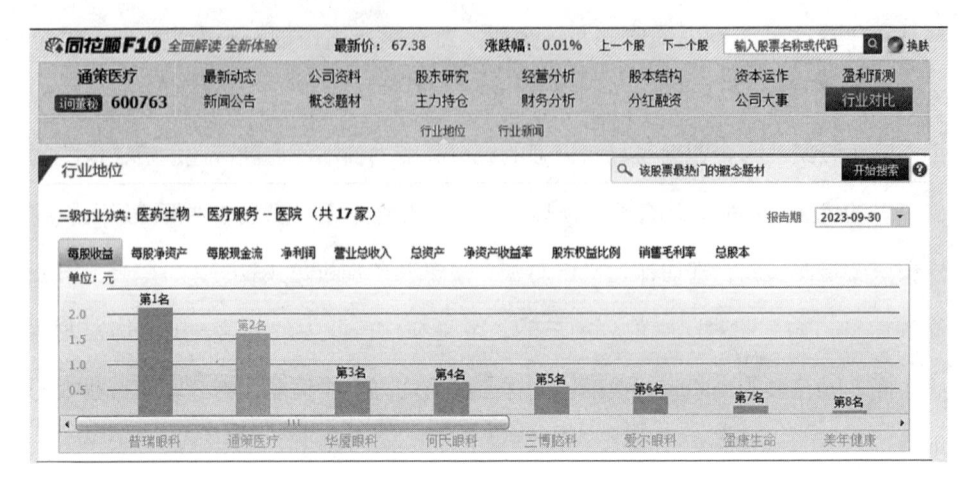

图5-13 通策医疗个股资料行业对比

注意事项：

（1）投资者在根据五三战法选择龙头股时，一定要明白，五三战法中讲的龙头股与市场人士所讲的龙头股是有区别的，市场上是以领涨的股票为龙头股，而五三战法中所讲的龙头股，是指上行公司所属行业中的龙头企业，因为龙头企业最容易在板块发动上涨时，引领行业内其他股票率先明显上涨。

（2）投资者在参考基本面选股时，基本上只要确认了一家上市公司为龙头股后，其业绩往往也是常年优秀的，只或许会在短期内出现波动，或是在行业面临压力时才会出现股价的弱势，所以，是选股时的优选品种。

5.4 实战要点

5.4.1 拒绝ST类股和绩差股

投资者在根据五三战法的要求进行选股时，一定要牢记一点，技术面选股期间，只要是发现了股票名称前冠有 ST 字样的股票，就应立刻放弃。ST 类股票具体包括：*ST、ST、S*ST、SST、S 等。ST 类股票，都是由于一些原因被证监会

第 5 章 选股：交易前必要的准备

在其股票名称前冠以字母进行警示的股票，未来退市的风险极高，所以，必须回避这类股票。而在利用基本面进行选股时，投资者也要规避那些绩差股，因为绩差股大多为多年经营业绩较差，甚至是连年亏损企业的股票，即便这些绩差股未被 ST 警示，也多处于即将被 ST 的状态中，而上市公司一旦连续三年亏损，则会被责令退市，因此，参与此类股票的风险极高。

实战案例：

（1）ST 类股。如图 5-14*ST 全新（000007）（现全新好）周线图所示，虽然 A 区域符合长期弱势震荡整理形态的技术面选股要求，但这只股票名称前面冠有 *ST，属于 ST 类股票，一旦看到，应果断放弃，重新选股。

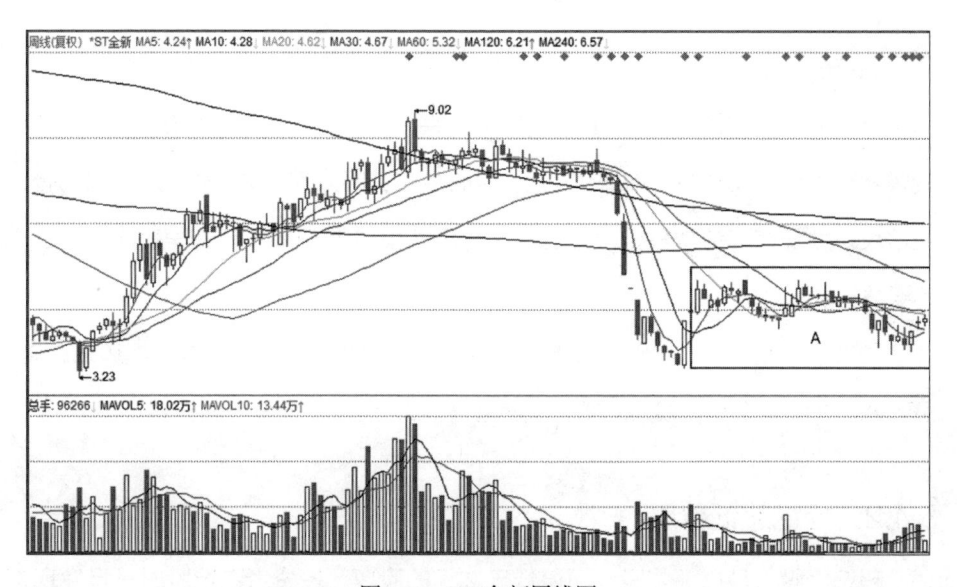

图5-14　*ST全新周线图

（2）绩差股。如投资者在技术选股中发现如图 5-15 所示的酒钢宏兴（600307）这只股票符合选股要求时，应观察其基本面，从图 5-15 其个股资料的最新动态中可以看到，在右侧财务分析中，明显提示这是一只绩差股，尽管没被 ST，但也为时不远了，所以，同样应果断放弃，重新选股。

图5-15 酒钢宏兴个股资料最新动态

注意事项：

（1）投资者在选股时，ST类股识别起来很简单，在技术选股时，只要发现股票名称前被冠以ST类字母时，就应果断放弃，因为很多ST类股从形态上看，经常表现为长期弱势震荡整理，且量能很小，事实上是参与者少导致的，所以，不要被其技术面的表象迷惑。

（2）对于绩差股，在财务分析中，其盈利状况经常处于亏损或亏损边缘，这说明公司在经营上存在很大问题，很容易被ST，所以，投资者同样要规避。

5.4.2 拒绝超低价股

超低价股，是指那些股价面值低于2元的股票，投资者在选股时一旦发现，同样要立刻放弃，重新去选股。这是因为，不是低价股不好，而是超低价股的风险很高。因两市交易所在上市规定中均明确规定，当股价连续20个交易日的收盘价低于1元时会被责令退市，也就是所谓的"一元退市制度"。因为当一只股票的价格总是保持在1元多时，说明公司必定经营不善，股价低位徘徊，一旦有风吹草动，很容易出现跌破1元的情况，退市风险高。所以，投资者对于这类1元多的超低价股票，一定要回避。

第 5 章 选股：交易前必要的准备

实战案例：

如图 5-16 正源股份（600321）日线图所示，投资者可看到这只股票在 A 区域长期弱势震荡后，出现快速破位下行并回升的表现，其在出现震荡时，不要轻易去选择，而是要看一下股票的价格，此时可发现，这只股票在 A 区域时的股价就低于 2 元，即便破位下行后的回升，也未能将股价拉回到 2 元以上，所以应立刻放弃，重新选股。

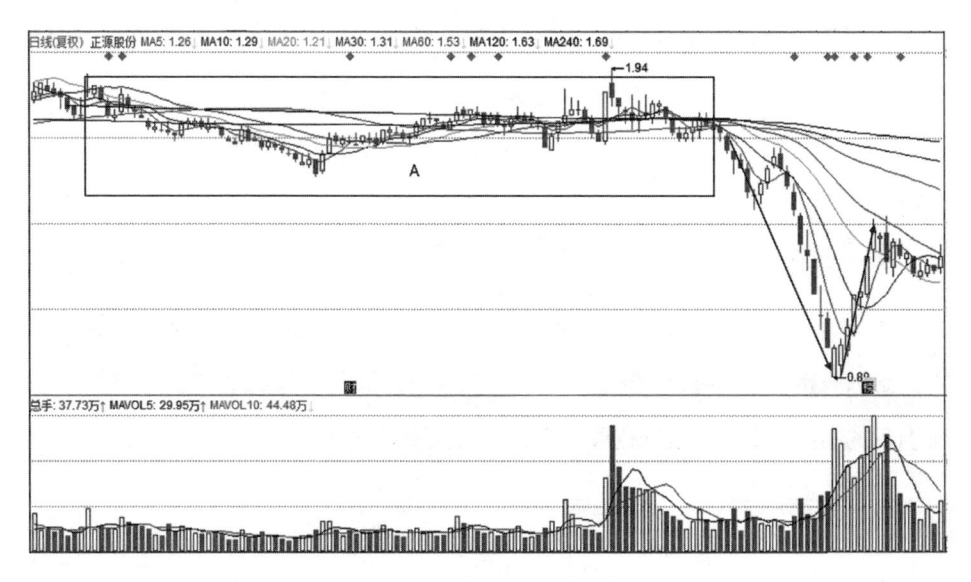

图5-16　正源股份日线图

注意事项：

（1）超低价股，多数是那些股价低于 2 元的股票，虽然这类股票要想跌破 1 元，相对跌幅会很大，如 1.9 元跌破 1 元，跌幅几近 100%，但因这类股票本身就不被市场看好，所以，跌起来时是不需要大量去推动的，因此风险极高。

（2）市场上不少这类的超低价股，甚至是 1 元以下的股票，其涨势很惊人，多为上市公司展开的自救行为，但多数情况这种自救是无济于事的，因为，即便是上市公司自救，也不过是资金短期干预导致的股价短时远离风险区，但若是上市公司的经营未发生良性的改变，其股价迟早还会跌回原形的，所以，投资者在选股时一定要规避此类股票。

5.4.3 优选长期基本面强、短期技术面弱的股票

投资者在选股期间，应当通过股票的技术面表现与基本面状况，优选那些长期基本面强、短期基本面弱的股票。这看起来有些矛盾，但实际上却是合乎情理的，因为造成上市公司在基本面上的这种反差征兆的，往往是一些小问题，例如，一家业绩优良的上市公司，在某一时期内遇到了原材料上涨的市场变化，从而导致公司业绩大幅降低，甚至是出现了亏损，结果就造成了公司短期基本面的偏弱表现。而也正是这种短期基本面的弱势或恶化现象，导致公司股价的回落和弱势整理，尤其是一些绩优股或龙头股，此时正是上车的好时机，因为，一旦这种情况出现了缓和，最先走出低谷的，必然是那些常年绩优的龙头股或白马股。

实战案例：

如图5-17中盐化工（600328）周线图所示，如果投资者在技术选股时发现，这只股票在A区域的弱势震荡整理走势，是经历了持续下跌跌破了前期整理平台后的结果，则符合技术选股要求，这时就要观察其基本面了。

图5-17 中盐化工周线图

如图 5-18 中盐化工个股资料中财务分析（年度）所示，该股 2020—2022 年的净利润一直处于稳定且快速增长状态，基本每股收益也很好，多数都在 1 元以上，净资产收益率也一直很高，说明公司的业绩状况很好，属于长期基本面强的状态。

科目\年度	2022	2021	2020	2019	2018	2017
成长能力指标						
净利润(元)	18.64亿	14.77亿	5.54亿	8.95亿	8.71亿	2.10亿
净利润同比增长率	26.20%	166.61%	-38.12%	2.74%	313.96%	152.74%
扣非净利润(元)	19.32亿	14.59亿	5.38亿	3.15亿	2.60亿	1.99亿
扣非净利润同比增长率	32.37%	171.36%	70.81%	20.94%	30.60%	210.96%
营业总收入(元)	181.63亿	134.13亿	97.53亿	107.38亿	99.26亿	32.86亿
营业总收入同比增长率	35.41%	37.54%	-9.18%	1.21%	15.06%	30.15%
每股指标						
基本每股收益(元)	1.9100	1.5422	0.6040	1.0707	1.0421	0.4805
每股净资产(元)	9.86	8.07	6.78	6.49	5.50	5.03
每股资本公积金(元)	5.27	4.18	4.18	4.04	2.32	2.32
每股未分配利润(元)	3.55	2.74	1.44	1.29	1.91	1.44
每股经营现金流(元)	1.52	3.36	1.72	1.95	1.94	1.43
盈利能力指标						
销售净利率	13.09%	12.99%	6.31%	10.78%	11.84%	12.32%
销售毛利率	27.89%	25.92%	17.53%	27.89%	37.86%	40.31%
净资产收益率	21.62%	20.82%	9.05%	16.52%	11.60%	10.02%
净资产收益率-摊薄	16.68%	19.10%	8.53%	16.50%	11.11%	9.55%

图5-18　中盐化工个股资料财务分析（年度）

然而，若是回到公司短期基本面，如图 5-19 所示，其 2023 年第三季度的净利润只有 7 395.69 万元，而 2022 年第三季度的净利润却高达 3.56 亿元，属于明显的短期基本面弱的情况。

图 5-20 所示的个股资料最新动态显示，该公司拥有世界上最大的金属钠生产基地，是技术领先的纯碱生产企业，无疑为行业龙头。如果再去翻看消息会发现，公司股价的短期下滑，或许是期货纯碱主连的大幅波动所致。

对于处于选股阶段的投资者而言，中盐化工此时正是属于长期基本面强、短期基本面弱的情况，所以，应立刻作为优选品种放入自选股，持续观察。

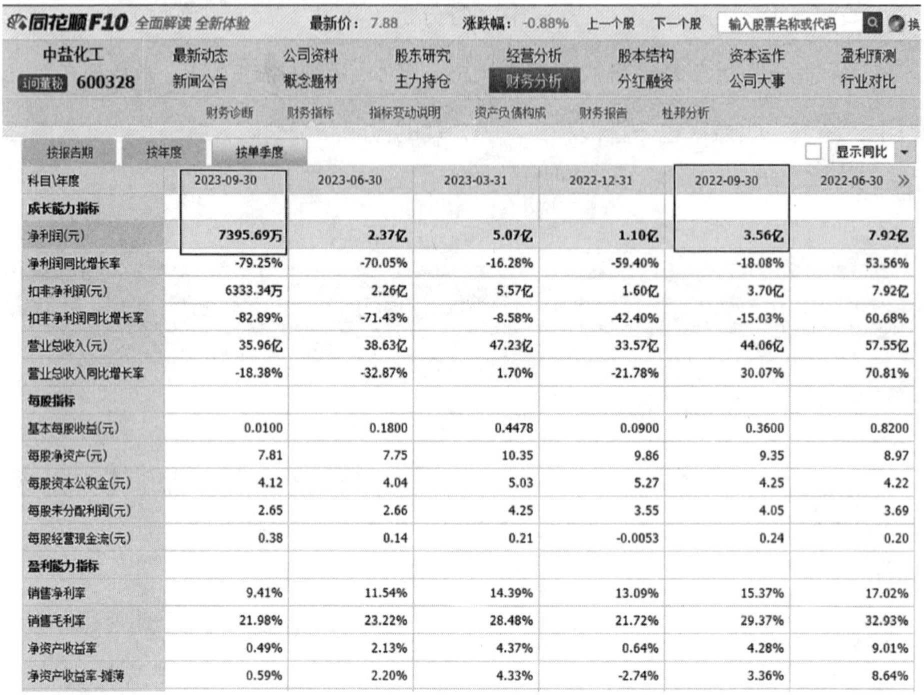

同花顺F10 全面解读 全新体验　最新价：7.88　涨跌幅：-0.88%　上一个股　下一个股　输入股票名称或代码　换肤

中盐化工　600328　最新动态　新闻公告　公司资料　概念题材　股东研究　主力持仓　经营分析　财务分析　股本结构　分红融资　资本运作　公司大事　盈利预测　行业对比

财务诊断　财务指标　指标变动说明　资产负债构成　财务报告　杜邦分析

按报告期　按年度　按单季度　显示同比

科目\年度	2023-09-30	2023-06-30	2023-03-31	2022-12-31	2022-09-30	2022-06-30
成长能力指标						
净利润(元)	**7395.69万**	**2.37亿**	**5.07亿**	**1.10亿**	**3.56亿**	**7.92亿**
净利润同比增长率	-79.25%	-70.05%	-16.28%	-59.40%	-18.08%	53.56%
扣非净利润(元)	6333.34万	2.26亿	5.57亿	1.60亿	3.70亿	7.92亿
扣非净利润同比增长率	-82.89%	-71.43%	-8.58%	-42.40%	-15.03%	60.68%
营业总收入(元)	35.96亿	38.63亿	47.23亿	33.57亿	44.06亿	57.55亿
营业总收入同比增长率	-18.38%	-32.87%	1.70%	-21.78%	30.07%	70.81%
每股指标						
基本每股收益(元)	0.0100	0.1800	0.4478	0.0900	0.3600	0.8200
每股净资产(元)	7.81	7.75	10.35	9.86	9.35	8.97
每股资本公积金(元)	4.12	4.04	5.03	5.27	4.25	4.22
每股未分配利润(元)	2.65	2.66	4.25	3.55	4.05	3.69
每股经营现金流(元)	0.38	0.14	0.21	-0.0053	0.24	0.20
盈利能力指标						
销售净利率	9.41%	11.54%	14.39%	13.09%	15.37%	17.02%
销售毛利率	21.98%	23.22%	28.48%	21.72%	29.37%	32.93%
净资产收益率	0.49%	2.13%	4.37%	0.64%	4.28%	9.01%
净资产收益率-摊薄	0.59%	2.20%	4.33%	-2.74%	3.36%	8.64%

图5-19　中盐化工个股资料财务分析（季度）

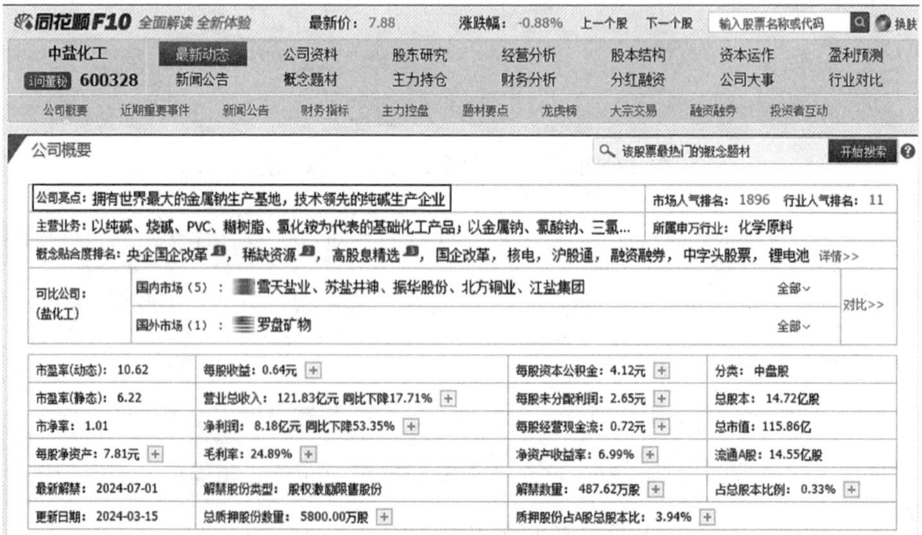

同花顺F10 全面解读 全新体验　最新价：7.88　涨跌幅：-0.88%　上一个股　下一个股　输入股票名称或代码　换肤

中盐化工　600328　最新动态　新闻公告　公司资料　概念题材　股东研究　主力持仓　经营分析　财务分析　股本结构　分红融资　资本运作　公司大事　盈利预测　行业对比

公司概要　近期重要事件　新闻公告　财务指标　主力控盘　题材要点　龙虎榜　大宗交易　融资融券　投资者互动

公司概要　该股票最热门的概念题材　开始搜索

公司亮点：拥有世界最大的金属钠生产基地，技术领先的纯碱生产企业　市场人气排名：1896　行业人气排名：11

主营业务：以纯碱、烧碱、PVC、糊树脂、氯化铵为代表的基础化工产品；以金属钠、氯酸钠、三氯…　所属申万行业：化学原料

概念贴合度排名：央企国企改革，稀缺资源，高股息精选，国企改革，核电，沪股通，融资融券，中字头股票，锂电池　详情>>

可比公司：（盐化工）　国内市场（5）：雪天盐业、苏盐井神、振华股份、北方铜业、江盐集团　全部　国外市场（1）：罗盘矿物　全部　对比>>

市盈率(动态)：10.62	每股收益：0.64元	每股资本公积金：4.12元	分类：中盘股
市盈率(静态)：6.22	营业总收入：121.83亿元 同比下降17.71%	每股未分配利润：2.65元	总股本：14.72亿股
市净率：1.01	净利润：8.18亿元 同比下降53.35%	每股经营现金流：0.72元	总市值：115.86亿
每股净资产：7.81元	毛利率：24.89%	净资产收益率：6.99%	流通A股：14.55亿股
最新解禁：2024-07-01	解禁股份类型：股权激励限售股份	解禁数量：487.62万股	占总股本比例：0.33%
更新日期：2024-03-15	总质押股份数量：5800.00万股	质押股份占A股总股本比：3.94%	

图5-20　中盐化工个股资料最新动态

注意事项：

（1）投资者在选择长期基本面强、短期技术面弱的股票时，应优选那些绩优股或白马股，甚至是龙头股，因为业绩平平的股票，若是出现这种情况，极有可能是公司经营出了问题，即便是某些非人为因素所致，其抗风险的能力也相对弱，也就是说，可能出现风险还没过去，公司却持续亏损，难以为继。

（2）当投资者在对基本面进行观察时，若是发现了公司长期基本面强、短期基本面弱时，一定要对造成短期基本面弱的原因到底是什么进行分析，只要确认不是由公司治理层面引发的，或生产经营出了状况导致的，即可优先选用。

第6章

买股：
股票交易的第一步

在操作层面上讲，股票交易是十分简单的，不过是挂上买入交易的委托单，等待成交就行。实际上，这只是表面上的东西，真正的买股程序，在五三战法中却具有十分严格的要求，比如买股要求是否满足？买股条件是否达成？买股时机是否到了？还有一点就是，买点是否出现了？这些都要投资者根据不同的买股步骤，通过一一观察和判断，最终确认买股行动。

6.1 买股要求

6.1.1 符合买股条件和时机要求

投资者在根据五三战法实战买股前，一定要先明白买股时的第一个条件，就是目标股必须出现符合要求的买股条件、买点和买股时机。先说买股条件，就是两种买股形态：五佛手或弹指神通形态。只要符合了其中一个，就可去确认买点了。买点的确认：具体有五种日线量价关系所形成的突变形态符合买点要求，只要满足其中任意一种即可；最后就是买股时机的判断：一是看分时图上是否形成量价齐升态势；二是盘口强势状态的判断，包括换手率的明显放大和主力资金净流入两个明显特征，必须同时符合这两个特征，才能说明买股时机是真的到来了，应果断买入股票。

实战案例：

如图 6-1 江西铜业（600362）日线图上所示，在 A 区域，均线形成了五三战法中的五线向上发散的五佛手买入形态，而 B 区域形成了五三战法中短期均线向下后的快速回升向上、五线向上继续发散的弹指神通买入形态，均符合买股条件；同时，量价表现为明显的放量上涨状态，符合日线买点要求；盘口表现如图 6-1 所示，主力资金以大幅流入为主，换手率略有放大，符合盘口强势要求。这时只差对分时强势与否的判断了，通过判断，即可确认买股时机是否出现了。

再看图 6-1 中 A 区域内最右侧 K 线当日的分时图，即图 6-2 中所显示的 2024 年 2 月 19 日分时图，当日股价小幅高开，然后略微震荡即开始走高，分时量能稳健，保持在较均衡的量能水平，而股价线在缓慢震荡上行到一定高度后，即开启了小幅的缓慢上升走势，综合图 6-1 中的量能变化情况，图 6-2 中的分时量价属于缓慢放量上涨的状态，符合分时量价强势的要求。因此，A 区域内最右侧 K 线出现当日，即图 6-2 中的分时尾盘时，可果断买入这只股票。

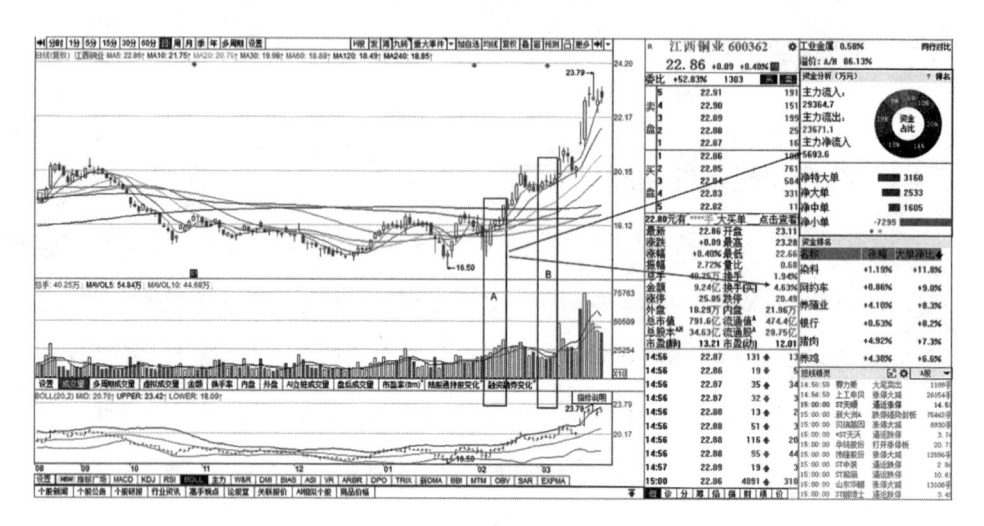

图6-1　江西铜业日线图

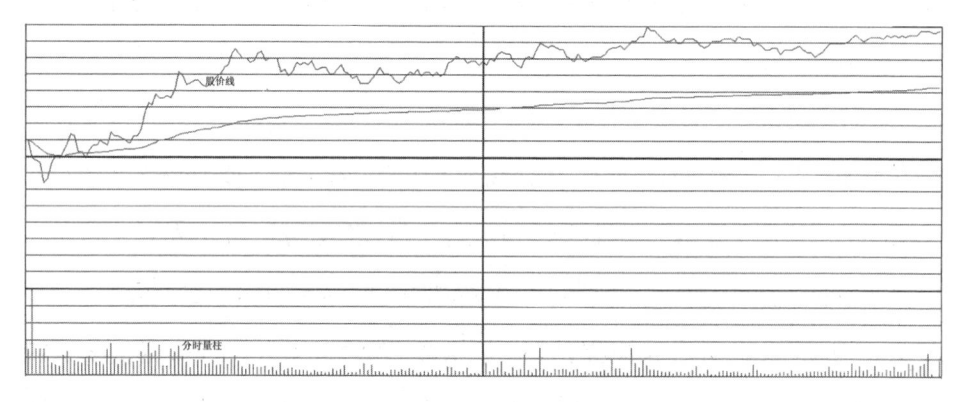

图6-2　江西铜业2024年2月19日分时图

再来分析一下图 6-1 中 B 区域形成弹指神通形态时的情况，也就是 B 区域内最右侧 K 线当日的分时强弱，即图 6-3 中江西铜业在 2024 年 3 月 6 日分时图上的情况，从图中可以明显看到，当日股价在昨日收盘线处平淡开盘，但开盘后即出现了持续震荡上涨走势，如在 A 区域、B 区域、C 区域中，可以明显看到，只要分时成交量柱一变长放大，股价线就会出现上行，并且这种放量上涨的状态持续了全天，再结合当日尾盘图 6-1 日线图中的量价形态，可以判断出此交易日内的分时量价情况为缓慢放量上涨状态，为分时量价强势状态，在尾盘同样应果断买入这只股票。

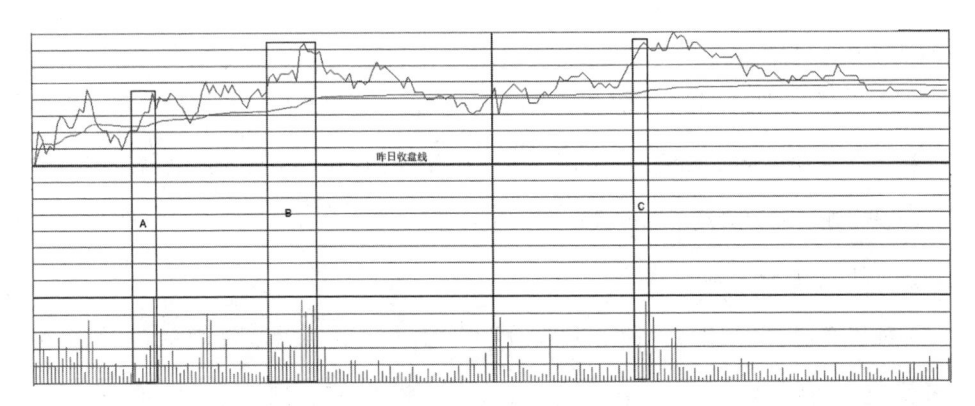

图6-3　江西铜业2024年3月6日分时图

注意事项：

（1）投资者在根据五三战法买入股票实战前，一定要先了解具体的要求和操作流程，比如，在观察目标股时，观察的是什么，就是看目标股是否在日线上首先形成五佛手或弹指神通的买股形态，同时，该处还要保持量价齐升状态，因为这是买股的第一要素。

（2）投资者在观察到目标股形成五三战法的日线买入形态和买点后，接着就要判断买股时机了，也就是分时图上是否形成强势的分时量价形态，以及盘口信息中主力资金的动向，是否在大幅流入，是否换手率出现了有效放大。只有同时满足分时强势和盘口强势要求，方可买入股票。

（3）投资者在分析盘口是否强势时，并非一定要在观察到分时强势时才去分析，因为盘口信息在日线图上同样会显示出来，只要是分析出日线图上形成买入形态，可以随时看一下盘口，再来判断分时强势也可以。

6.1.2　埋伏买入时要满足对应的条件

埋伏买入，是中长线投资者经常使用的一种买股方法，同时也是建立底仓的方法。在五三战法中，其买入时机的判断与中短线操盘的买入时机判断是截然不同的，中短线操盘的买入时机是判断出股价强势时就果断买入，而埋伏买入时则要逢低买入，买在股价弱势状态时。因此，投资者在埋伏买入时，是极为考验投埋伏买入目标股时，一般要从周线入手，但判断低点时，最好结合月线再去观察一下股价的长线支撑，只有在月线级别看到了股价的支撑到底在哪里时，方可在股价处于弱势震荡平台时逢低买入。

实战案例：

如投资者在选股时看到了日月股份（603218）这只股票，在观察中，若是在图 6-4 日月股份周线图中的 B 区域期间选到了这只股票，那么这个震荡平台是真的底吗？将周线图拉长后发现，其前期启涨，也就是创出 48.88 元高点的这一轮行情的启涨位置明显是在 A 区域中的左侧震荡平台，观察到这一平台震荡的时间并不短，所以，A 区域左侧的震荡平台才是这只股票在此轮调整中真正的底部，只有当股价跌到了这一平台时，才能真正止跌。这样在 B 区域观察的投资者，就可以静等股价跌到 A 区域，再去抄底。

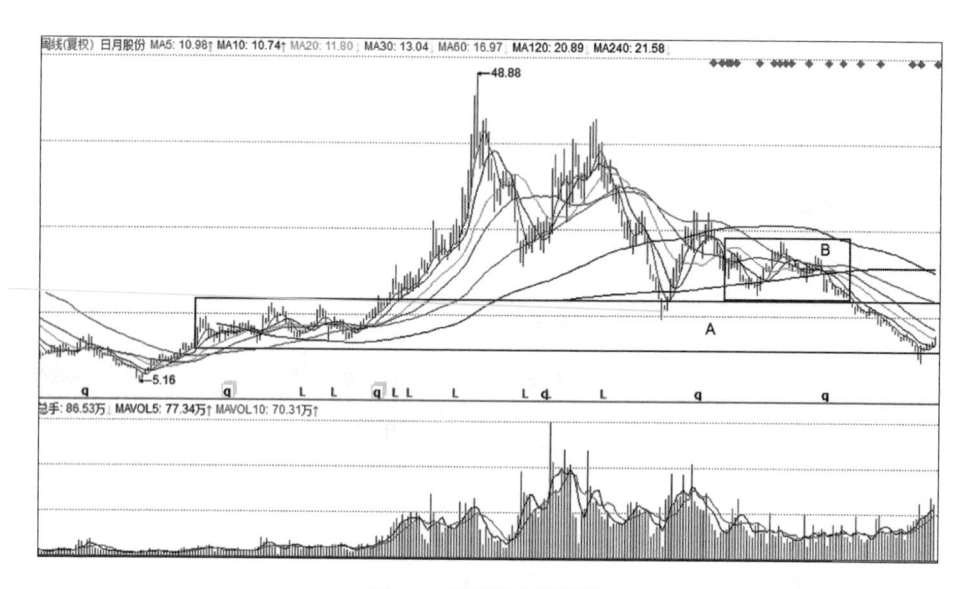

图6-4　日月股份周线图

如果投资者此时再看一下日月股份的月线图，则趋势会一下子变得更加明朗，如图 6-5 日月股份月线图所示，B 区域的震荡根本不会是底，A 区域左侧的震荡平台才是高点 48.88 元这轮上涨行情启涨前坚实的底部平台，价格在 9.83 元到 16 元这一区间，其中，约在 13 元时，即可底仓埋伏买入，一旦股价跌破这一平台，则可视为千载难逢的探大底行为，如 C 区域低于 A 区域的 K 线部分，则完全可以加仓大胆买入。

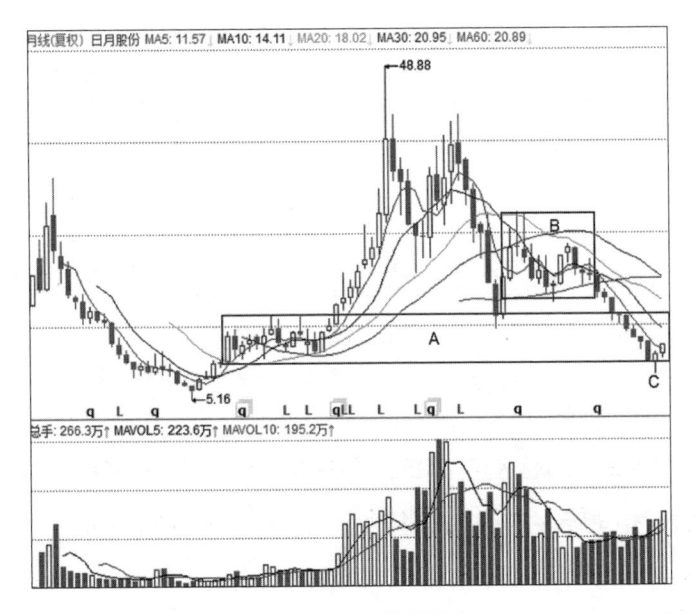

图6-5　日月股份月线图

至于对具体买入时机的把握，则要通过日线图的观察来确认，因为周线图与月线图主要观察的是股票的大势，日线图才是判断短线买卖时机的 K 线图。如图 6-6 日月股份日线图所示，在 A 区域股价持续下跌中形成一个横盘小幅震荡的平台，价格在 11 元到 12 元区间，所以，可以以底仓的资金量去埋伏建仓。其后股价又出现了破位下行，并持续下跌，创出 8.24 元的新低，股价在惯性的持续下跌中，投资者应避免买入，所以，只有在股价创出新低后明显止跌时，即 8.24 元右侧的放量阳线一出现，即可放心大胆地追加仓位，仓位甚至可以高过底仓的资金，因是中长线操作，完全可以达到五分之四的仓位，因此时的价位，在图 6-5 日月股份的月线图中，就是 C 区域跌破 A 区域启涨整理平台的位置，属于超跌的价位。因此，投资者应当在股价超跌状态中重仓买入一只业绩持续优良的股票。

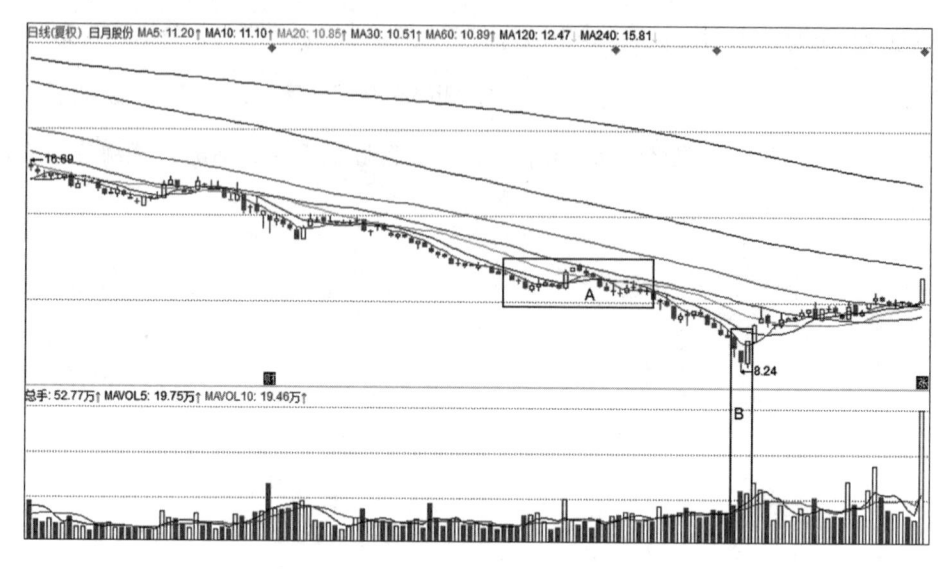

图6-6 日月股份日线图

注意事项：

（1）投资者采取的埋伏买入策略，往往是一种在进行中长线操作时的买入方法，这种买入方法最大的不同，就是更为看重股票价格在趋势演变中的支撑位置，其实也就是一只股票的价值中枢或底线，所以，观察时往往需周线结合月线。

（2）埋伏买入的股票，如果是遇到了月线级别的大底，投资者在埋伏买入后，一旦股价跌破支撑位，应敢于果断重仓买入，因这往往是大底出现的征兆。正所谓不破不立，一只股票只有在调整中跌破重要支撑，才算是跌透了，其后出现的趋势反弹，往往会是一轮至少中线级别的上涨。

（3）投资者在观察周线或月线时，一定要注意将显示调整为除权前或除权后，这样观察到的趋势才更为准确，所以，在选股时，投资者应调过来观察。

6.2 买股条件

6.2.1 标准形态：五佛手形态

五佛手形态，是指股价在持续的弱势震荡中，均线在相距较近、几近黏合的情况下，渐渐出现 5 日均线、10 日均线、20 日均线、30 日均线、60 日均线依次由上向下排列，且线头均微微向上发散。五佛手形态是一种股价趋势由弱转强前标准的反转形态，所以，它是采用五三战法买股时的第一种买股形态要求，只要通过分析，股票若是满足了日线买点和分时强势的买股时机要求，即可果断买入。

实战案例：

如图 6-7 所示，在莲花控股（600186）日线图上，股价在持续的弱势震荡中，五条均线处于一种相距较近、几近黏合的状态，进入 A 区域后，出现了 5 日均线、10 日均线、20 日均线、30 日均线、60 日均线渐渐由上向下依次排列，线头微微向上翘起的发散运行状态，形成五佛手形态，同时，持续放量上涨，为日线强势买点，加之分时强势明显，说明趋势已转强，应果断买入股票。其后，股价略上涨后，短期均线出现平行并略向下运行状态，但到了 B 区域后，再次出现 5 日均线、10 日均线的向上抬头情况，并运行到了 20 日均线上方，形成五线向上发散运行的五佛手形态，同时，日线放量上涨，分时强势明显，应果断买入股票。

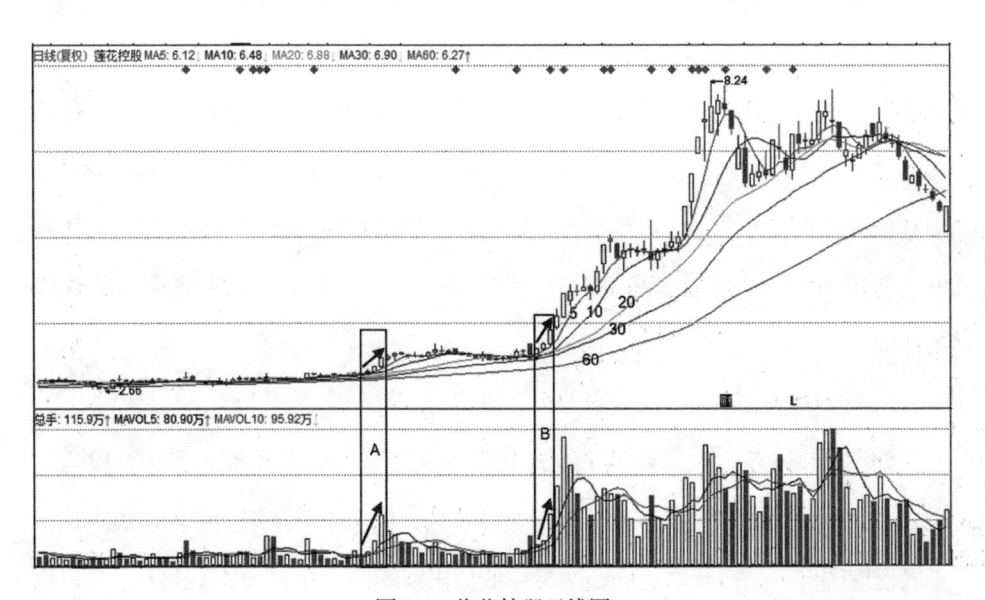

图6-7 莲花控股日线图

注意事项：

（1）五佛手形态是五三战法中标准的买入形态，但由于是趋势在长期弱势运行下的初步转强形态，所以并不是一出现，股价即会展开快速的上涨行情，经常会在趋势转强后再次转为短线的震荡行情，但只要是未影响到 20 日及以上均线的转弱，往往当恢复五佛手形态时，同样是好的介入时机。

（2）五佛手形态只是五三战法中买股的 K 线形态，必须在期间满足日线上的量价齐升强势状态，以及强势的分时形态时，方可买入股票。

6.2.2　特殊形态：弹指神通形态

弹指神通形态，是指股价在弱势震荡整理期间，股价突然出现了再次走弱，幅度又不是很大，但均线之间却改变了之前相距较近的缠绕状态，而是向下分散形成了一种短期均线在长期均线之下的状态，但相距又不是很远，长期均线并未因此转为向下运行，只是短期均线出现了短暂下行后的震荡走平，但突然在某一日，以 5 日均线为代表的短期均线突然转头向上，依次向上击穿了 10 日均线及 10 日以上周期的四条均线，且 5 日均线向上的角度很大，几乎成了直线，就像是 5 日均线突然向下一探，然后快速向上弹起一样，与金庸武侠小说中的弹指神通的描述极为相似，所以叫作弹指神通形态。虽然从形态上看，弹指神通中的均线形态有些零乱，但这种状态一经出现，只要日线与分时强势明显，其后股价趋势转强后的上涨速度却是十分快的，所以，它同样是一种特殊形态的买股条件。

实战案例：

如图 6-8 所示，中科曙光（603019）在长期弱势震荡整理过程中，股价在进入 C 区域后出现了持续下跌，但跌幅并不大，以至于只是短、中期均线出现了不同程度的向下运行状态，但很快又在低位出现缠绕。在进入 A 区域后，5 日均线突然在下向上拐头并以几乎是直线的方式快速向上运行，依次向上击穿了中期均线。到 B 区域时，5 日均线向上击穿了 10 日、20 日、30 日、60 日这四条均线，期间，60 日均线与 30 日均线均已走平，形成了明显的弹指神通形态，同时，B 区域放量上涨明显，且分时强势明显，应及时买入股票。

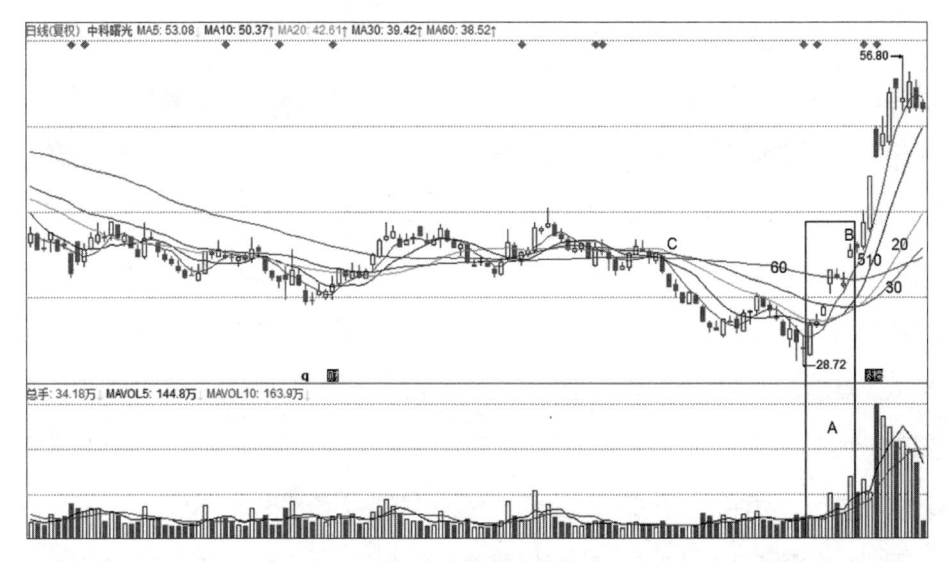

图6-8 中科曙光日线图

注意事项：

（1）弹指神通是五佛手形态的一种变形，也是主力在发动上涨趋势前的最后一次挖坑行为，所以，从 K 线上观察，往往会出现一个黄金坑，它是股价启动前难得一见的低位买点。

（2）投资者在根据弹指神通形态买入股票时，一定不要只注重均线形态是否满足要求，而要同时观察日线上的量价强势与分时盘口强势是否形成，形成后才可买入股票。

（3）一旦投资者在弹指神通形态时买入了股票，其后发现股价并未走强，反而出现了震荡走低走势时，说明趋势转强失败，应先行卖出股票，否则一旦出现震荡破位后，股价将会出现新一轮的破位下行，但这种情况一般出现得极少，只有探大底时才会出现，所以，投资者在买股时一定要在选股基础上进行分析和判断。

6.3 买点确认：日线量价强势状态

6.3.1 最强买点：缩量涨停

投资者在根据五三战法判断出目标股达到买股条件时的两种形态，即五佛手或弹指神通形态后，接下来就是判断买股时机了，也就是一只股票的日线买点。简单地讲，日线买点就是一种量价形态，根据这种量价形态的强弱，分出五类买点。所谓最强的时机，一般出现在五类日线买点形态中股价短期快速向上的表现得最为直观和强烈的量价形态中，也就是在股价短期内快速的涨停期间，成交量是明显缩减的。这种量价形态，表明主力资金的筹码十分集中，控盘力极强，无须太多筹码，即可快速推动股价涨停，因此是投资者在根据五三战法买股时，优选的日线买股时机，一经发现，即应在股价封涨停封板前大胆买入。但缩量涨停的情况也包含两种：一种是缩量涨停，直接以开盘即涨停的方式出现，这种情况出现时，投资者是无法参与的，但只要在其后两到三个交易日内，股价未再出现直接涨停，并表现为强势时，果断买入即可，否则就应回避；另一种缩量涨停，表现为开盘未涨停，但开盘后股价表现出快速的放量上涨，对于这类股票，投资者应及时结合当时的分时图强势，确认最终的买股时机。

实战案例：

（1）如图6-9四川金顶（600678）日线图所示，股价在长期弱势横盘震荡期间，进入A区域后，5日均线、10日均线、20日均线、30日均线、60日均线出现了依次由上向下的排列，且均线之间慢慢向上发散运行，形成了五佛手买入形态，符合买股条件，这时就要观察买点的情况了。通过对量价的分析发现，在五佛手形态初成时期，股价先是出现了放量上涨，接着出现了缩量涨停，此时五佛手形态方完整呈现。因此，对于这类股票，应在A区域内右侧的光头光脚阳线形成的当日，根据分时图的强势状态，及时抓住买股时机买入股票，而不要等到缩量涨停真的形成时再买入，因为，一旦在缩量状态下出现股价的涨停，投资者是根本无法买到股票的，而越是买点强势的股票，其后接连涨停上涨的概率极高，若未及时买入，很容易让投资者错过一只大牛股行情。这种情况就属于缩量涨停出现时未表现为开盘即涨停的情况。

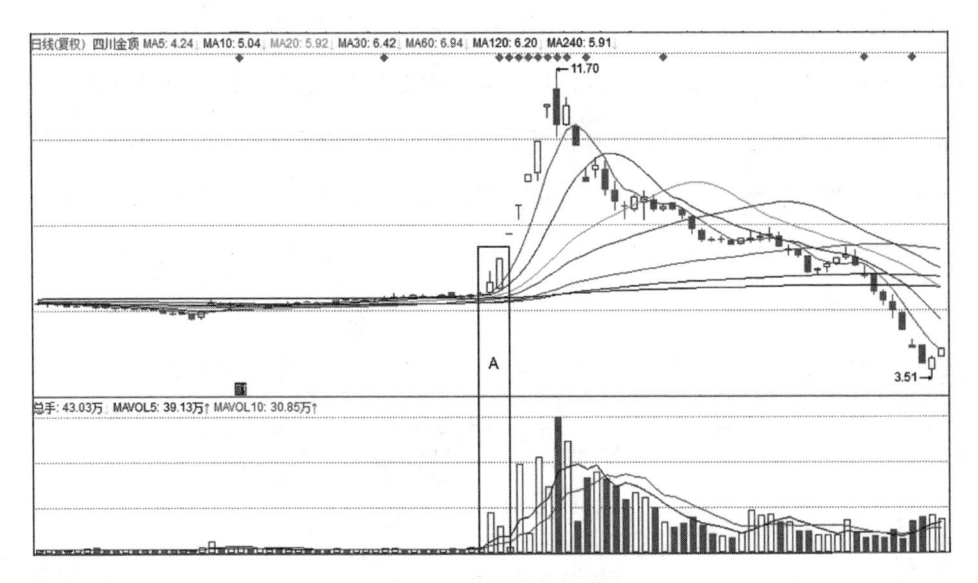

图6-9　四川金顶日线图

（2）如图6-10传智教育（003032）日线图所示，股价在弱势震荡中进入A区域后，5日均线、10日均线、20日均线、30日均线、60日均线出现了依次由上向下的多头排列初期形态，且慢慢向上发散运行，形成了五佛手买入形态，符合买股条件，这时就要观察买点的情况了。通过对量价的分析发现，在五佛手形态初成时期，股价在A区域内的左侧，先是形成了震荡略下跌的阴线，接着出现了K线表现为上涨的上升一字线，成交量表现为明显的缩量，形成了缩量涨停的最强买点，这说明股票当日是直接以开盘即涨停的价出现，并一直维持到了收盘，所以，投资者在当日是根本无法买入股票的，且其后依然持续了两个一字涨停，但在第三个交易日，股价形成一个上影线与下影线均较长的十字星，表明当日股价上蹿下跳得厉害，盘中资金在股价短期快速大幅上涨后出现的分歧较大，所以，即便股价是在第三个交易日结束了一字涨停板，但走势明显有转弱的迹象。这时只要看一下图 6-11 传智教育 2023 年 11 月 16 日的分时图，即图 6-10 中 A 区域右侧 K 线当日的分时图，即可明显看到，当日股价在略高开后，快速下探，随后快速冲高，在 A 区域一度冲击涨停，但并未能封死涨停，快速开板后短时震荡，于 B 区域再次快速封涨停，时间较长，但其后再次打开涨停，震荡后于 C 区域再次短暂封涨停，结果又打开，其后再未触及涨停价，股价出现震荡缓慢走弱的情况，且在尾盘出现了一波明显下跌，尽管收盘价依然在开盘价略上方，只是保持了红盘收盘而已，说明盘中资金分歧较大，所以，应先观察再决定是否参与。而通过对图 6-10 所示的日线图的持续观察，股价在略震荡后出现了走弱的趋势，所以，应放弃买入这只股票。这种情况的发生，大多是股价弱势整理的时间较短，股价即发动上行，才造成中期转势的失败，只表现出日线级别的短暂上涨。

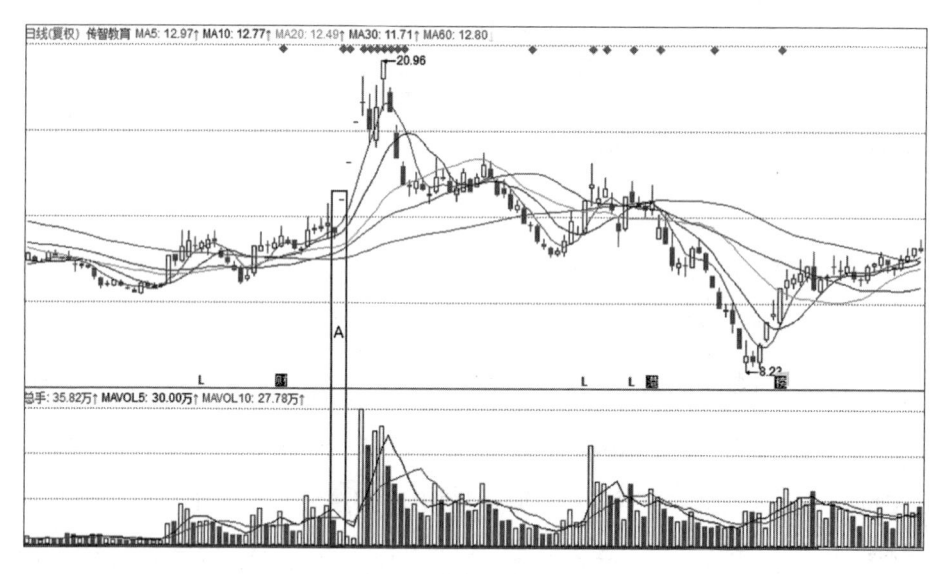

图6-10　传智教育日线图

注意事项：

（1）投资者在判断日线买点时，一定要明白，五三战法中的买点就是量价形态突变明显的情况，是从日线级别的 K 线图上所观察到的。事实上，这种日线买点与日线上的买股条件，即均线买入形态判断，是两个相连的环节，判断时应一起，我们将这两个几乎是同时发生的情况分开来讲，目的就是让投资者能看清楚买股时的先后判断顺序及不同的要求。

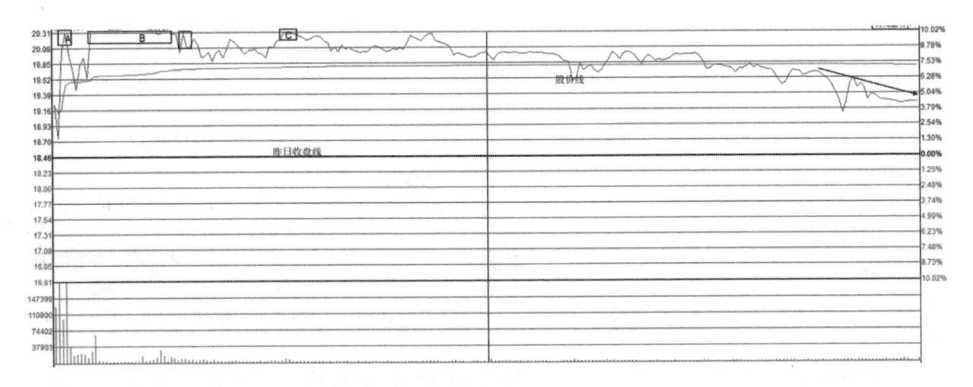

图6-11 传智教育2023年11月16日分时图

（2）日线级别的最强买点，虽然看似是属于日线图上股价上涨趋势形成初期的一种量价形态，但事实上，要想保证日线图上涨趋势的持久，就必须确保在选股期间更长周期图上股价长期弱势震荡整理的时间，因为，只有经过长期弱势整理的股票，整理才更充分，尤其是那些月线图上向下探过支撑位的弱势类股票，一旦发动上涨行情，往往都是中线级别以上的行情。

6.3.2 强势买点：放量上涨

强势买点，就是当一只股票在日线图上表现为五佛手或弹指神通买入形态期间，量价表现为比较强势的放量上涨形态，即代表股价的K线在明显上涨的同时，成交量出现明显的阳量柱变长的状态。在通常情况下，若非股价出现涨停，单根K线和成交量的放量上涨，往往对涨势的支撑较为单薄，所以，通常是两根阳线上涨中的两根K线呈明显上涨形态时，此种上涨较为理想，可信度更高，尤其是前一根阳量柱放量不十分明显，但后一根阳量柱放量明显的情况，则证明这一最强买点更为坚实。一旦一只股票在满足了买股条件和强势买点要求后，投资者应及时根据分时图寻找最理想的买股时机，大胆买入股票。

实战案例：

如图6-12 精伦电子（600355）日线图所示，股价在长期横盘的弱势整理中，进入了 A 区域后，5 日均线、10 日均线、20 日均线、30 日均线、60 日均线出现了依次由上向下的多头排列初期形态，且均线之间慢慢向上发散运行，形成了五佛手买入形态，符合买股要求，这时就要观察买点的情况了。通过对量价的分析发现，在五佛手形态初成时期，股价在 A 区域内的左侧，先是表现为一根小阳线，上涨不明显，成交量略有放大，但放量并不十分明显，而到了 A 区域内右侧的 K 线时，股价明显表现为一根中阳线，成交量也出现了阳量放大到了相当于 A 区域内左侧阳量柱一倍的情况，放量明显。因此，A 区域形成明显放量上涨的强势买点，投资者应果断根据 A 区域内右侧 K 线当日的分时图强势状态，及时买入这只股票。

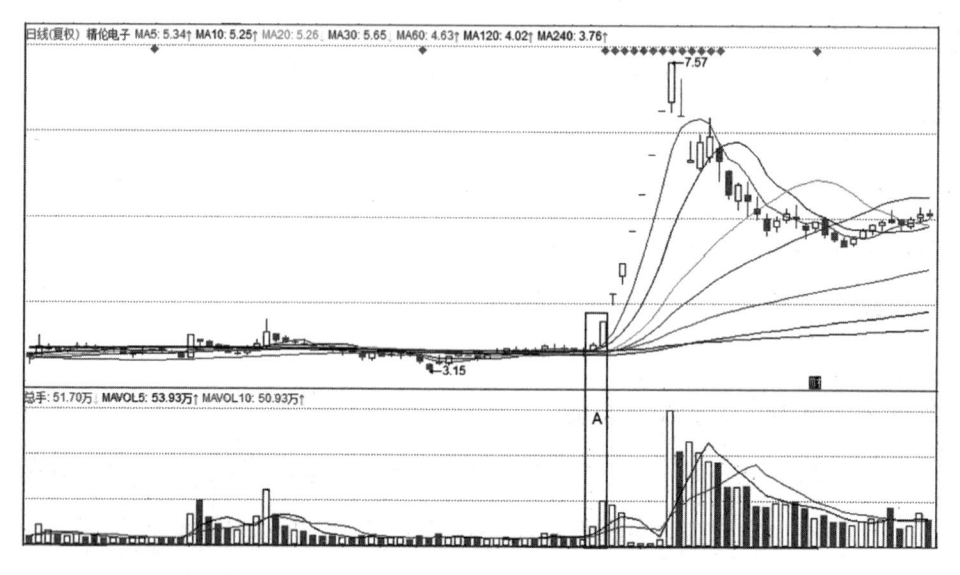

图6-12 精伦电子日线图

注意事项：

（1）强势买点的放量上涨，同样是一种日线图的量价突变形态，但投资者在确认强势状态时，若非放量明显，不可以单一的放量上涨状态来确认强势买点，而应以两根 K 线和成交量柱的放量上涨为准来判断。

（2）在放量上涨的强势买点出现时，往往在低位启涨时的放量上涨中，成交量柱最容易出现巨量水平的情况，这主要是因股价的突然大幅上涨，导致盘中散户筹码的不稳定，通常而言，这种情况出现时，即便后续未再放出巨量，往往股价在缩量震荡后，又很快会恢复强势上涨走势，所以，投资者在遇到这类股票时，也应持续观察，不要轻易放弃。

6.3.3 标准买点：持续放量上涨

标准买点同样是日线图上的一种量价突变时的形态，是指代表股价涨跌的K线在出现阳线上涨的同时，成交量柱出现持续的变长放大。通常在确认时，是以三根K线和三根成交量柱为依据来确认持续放量上涨形态。虽然，持续放量上涨是一种相对缓慢的放量上涨方式，但却是一种相对健康的上涨方式，所以，它是一种标准的股价强势时的量价形态。只要是日线图上同时出现了五佛手或弹指神通的均线买入形态，就应果断买入这只股票。

实战案例：

如图6-13亚世光电（002952）日线图所示，股价在长期弱势震荡中，当进入A区域后，5日均线、10日均线、20日均线、30日均线、60日均线出现了依次由上向下的多头排列初期形态，且均线之间慢慢向上发散运行，形成五佛手买入形态，符合买股条件，这时就要观察买点的情况了。通过对量价的分析发现，在五佛手形态初成时期，股价在A区域内的左侧，先是出现了一根延续之前震荡走低走势后转阳的小阳线，成交量柱略放量，其后股价出现了持续的阳线上涨，成交量也出现了持续明显的放量上涨，这是一种标准形态的量价买点，因此，投资者应根据A区域最右侧K线当日的分时图强势状态，及时把握好买入股票的时机。而根据这只股票的具体情况分析，A区域内中间的K线为涨停阳线，所以，在这根K线出现时，就已经符合最强买点的要求了，若是投资者当日未能买入股票的话，那么到下一个交易日，也就是A区域内最右侧的K线以T形线出现的当日，因当日股价表现为开盘即涨停，所以无机会买入，但在盘中出现快速打开涨停又快速回升封涨停前，一定要及时在涨停前买入股票。

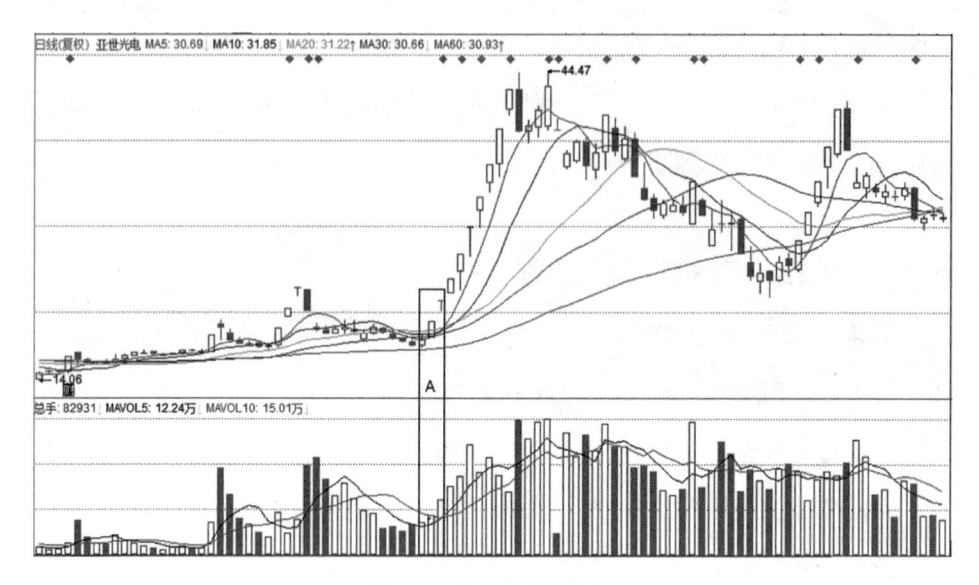

图6-13　亚世光电日线图

注意事项：

（1）标准买点只不过是从量价关系的形态上观察到的买点，它是一种经常出现的稳健的量价形态，当其出现时，并不意味着持续放量上涨中的股价短期趋势就不够强了，所以，投资者在感觉成交量并未明显放大时，应结合 K 线观察，因 K 线无论表现为缩量还是小幅放量，只要出现快速上涨的涨停线，就应果断买入。因此，买股时机要结合分时图观察。

（2）在日线标准买点中，K 线在表现为持续上涨阳线的同时，成交量往往会形成一种阶梯式的缓慢放量状态，而第一根阳量柱往往与上一根量柱水平相当，或是小幅放量，也就是说，正是由于第一根阳量柱的出现，表明量能放大不明显，所以才会有其后呈缓慢放量状态的持续放量上涨形态的量价买点出现。这是持续放量上涨形态的最大特征之一。

6.3.4　一般买点：缓慢放量上涨

缓慢放量上涨，就是代表股价涨跌的阳线在上涨的同时，成交阳量柱放大的情况并不明显，呈现出量柱缓慢变长放大的情况。在判断缓慢放量上涨形态时，一般最少要确认三根K线与三根成交量柱,但最多往往不会超过五根K线与五根成交量柱。由于缓慢放量上涨出现时,表明股价上涨的速度较为缓慢,所以,其为量价买点形态中的一般买点。但需要注意的是,一般买点并不意味着股价趋势就真的弱了,因为若是趋势真的弱了,也就不会作为五三战法中的买股形态了。所以,所谓的一般买点,不过是相对于最强买点和强势买点来说的,是买点中股价的短期强势程度所做出的一个区分。因为一般买点的出现,只能表明股价在由弱转强的初期,未表现为快速转强,而是以一种缓慢的方式在持续转强。因此,只要是在股价于均线上形成了五佛手或弹指神通的买股形态期间,缓慢放量上涨形态成立,就应果断买入股票。

实战案例:

如图6-14久立特材(002318)日线图所示,股价在略上涨后,出现了长期的横盘震荡整理走势,当进入A区域内的最右侧一根K线的当日,5日均线、10日均线、20日均线、30日均线、60日均线出现了依次由上向下的多头排列初期形态,且均线之间慢慢向上发散运行,形成了五佛手买入形态,符合买股条件,这时就要观察买点的情况了。通过对量价的分析发现,在五佛手形态初成时期,股价在A区域内的左侧先是出现了一根缩量的小阳量柱,随后,股价收阳的同时,成交量柱出现了持续缓慢的放量状态,到A区域内最右侧一根K线时,刚好形成缓慢放量上涨的量价形态,为一般买点,投资者应果断根据A区域内最右侧K线当日的分时图强势状态,及时买入这只股票。

注意事项:

(1)缓慢放量上涨出现时,只能表明股价在由弱转强初期的略微迟缓,但并不意味着其后股价的上涨依然会延续这种缓慢的上涨状态,因处于上涨趋势的股票,根据盘中的具体情况,随时都有可能开启加速上涨走势,尤其是对于上涨趋势短期调整行情结束的股票,发动加速上涨的概率极高。

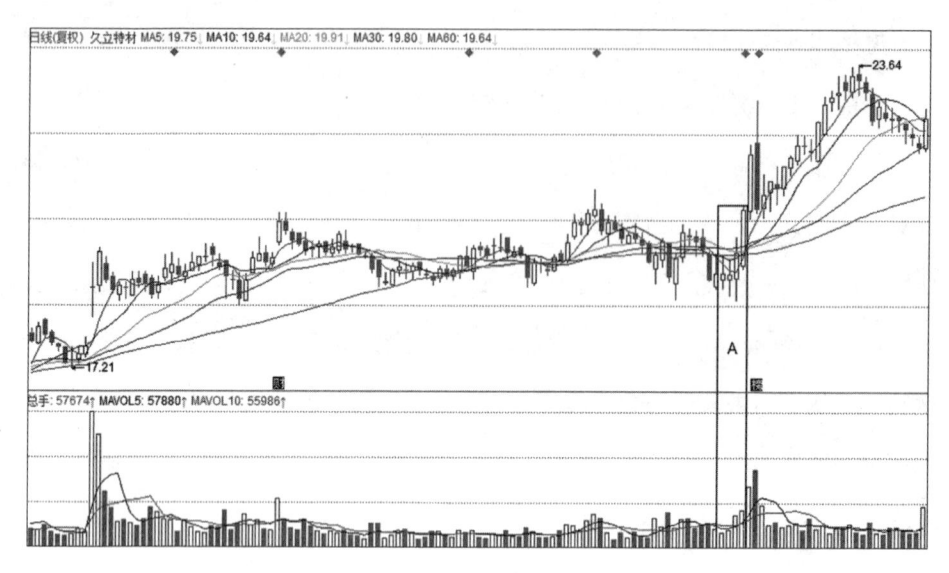

图6-14 久立特材日线图

（2）投资者在判断缓慢放量上涨状态时，只要K线保持为阳线上涨状态即可，而对成交量柱的要求并不高，只要是阳量柱即可，并不一定非要保持后一根略长于前一根的放量状态，只要从整体上确认量柱水平为持续放量状态即可。这一点，也是持续放量上涨与缓慢放量上涨的最大区别。

6.3.5 特殊买点：持续巨量上涨

持续巨量上涨，是指股价在持续弱势整理状态中，一旦突然发动上涨，K线在出现中阳以上的明显上涨的同时，成交量柱也表现为明显要高出之前成交量柱水平的状态，几乎成交量柱向上接近或到达了成交量显示区域的最上沿的位置，并在下一个交易日中，依然保持这种阳线和大阳量柱的上涨态势。正是因为在这种量价突变形态中成交量柱的过于放大行为，所以将这一量价买点归为特殊买点。造成这种情况的原因，往往是股价在长期低位整理中突然启动上涨，由于短线不坚定，筹码抛售的情况较多，发动上涨的主力资金只能通过照单全收的方式一一接过这些筹码，以推动股价的持续上涨。因此，必须在持续两个交易日中，均保持巨量上涨，方可确认其为买点，因为，若是次日主力资金无力再承接这些卖出筹码，股价则会出现跳水式的下跌，启涨也就演变为了一次震仓式的上攻失败行为，股价将继续回归弱势整理走势。

实战案例：

如图 6-15 华孚时尚（002042）日线图所示，股价在长期弱势震荡整理过程中，当进入 A 区域内最左侧的一根 K 线的当日，5 日均线、10 日均线、20 日均线、30 日均线、60 日均线出现了依次由上向下的多头排列初期形态，且均线之间形成了一种线头明显快速向上发散运行的状态，即形成了五佛手买入形态，符合买股条件，这时就要观察买点的情况了。通过对量价的分析发现，在五佛手形态初成的 A 区域内，虽然左侧 K 线出现期间的五佛手形态已经十分明显，但在量价关系上，却出现了大阳线上涨的同时，成交量为一根极长的向上到达了成交量显示区域最上沿位置的情况，可判断为巨量上涨形态，所以，要在次日观察后方可决定是否买入。而到了 A 区域内右侧的 K 线出现的当日，也就是巨量上涨的下一个交易日，股价依然保持着中阳线上涨，成交量同样为一根向上到达显示区域最上沿位置的巨量，因此，结合这两个交易日的量价形态，可确认股价在进入 A 区域右侧时，量价形成持续巨量上涨的形态，为特殊买点。因此，投资者应在 A 区域内右侧 K 线当日的尾盘，及时根据分时图的情况，果断买入这只股票。

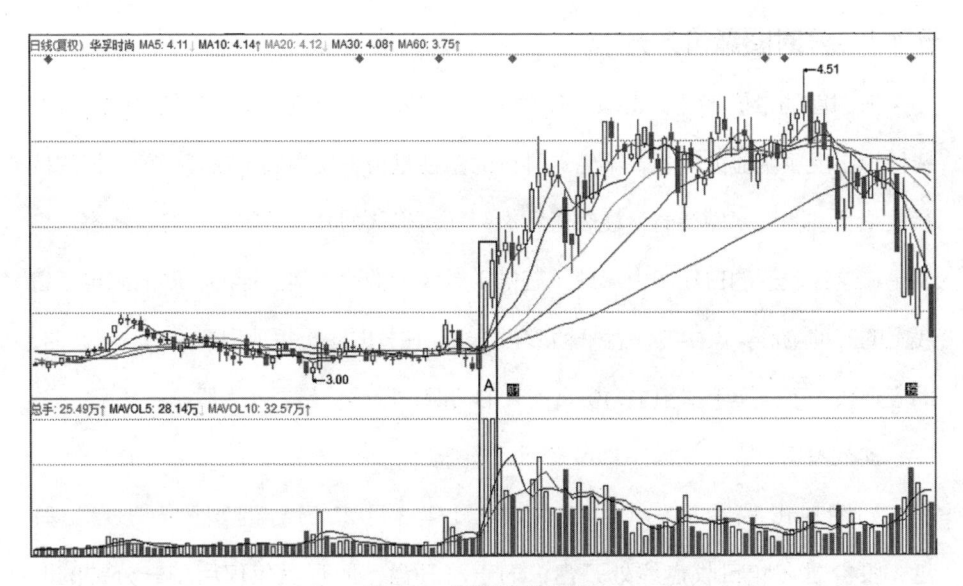

图6-15 华孚时尚日线图

注意事项：

（1）巨量上涨经常出现在底部突然启动上涨的股票身上，这类股票的出现，多数是由于主力在弱势时的洗盘不够充分所致，但也不能排除一些小主力借机出逃，进而影响到了一些不坚定的散户也纷纷抛售股票所造成的当日巨量情况，因此，当巨量上涨出现时，要在确认持续两个交易日保持着这种巨量上涨后，方可买入股票。

（2）投资者在实战中，若是遇到了一只股票只是出现了一根巨量上涨的K线和成交量柱时，尤其是明明看到股价已极为接近涨停，仅差几分甚至一两分，却就是封不住涨停时，也不必过于惊慌，若买入了股票，可保持持股，虽然次日未再爆出巨量上涨，股价在震荡回落后，往往也会再次启动上涨，这种情况往往是主力在有意吓退散户投资者。

6.4 买股时机的判断：分时强势状态

6.4.1 分时图量价齐升

分时图的量价齐升，是指在分时图上，当股价线持续向上运行的同时，分时量柱也出现了明显的变长，不管这种分时量柱是否表现为后一根长于前一根的持续放量状态，只要保持着量柱较长状态，即可确认为分时图的量价齐升状态。只要是在这只股票的日线图上形成了五佛手或弹指神通的买入形态，同时满足了日线上的五种量价买点中的任意一种形态要求，在分时图上呈现出量价齐升状态时，即应观察一下日换手率和主力资金流入的情况，以确认是否买入股票。

实战案例：

如图6-16京能热力（002893）2024年3月22日分时图所示，当日开盘，股价是在昨日收盘线处开盘，为平淡开盘，但开盘仅仅用了一分钟的时间，股价线便几乎是以大于95°的角度直线向上快速运行，成交量也出现了明显的分时量柱变长的放量状态,而在股价封在涨停板上后,分时量柱依然保持着较长状态,随后变短小,说明主力在快速封板后,又在持续大量收集所有的卖出筹码,所以才形成了极强状态的分时图量价齐升状态,因此,只要当这只股票在日线图上符合了五三战法中的五佛手或弹指神通买股形态和日线量价买点中的任意一种情况时,即应在观察到盘口强势后,果断在股价涨停前买入股票。

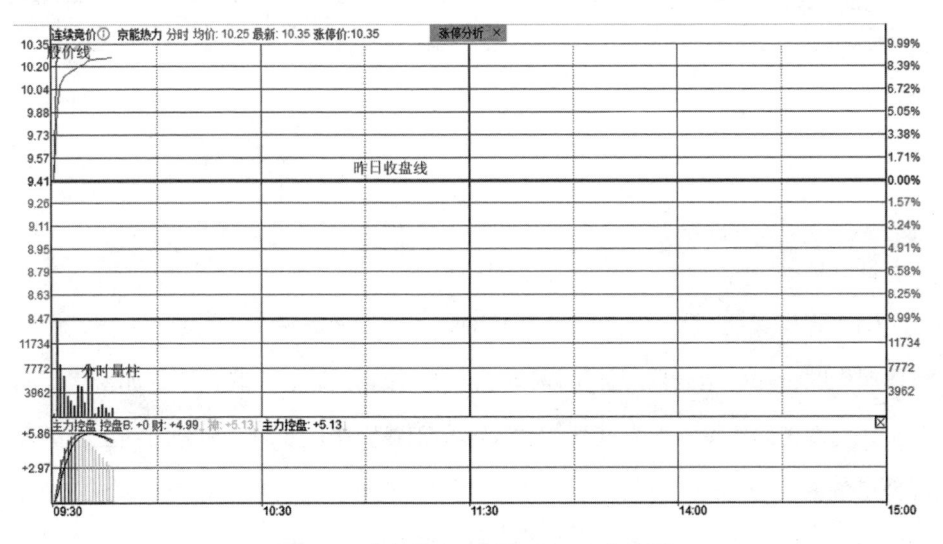

图6-16　京能热力2024年3月22日分时图

图 6-17 中的情况,是仅次于开盘即涨停的分时图强势状态的情况,而大多数的分时图量价齐升的强势,都表现为持续放量上涨,康强电子(002119)2024年 3 月 22 日分时图显示,股价同样在昨日收盘线处平淡开盘,股价线在开盘后表现为持续震荡向上运行状态,分时成交量柱也表现为持续变长的放量状态,形成了明显的量价齐升。若是在日线图上,这只股票也符合了五佛手或弹指神通的买入形态,以及日线量价买点中的任意一种情况,这种分时图上量价齐升的强势状态一出现,即应果断观察到盘口的强势状态,随后买入股票。因这种分时图上的放量上涨,也是极容易引发当日涨停的。

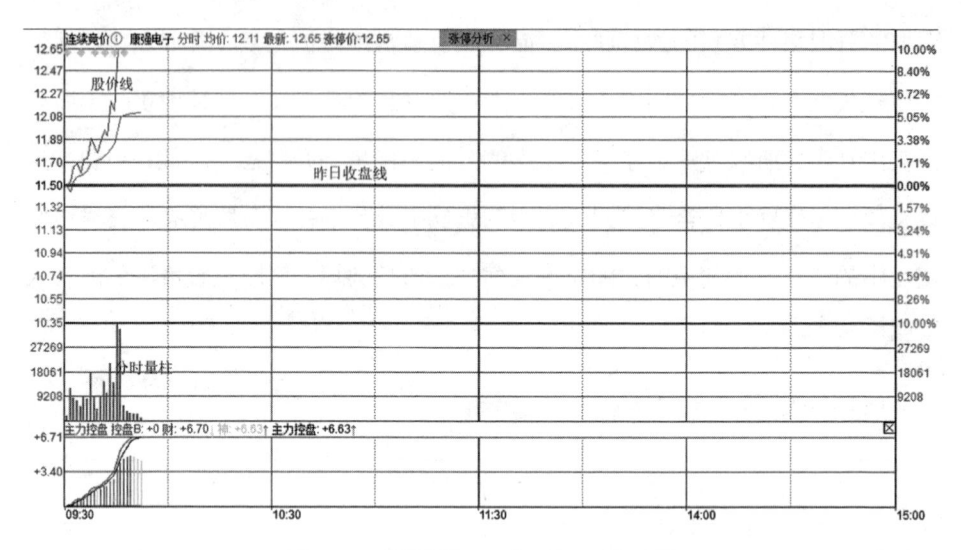

图6-17　康强电子2024年3月22日分时图

注意事项：

（1）投资者在判断分时图是否强势时，一定不要抱着抓涨停板的心思，但在具体操作时，却一定要按照抓涨停板的要求，做到果断、干脆，不拖泥带水，只要是在发现日线图符合五三战法的买入形态和量价买点要求，在分时图上股价表现为量价齐升状态时，就应迅速观察盘口是否强势，并在强势时及时买入股票，因不管是大盘股还是小股盘，在强势状态下是很容易快速封板的。

（2）在判断分时图量价齐升时，通常一是要有昨日收盘线之下的快速回升，二是要能够持续量价齐升，此时方可确认为分时图强势，而不能在看到股价线突破了昨日收盘价，即马上确认为强势。因此，股价持续在昨日收盘线上方震荡时，均是一种强势的表现，只要日线符合买股要求，而分时图上的这种昨日收盘线之上的震荡又能够持久，盘口信息又强势，则尾盘时为买入股票的最安全时机。

6.4.2　换手率明显放大

换手率，是指一只股票在一定时间的周转率大小，通常在买入股票时期，观察换手率时是以日换手率为准，也就是股票在一个交易日中，到投资者观察的时间为止的即时日换手率情况。通常情况下，股票启涨初期的日换手率，小盘股一般在3%~10%为宜，超过10%时，则一定要保持警惕，因小盘股若是日换手率过高，则主力短线操作的风险将加大，股价是在真正启动，还是主力在短线拉高出货？这种不确定性将大幅增加。而中大盘股，一般在启动初期，日换手率相对较低，大多表现为1%~5%，如果过大，也极有可能表明其他主力存在借机出货的嫌疑。所以，投资者在根据盘口信息中的日换手率判断超级短线的强弱时，一定要根据股票的盘子大小来判断，不可一概而论。

实战案例：

（1）小盘股强势时换手率有效放大的情况。如图6-18 安德利（605198）2024年3月22日分时图所示，当日股价在昨日收盘价上方横盘后，进入A区域、B区域和C区域，均表现为明显的分时图量价齐升强势状态，盘口信息中的日实际换手率保持在不足5%的水平，而这只股票是一只有着2.72亿流通股的小盘股，表明当日的换手率在有效放大，却又很健康。因此，只要这只股票在日线图上满足了五三战法中的均线买入形态和量价买点要求，这种分时图量价强势状态下的换手率的有效放大，是支持超短线强势的征兆，在盘口表现为主力净流入为主时，应果断买入股票。这就是股票启涨初期小盘股日换手率有效放大的情况。

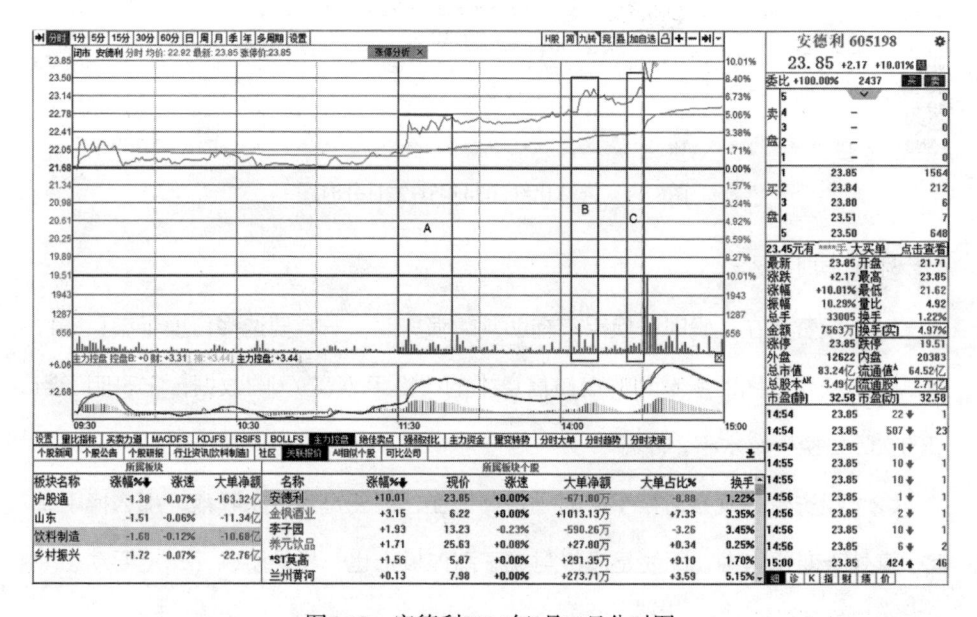

图6-18 安德利2024年3月22日分时图

（2）中大盘股强势时换手率有效放大的情况。如图6-19吉林化纤（000420）2024年3月22日分时图所示，在股价线于开盘后表现为放量直线上涨的分时图量价齐升状态期间，盘口信息显示，当日的实际日换手率为3.82%，而这只股票是一只流通股在24.58亿股的中盘股，所以，换手符合有效放大的健康标准是1%~5%。因此，只要这只股票在日线图上形成了五三战法中的均线买入形态，以及达到了日线量价买点的要求，盘口主力资金又是以净流入为主时，就应在分时图开盘期间的快速上涨阶段，果断买入股票。

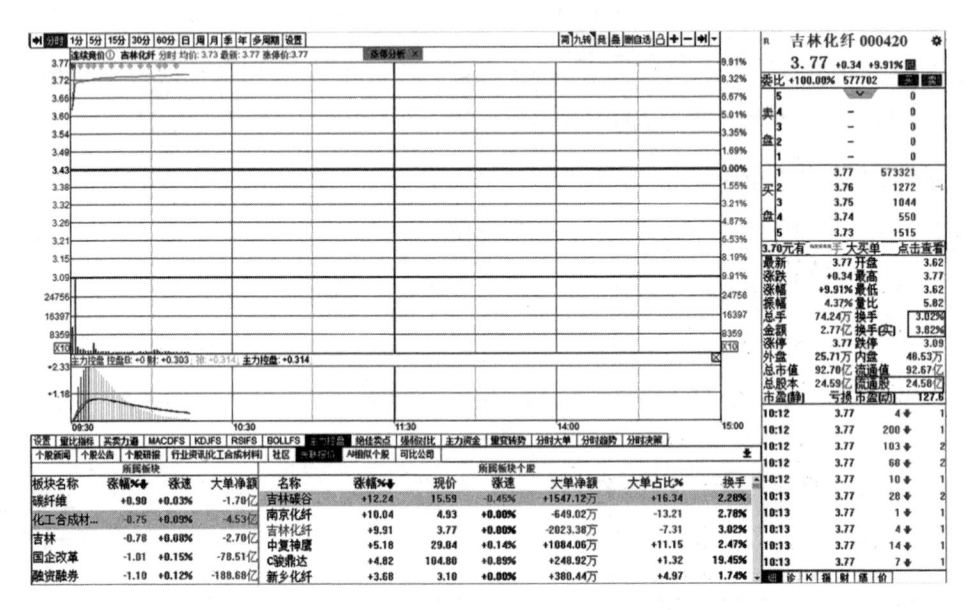

图6-19　吉林化纤2024年3月22日分时图

注意事项：

（1）投资者在买股时以换手率辅助判断强势时，一定要选择日换手率，即打开日线图或分时图时所看到的盘口信息中的"换手（实）"的数据，它表明了当日的实际日换手率水平。

（2）投资者在观察日换手率时一定要记住，只要是当日未收盘，那么换手率就一直处于变化当中，即便是股价封在了涨停板上也一样，所以，一定要动态地去看待日换手率。

（3）在判断一只股票的日换手率是否健康时，应结合这只股票的流通盘大小，流通盘大的股票，其换手率通常不会过高，而流通盘小的股票，往往日换手率容易很高。但次新股，因多数流通股受限，所以日换手率通常较高，一直保持在 20% 以上，应区别对待。

6.4.3　主力资金净流入明显

主力资金，就是持有这只股票的资金机构，其所持有的股票数量并不一定是最多的，但却是排在前列的，所以，它们往往是这只股票的前十大流通股东之一，而股价在运行过程中，在最大的主力发动上涨时，其他的小主力资金往往都会顺从或配合大主力的这种行为，通常不会逆向去操作，因为大主力的资金实力较大，要想拖垮小主力是很容易的。五三战法之所以要求在操盘期间要观察一下当日的主力资金动向，主要是因为主力资金，无论资金量的大小，其交易都是在专用的机构席位上进行的，所以，主力资金的动向能较容易被统计出来，只有主力资金在合力做多买入一只股票时，这只股票在形态上所表现出来的上涨征兆才是真实可靠的。因此，投资者在通过分时图强势、换手率等信息所得出来的强势征兆都只是局部的，主力资金若不大举流入，那么所有的换手或是量价齐升，都仅仅是盘中散户在支撑，或是主力在一边买一边卖地左手倒右手。所以，主力资金真金白银地净买入一只股票才是股价上涨的终极动力。

然而，投资者在看盘时，主力资金的进出量，和换手率一样，只要是不收盘，就一定是在不停地变化着的。因此，通常小盘股在启动初期，主力净流入资金量在 2 000 万 ~3 000 万元时，这里讲的净流入量指的是投资者在看盘期间的标准，如果是在早盘期间，至少要保持在 1 000 万左右，才是健康的。而中大盘股在股价启动初期，主力资金的日净流入量，都至少在 7 000 万 ~8 000 万元，甚至是会过亿元。而大盘股盘中的即时净流入量，在早盘快速上涨时，至少要在 3 000 万元以上才更可信，盘中则至少要达到 5 000 万 ~6 000 万元。

实战案例：

（1）如图 6-20 南京商旅（600250）2024 年 3 月 22 日分时图所示，股价在平淡开盘后出现了直线式的快速放量上涨走势，此时观察盘口信息栏发现，当日的实际换手率为 8.6%，而这只股票是仅仅有着 2.84 亿股流通股的小盘股，所以，若是这只股票目前正处于启动初期，则此时的换手率为健康状态的有效放大，再观察右上角附近的主力资金情况，可以发现，当日主力净流入资金量为 3 296.3 万元，这一资金量同样符合小盘股上涨时的主力资金流入量要求，所以，只要是日线图上出现了五三战法的买入形态和量价买点形态，就应及时在当时股价快速封涨停前果断买入这只股票。

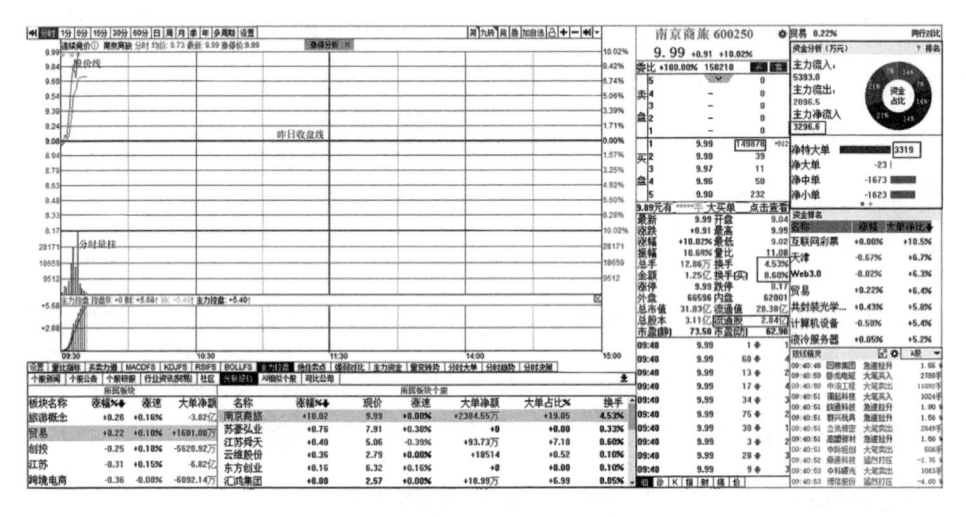

图6-20　南京商旅2024年3月22日分时图

（2）如图 6-21 中科曙光（603019）2024 年 3 月 22 日分时图所示，当日股价在平淡开盘后，出现了一波快速上涨，其后出现震荡小幅上涨，表现为分时图强势状态，此时观察右侧盘口信息栏发现，当日实际换手率为 4.4%，而这只股票的流通盘有 14.55 亿股，属于大盘股，所以，此时的换手率为健康的换手率有效放大状态，而右上方主力资金净流入金额为 40 178.6 万元，主力资金流入明显。若是这只股票在日线图上表现为五三战法中的买入形态和量价买点形态时，应果断在分时图强势状态时买入这只股票。

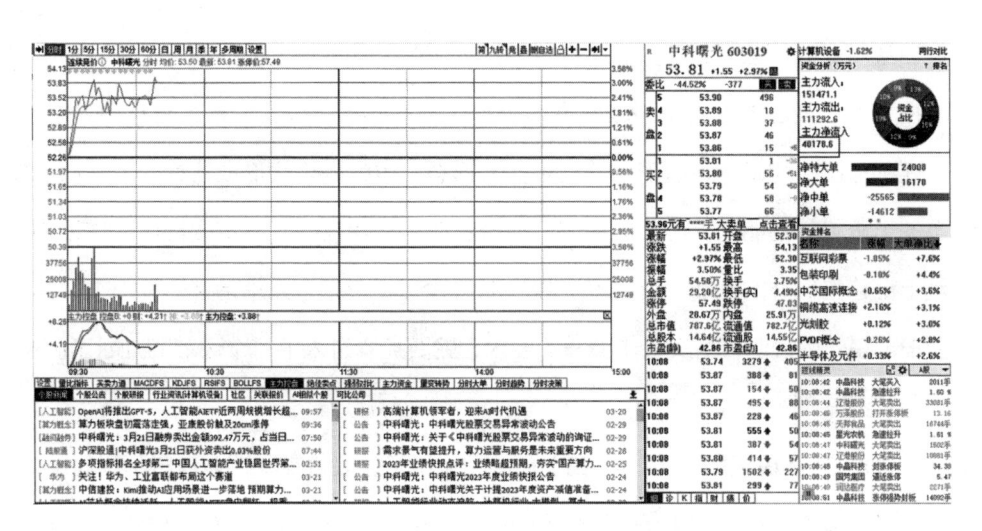

图6-21　中科曙光2024年3月22日分时图

注意事项：

（1）投资者在根据盘口信息判断主力净流入资金量的大小时，不是只要发现主力资金净流入了1 000万~2 000万，就以为主力是在大幅买入这只股票了，因为1 000万~2 000万元的资金量，对于小盘股而言算是大量，但对于大盘股甚至是超级大盘股来说，简直是毛毛雨，有的大盘股甚至主力每日操盘期间，进出量都在大几千万元。

（2）想要搞明白主力资金是否在净流入，主要是看这只股票的流通盘到底有多大，其资金在常态交易下的量有多大，通过对比，能更明白多少的净流入量才是主力在快速吸筹码的征兆，因为对于一些大盘股而言，经常发现一个交易日内，刚刚还是净流入2 000万元，但不久后就变为净流出1 000万~2 000万元了。

6.5　买股步骤

6.5.1　步骤一：符合日线买股条件

投资者在根据五三战法买入股票期间，第一个步骤就是对日线进行观察，观察日线图上的目标股是否达到了五三战法的买股条件。通过前面的学习，我们都明白了五三战法的日线买股条件有两个：一是五佛手形态，二是弹指神通形态。这两种形态，均属于均线形态的技术买入形态，也就是均线形成五线向上发散形态的上涨趋势初期的两种不同情况。投资者在实战操盘时，一定要记住，这种均线上涨趋势形态的判断，就是五三战法的日线买股形态，无论是哪一种形态，只要形成了，就说明符合买股步骤一的要求，就要抓紧进入下一个环节的判断了。

实战案例：

如图6-22理工能科（002322）日线图1所示，股价在长期弱势震荡整理中，进入了A区域后，均线出现了略向上运行的走势，5日均线、10日均线、20日均线、30日均线、60日均线已经改变了之前的缠绕状态，形成了依次由上向下排列、线头向上发散运行的五佛手形态，符合五三战法中买股步骤一的要求，应及时进入下一个环节的判断。

同样，在A区域后的B区域，股价在进入震荡调整期间，在K线周围的5日均线出现了小幅下行，在跌破了下方的10日均线后，很快出现了回升，又向上突破了10日均线，再次恢复了5日均线、10日均线、20日均线、30日均线、60日均线向上发散运行的状态，形成了弹指神通买入形态，这同样符合五三战法中买股步骤一的要求，这时，就要及时进入下一步骤的观察了。A区域和B区域的这两种情况，就属于五三战法中两种不同的日线买股条件。

注意事项：

（1）投资者在实战买股前，必须通过观察和分析，发现日线图上出现了五三战法的均线买股形态，并且这种买股形态一定要符合形态判断时的要求，此时方可进入下一个步骤，判断形态时不可马虎，否则会影响到后面的操作，造成买入的失误。

（2）符合日线买股条件，一共包含两种均线要求：一是五佛手形态，二是弹指神通形态。只要是日线图上出现一种形态即为符合买股条件。所以，投资者在学习五三战法时，一定要认真学会这两种形态的具体要求，并在实战中仔细观察，因为过往形态只是一种对过去的显示，而当即时行情出现这些形态的初期状态时，投资者能否抓住才是关键。

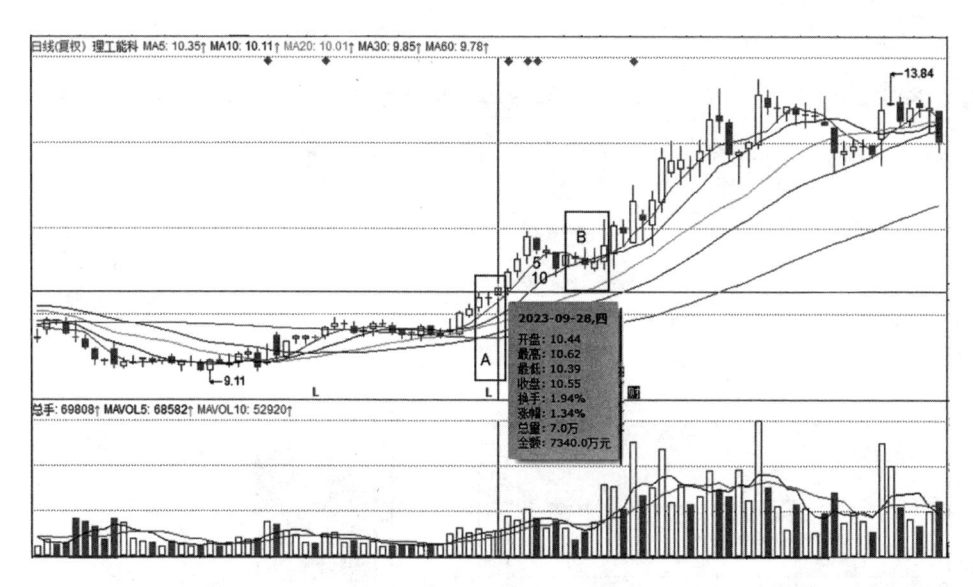

图6-22　理工能科日线图1

6.5.2　步骤二：满足日线量价形态强势状态

投资者在根据五三战法实战期间，一旦发现目标股满足了步骤一的要求后，就应当快速进入步骤二的分析与判断了。而步骤二，就是满足日线量价形态的强势状态，也就是我们在前面介绍过的五种量价关系所形成的日线买点的确认，即缩量涨停的最强买点、放量上涨的强势买点、持续放量上涨的标准买点、缓慢放量上涨的一般买点和持续巨量上涨的特殊买点，只要符合了这五种买点中的任何一种形态要求，即表明目标股形成了日线量价强势状态，即应进入下一步骤的分析与判断了。

实战案例：

如图 6-23 理工能科（002322）日线图 2 所示，在 A 区域均线形成五佛手买入形态期间，量价表现为缓慢放量上涨的一般买点状态，所以，符合步骤二的要求，满足了日线量价形态强势状态要求，可进入接下来的第三个步骤的分析与判断。同样，在其后的B区域，均线形成弹指神通买股形态期间，量价表现为明显放量上涨的强势买点状态，也是符合步骤二的要求，满足了日线量价形态强势状态要求，所以，同样可进入接下来的第三个步骤的分析与判断了。这就是两种日线不同的均线买股形态下的不同量价买点的具体表现情况。

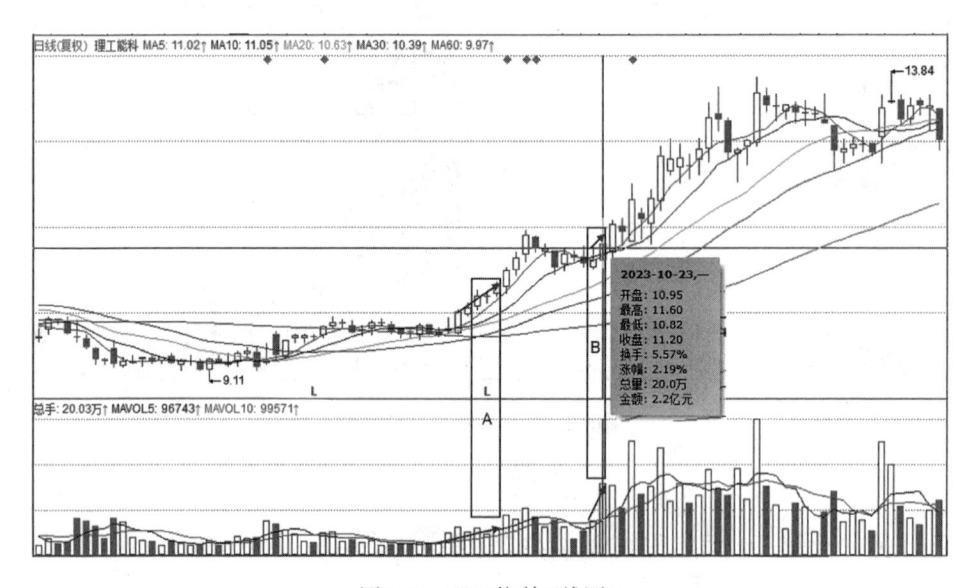

图6-23 理工能科日线图2

注意事项：

（1）投资者在进入五三战法买股时的第二个步骤前，一定要确保是满足了买股步骤一要求，否则所得出的量价买点的判断，即便是再准确，也无法确保股价在其后能够持续强势上涨。因此，买股步骤一是买股步骤二的基础，而买股步骤二又是买股步骤一的重要保障。

（2）在五三战法的买股步骤二中，主要是对日线图上的五种量价强势状态的判断与分析，所以，投资者在进入实战买股前，必须事先对这五种日线量价买点的情况，做到十分熟悉，这样临近实战时，才能更好地把握住行情的到来。

6.5.3　步骤三：达到分时强势要求

在五三战法的实战买股期间，一旦目标股满足了步骤一与步骤二的要求，即日线图上的均线买股条件和量价买点要求后，就要及时进入步骤三了，而步骤三就是分时图上的强势状态判断。

关于分时图的强势状态判断，主要包括前面介绍过的三个方面的内容。一是分时图量价齐升，二是换手率明显放大，三是主力资金净流入明显。值得注意的一点是，在第三个步骤中，判断与之前两个步骤中的是完全不同的。必须这三个条件完全满足时，方可买入股票，只要有一点不符合要求，都不能即刻买入，要再持续观察，只有完全满足了，方可再买入。

实战案例：

如图6-24理工能科（002322）2023年9月28日分时图所示，这张分时图所对应的是步骤一和步骤二中A区域形成五佛手+量价买点时A区域内最右侧K线当日的分时图，从图6-24中可以看出，股价当日小幅高开后，反复震荡走低，在C区域和E区域均向下触及了昨日收盘线，却只有在D区域才小幅跌破，但股价线很快又回升到了昨日收盘线上方，出现了一波快速拉升，股价上到了一个新的台阶，横盘震荡后，午后A区域出现了明显的放量上涨，结合日线图量价齐升状态，以及图6-22中小对话框内显示的当日换手率数据，此外，资料中也显示该股是一只盘子略小的中盘股，因此，换手率数据表明该股换手率明显放大，盘口主力净流入较多，所以，应及时买入这只股票。

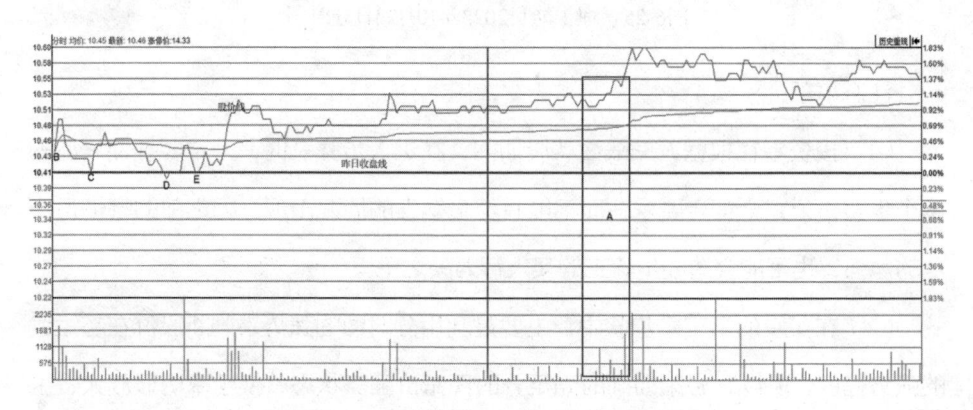

图6-24　理工能科2023年9月28日分时图

如图6-25理工能科（002322）2023年10月23日分时图所示，这张图是图6-22与图6-23中B区域日线图上形成弹指神通+量价齐升买点时当日的情况，也就是符合了买股步骤一和步骤二后的图6-23中B区域内最右侧K线当日的分时图，从图6-25中可以看出，当日股价是在昨日收盘线处平淡开盘，随后一个上午都处于横盘小幅震荡状态，量能稳定，围绕昨日收盘价进入了整理走势，午后开盘的A区域，明显出现一根极长的大单放量买入量柱，造成了股价的直线上行，其后缓慢回落，再次形成了震荡，但此时的震荡是在昨日收盘线的上方，为强势震荡，因此，结合图6-23日线中B区域内最右侧K线量价齐升状态，可确认分时强势状态，且从图6-23中的小对话框内可看到，图6-25当日的换手率为5.57%，明显是放大状态，且主力资金净流入明显，所以，应及时在图6-25中尾盘的B区域，果断买入股票。

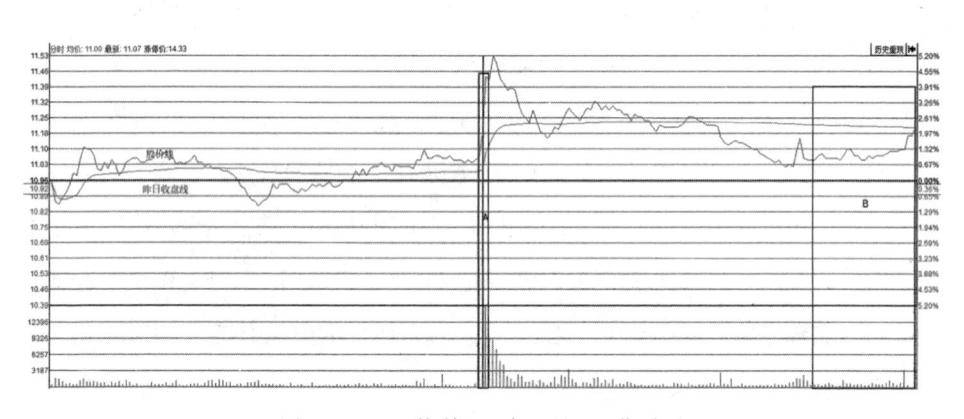

图6-25　理工能科2023年10月23日分时图

注意事项：

（1）投资者在根据五三战法买股期间，在进入步骤三时，一定要确保之前的两个步骤必须完全符合要求，而不能有丝毫勉强的情况出现，因之前的哪怕是一丝的勉强，也可能会造成步骤三的买入行为失之千里。

（2）在买股的第三个步骤中，主要是利用分时图的强势来判断股价在超短线的强势程度，所以，必须要同时满足分时图量价强势状态、换手率明显放大、主力资金净流入明显三个要求，方可买入股票。

（3）投资者在判断分时图量价强势状态时，若是分时图上的分时量能不够明显时，应结合日线图上量能的大小，再结合分时图上股价线的趋势，在尾盘强势特征明显时再买入股票，因到了尾盘，日线图上是否形成了放量上涨形态已经很明显了，所以刚好可以弥补分时图量能不明显的情况。

6.6 实战要点

6.6.1 在选股基础上进行买股条件的判断

投资者在根据五三战法进行买股条件的判断时，一定要确保目标股是在选股基础上经过严格筛选而符合选股要求的股票，才能对其分时图进行强弱判断。这是因为五三战法在判断买股形态时，都是通过日线图进行判断的，若是没有了选股这一环节作为基础的保障，则很容易选到那些在日线上只是小波段震荡走强的股票，也就是说，其在日线图所表现出来的强势上涨，只是股价短期波动较大的震荡，而非真正的上涨行情的到来。因此，选股对于其后的任何一个环节来说，都是基础，只有基础打牢了，后面所搭建起来的所有交易才更扎实可信，最终投资者才能获得收益，否则，一旦基础不牢靠，后面的交易结局只能是失败。

实战案例：

如图6-26皇氏集团（002329）日线图所示，在A区域之前，股价也表现为较长时间的弱势震荡，但进入A区域后，出现了5日均线的下行，并快速回升，突破各条均线，形成了看似弹指神通的买股形态，且量能也符合持续放量上涨的强势买点要求，但若是在A区域内最右侧K线出现的当日买入了这只股票，非但难以赚到钱，其后还面临股价持续大幅下跌的风险。造成这一情况的原因究竟是什么呢？我们不妨来好好分析一下。

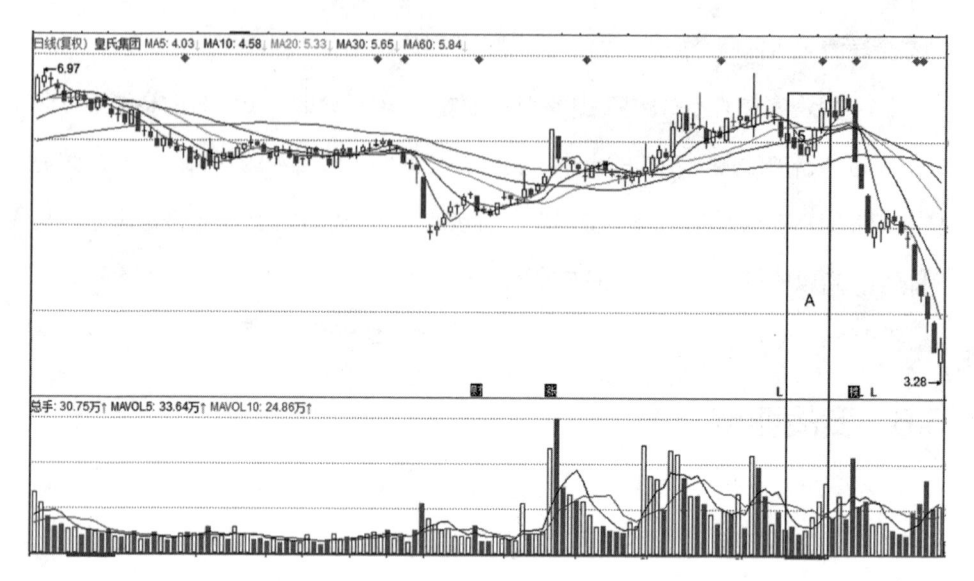

图6-26 皇氏集团日线图

如图6-27皇氏集团周线图所示，我们在图6-26中的A区域买入这只股票时，刚好是图6-27中的A区域震荡走高时，而A区域看似为长期弱势震荡整理，事实上对于这只股票来讲，并非股价探底过程中真正的底部，那哪里才是底呢？就是A区域下方的B区域平台，因这一平台才是股价上冲11.02元这轮行情的底部区域，也只有这一底部才更扎实。也就是说，投资者要么是在选股时马虎，要么就是根本没选股，只是在看到这只股票后随意地看了一眼周线，当发现A区域为长期弱势震荡整理状态时，即确认可通过日线启涨形态来操作，这才造成了其后交易的亏损。因此，投资者在判断买股条件前，一定要对经过前期认真选股后选出的目标股进行分析和判断，以免影响到其后的交易，造成无法挽回的亏损。

注意事项：

（1）投资者无论是在判断买股条件，还是其后的买股时机前，一定要确保目标股是经过了前期的选股环节选出来的目标股，这样才能确保操作标的的安全性，因前期的选股不仅仅是从技术形态上进行规范，而且要求所选股票满足基本面的要求，只有都满足时才能成为目标股。

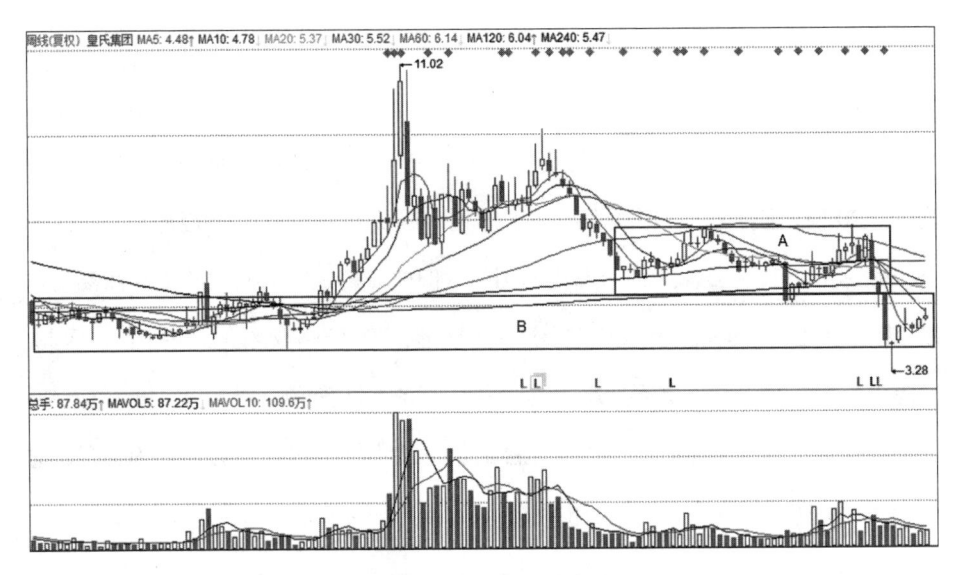

图6-27　皇氏集团周线图

（2）为了确保投资者在判断买股形态时不出错，在前期的技术形态选股中，投资者就不能只是通过周线简单地观察一下近期是否是弱势震荡，而最好是判断一下这只股票的低位支撑在哪里，若是在周线上看不出来，可通过月线仔细观察，此外，在找到长线的支撑点后，操作时投资者才更容易想到股价其后走势的最差可能——股价探大底行为。

6.6.2　有效识别出买股时机是买股前的关键

　　投资者在根据五三战法实战买股期间，能够有效识别出买股时机，才是买股交易前最为关键的一步，因为对买股条件的判断，只是对均线形态的判断，它是一种对股价趋势演变潜力的判断，实际股价是否会沿着这一方向运行，还要看买点是否支持，因买点代表的是日线图上的量价强势形态，一只股票若是只有技术形态强势，而无量能支撑，则这种强势也仅是虚张声势的。只有量能大小是无法欺骗投资者的，当资金都在持续买入一只股票时，其股价自然会持续走强。因此，日线图买点的判断，才是买股前最为关键的要素。

实战案例：

如图6-28皖通科技（002331）日线图所示，股价在长期弱势震荡中，进入了A区域和B区域，且均线系统均显示出了明显的5日均线、10日均线、20日均线、30日均线、60日均线由上向下排列、线头向上发散运行的五佛手买入形态，尤其是在B区域，这种形态更为明显，但成交量始终未有效放大，依然为持续小阳量状态，这也就导致股价的上涨并不明显，始终是小阳线的震荡上涨。因此，只有进入C区域后，五佛手形态中均线进一步向上分散明显之际，K线明显上涨，以及成交量出现了持续明显的放量上涨时，才是稳健的日线量价齐升的买点，这时的买入操作才更安全，而后可根据分时强势情况确认最后的买入股票时机。

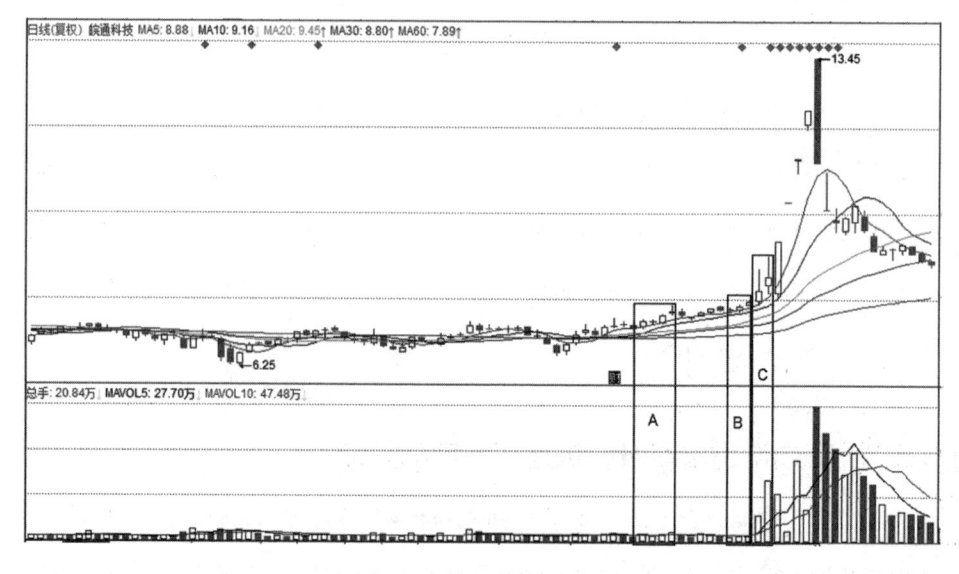

图6-28　皖通科技日线图

注意事项：

（1）投资者在根据五三战法实战买股前，对于日线级别的判断，由均线形成的买股条件和形态虽然是重要的，直接表现出的是趋势的演变，但量价买点的判断却是最关键的，因在股市中，一切没有量的股价上涨，都是难以持续的，也是无法改变趋势的。

（2）投资者在实战前，一定要明白日线图上的买股条件和买点各是什么内容，这样才能明白其各自的重要性，但在实战时，不可重一废一，认为只要重视最为重要的量价买点就可以了，无须过多在意买股条件。其实这两个条件，在进行买股判断时缺一不可，所以，才称它们为买股步骤中的两个重要的步骤，也是关键的步骤。

6.6.3 买股时必须符合分时量价要求与盘口强势要求

投资者在根据五三战法的技术实战买股时，虽然可以根据日线图上的买股条件和买点进行买股操作，但这往往针对的是那些做较长波段的投资者的，而对于很多更热衷于中短线交易的投资者来说，必须做得更为精细，就是对股价分时图强势要求和盘口强势进行买点的确认，这样不仅可以买到更为强势的低价股票，更能买到安全的强势股。因为股价的趋势一般表现为沿着压力最小的方向运行，短期趋势亦然，只有短期趋势更强时，股价在短期内才会沿着压力更小的强势方向运行，这是趋势延续性所决定的。因此，买股时对分时强势的判断，以及盘口强势的确认，就是要证明股价这种短期趋势的强势，以确保股价在买入后的短期趋势能够保持，而无数的短期强势连在一起时，则无疑就是日线级别的强势上涨趋势了。同样的道理，日线级别的短期强势越强，连接起来后，则是更长周期的强势上涨趋势了。

实战案例：

如图6-29南京化纤（600889）2024年3月22日分时图所示，当这只股票在日线图上符合买股条件和量价齐升的买点要求时，就要看当日的分时图强弱程度了。这只股票开盘是在昨日收盘价处平淡开盘，但开盘后股价表现为快速上行的强势，且分时成交量柱表现为持续变长的放量状态，分时量价齐升明显，投资者这时就要迅速看一下盘口上的信息了，可以发现，这是一只流通盘只有3.66亿股的小盘股，当日实际换手率达到了6.24%，为健康的换手率明显放大状态，且当日主力净流入资金量为1 473.0万元，为主力资金净流入明显的状态，因此，应及时在股价快速上涨中买入，也就是只要在封板前，均应快速买入。

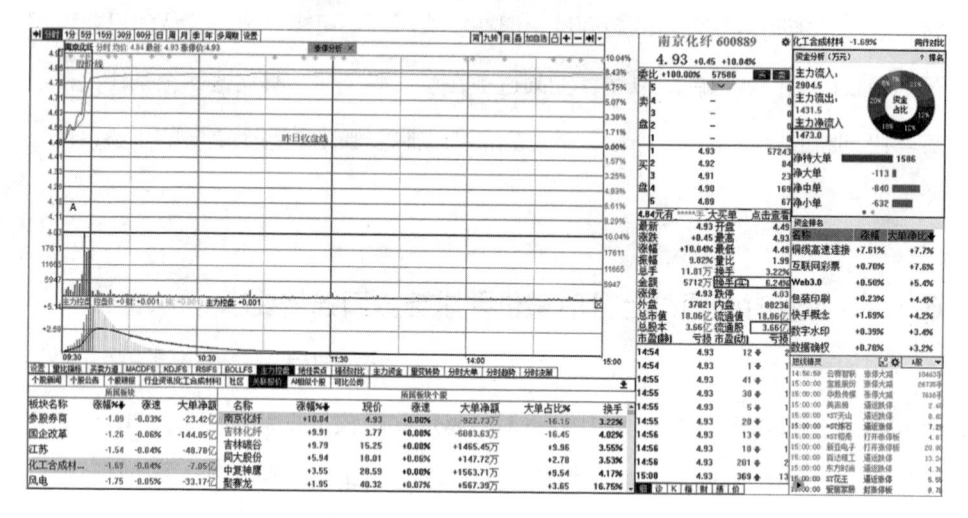

图6-29 南京化纤2024年3月22日分时图

注意事项：

（1）投资者在根据五三战法实战买股期间，在判断买点时，一定要确保是在日线图上符合了买股条件和买点要求后，再进行分时图买股时机的判断。

（2）在判断分时图强势买股时机时，投资者一定要养成强中择强的思维，即不要害怕股价短期的强势，越强势应越敢买，尤其是那些短期快速冲击涨停的股票，一定要敢于在股价涨停前重仓买入，因超短期的强势，意味着在买入后的超短期内，股价依然会表现为超强状态，短期收益会较大。

第 7 章

持股：
懂得捂股才能获得大利

从操盘的角度讲，买入一只股票并不十分困难，只要确认股票的强势即可，难就难在你要会捂股。因为再强的股票，若是不懂得捂股，一见到风吹草动就出局了，是根本无法获得较大收益的，甚至是会让你错失持有一只大牛股获利的机会。因此，明白什么状态下能够安心持股，才是买入股票后需要掌握的一项关键技术。

7.1 持股原则

7.1.1 持股能够持续盈利

投资者在根据五三战法实战期间，一旦买入了一只股票，就要在持股期间遵守一条五三战法中的持股原则，那就是持股能够持续盈利。只要所持股票能够始终保持向上状态，就不要轻易卖出股票。因为本来我们买入一只股票的目的就是盈利，而所持股票只要能够保持持续向上运行的状态，不管是涨多涨少，都是在涨，那么你账户内的盈利就会逐渐增多，这时候千万不要担心和害怕，比如，因害怕哪一天股价突然大幅下跌而早早地卖出股票获利了结。因为恐高和恐低一样，是不可取的一种杞人忧天的不良投资心理。

实战案例：

如图7-1亚威股份（002559）日线图所示，若是投资者在A区域以五佛手形态+明显放量上涨买入了这只股票，其后股价在接连四个交易日，均出现了快速涨停和一字涨停，此期间投资者千万不要因害怕股票会突然下跌而过早卖出股票，因为持股在持续地大幅获利，只有到B区域股价小幅高开即出现快速下跌的当日，方可根据盘中具体情况，确定是否卖出股票。这就是在持股能够持续盈利的情况下，坚持持股的原则。

注意事项：

（1）投资者在根据五三战法买入了一只股票后，只要发现持股能够持续盈利，不管是盈利过快还是较慢，只要是在持续获利，就应坚定继续持股的原则和信心，因为这一点是五三战法中获利的根本原则。

（2）造成投资者无法坚守持股而在持续获利状态下卖出股票的原因，主要是恐高心理在作怪，这是一种不良的投资心理，大多出现在一些入市不深的投资者身上，只要多了解市场知识，自然就克服了这种心理。

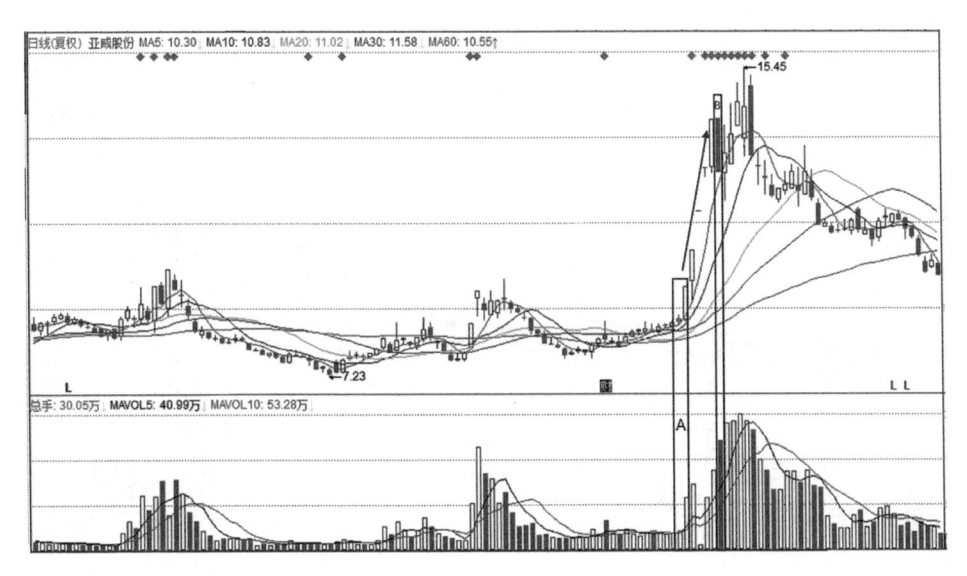

图7-1 亚威股份日线图

7.1.2 持股上涨动能存在

投资者在买入了一只股票后,只要发现这只股票存在着上涨动能,同样要坚决继续持股。这是因为,在持股过程中,即便是趋势再强、业绩再优秀的股票,也不可能表现为天天都是强势,必须天天上涨,那是不现实的,尤其是一些大盘蓝筹股,往往是震荡上涨的,也就是呈现涨涨跌跌的上涨走势。因此,投资者只要在持股的过程中,发现了持股始终保持着一种上涨动能十足的状态,也就是涨得多跌得少,比如一跌就明显缩量、一涨就明显放量,那就无须担心,安心持股即可。

实战案例:

如图7-2沪电股份(002463)日线图所示,若是投资者在A区域出现弹指神通+放量上涨状态时买入这只股票,在其后的C区域、D区域和E区域,发现股价出现短时的或持续小阴线的下跌,且其根本没有影响到5日均线向上运行的态势,尤其是在E区域,虽然小阴小阳震荡的时间略长了些,但明显成交阴量出现了大幅的缩量,说明这只股票上涨的动能依然存在。因此,投资者应始终坚守安心持股的原则。

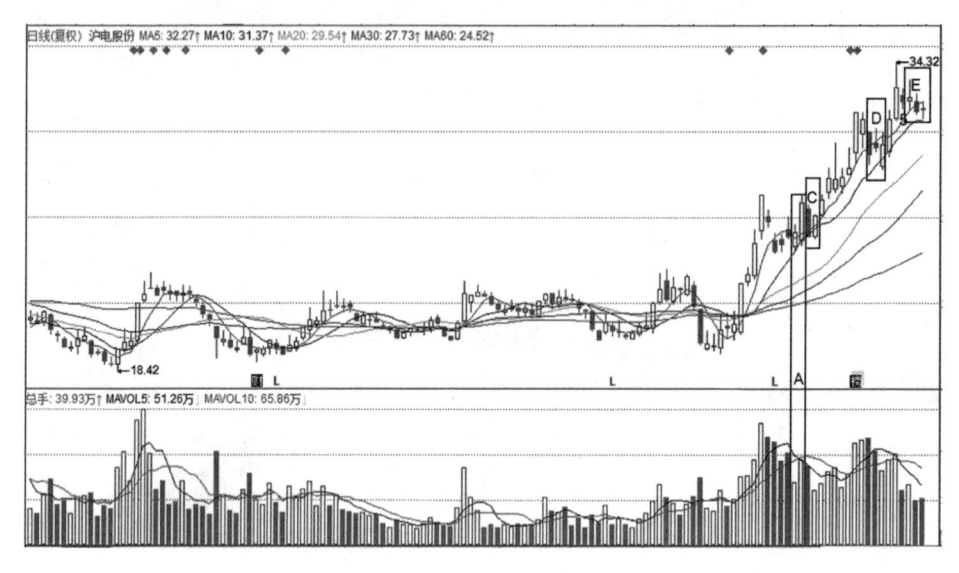

图7-2 沪电股份日线图

注意事项：

（1）投资者在买入一只股票后，很多时候在观察一只股票的上涨动能时，不能只关注这只股票的短期涨幅是否过大，而是要多从趋势上去观察，因为短期涨幅过大，固然能够多少影响到一只股票的趋势变化，但这一点并非绝对的。

（2）通常而言，上涨动能强的股票，要么是缓慢上涨的大盘股，要么是短线题材极热的小盘热门股，这两类股票均值得投资者适当地高看一眼，只要发现它们的上涨动能仍然存在，就要坚守持股原则。

7.2 持股的健康强势状态

7.2.1 缓慢放量的震荡式上涨

投资者在根据五三战法买入一只股票后，其股价一旦出现缓慢放量的震荡式上涨走势，即股价在出现了震荡上涨的同时，成交出现缓慢的放量状态，就说明这只股票上涨的方式较为稳定，这种缓慢放量上涨，表明主力在徐徐推高股价的同时，吸引了一些市场资金的参与，后期股价轻易不会突然大幅下跌，所以，它是一种健康的股价上涨方式，投资者一旦发现，应安心持股。

实战案例：

如图7-3中国海油（600938）日线图所示，若是投资者在A区域以五佛手+持续放量上涨买入这只股票，在其后B区域的股价上涨趋势中，股价出现缓慢的震荡上涨走势，下方C区域的成交量也出现了缓慢放量状态，形成缓慢放量的震荡上涨形态，说明主力资金并没有急功近利地拉升股价，而是采取了一种更为稳健的方式缓慢推升股价，所以，A区域买入了这只股票的投资者，应在这种状态期间，始终保持持股状态。

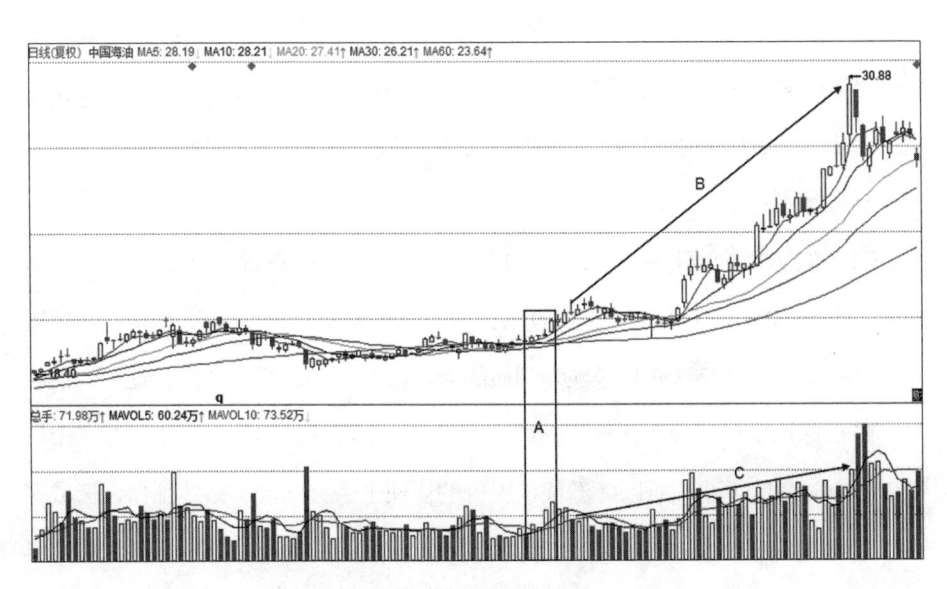

图7-3 中国海油日线图

注意事项：

（1）缓慢放量的震荡式上涨出现时，往往说明主力资金在拉升一只股票时较为稳健，并没有调动过多的资金大举买入股票，以短时快速推升股价大幅上涨，因为这种上涨方式更为稳健，所以是一种让人放心的持股状态。

（2）缓慢放量的震荡式上涨方式，大多出现在那些流通盘较大的大盘股身上，因为大盘股的盘子大，一个主力机构，即便资金量再大，也很难实现高度控盘，所以，其在推升股价时，才更为稳健，并以这种方式告诉其他的主力资金，共同缓慢地推进股价的持续上涨。因此，这种上涨方式更为稳健，是让人安心持股的形态。

7.2.2 量价齐升的快速上涨

量价齐升的快速上涨，是指股价在快速上涨期间，成交量出现明显的放大，或是保持着明显突出的大量状态，即成交量柱在股价上涨期间，表现为较长且不齐的状态，像一座小山似的，所以，其又经常被称为量堆。这种量价齐升的快速上涨一经出现，往往说明这只股票在发动上涨过程中，得到了市场的高度认可，市场资金纷纷大举买入这只股票，所以才造成了股价的短期快速上涨，以及成交量堆的出现。因此，只要发现这种形态，前期买入股票的投资者就应放心地继续持股。

实战案例：

（1）如图7-4西陇科学（002584）日线图所示，投资者若是在A区域以五佛手＋明显放量上涨买入了这只股票，在其后的交易日内，发现股价在B区域快速上涨期间，成交量先是表现为明显的大幅放量，然后始终保持着这种大量状态，在C区域形成了像小山一样的成交阳量堆，说明这只股票在盘中引起了市场资金的短时高度关注，所以才造成了股价的快速上涨，出现了持续涨停，形成了量价齐升的快速上涨形态。因此，A区域买入股票的投资者，在B区域，应始终保持持股状态。

（2）如图7-5常山药业（300255）日线图所示，若投资者在A区域以五佛手形态＋放量上涨的明显持续放量状态买入了这只股票，在其后B区域的股价走势中，发现股价始终保持着持续快速上涨走势，且下方C区域的成交量柱也在明显放大到了一种巨量状态后，始终保持着这种大量状态，形成了量价齐升的快速上涨的健康强势状态，所以，在A区域买入股票的投资者，应始终坚定持股。而这只股票看似B段上涨期间的涨停并不多，但由低点到高点算，在短期内却出现

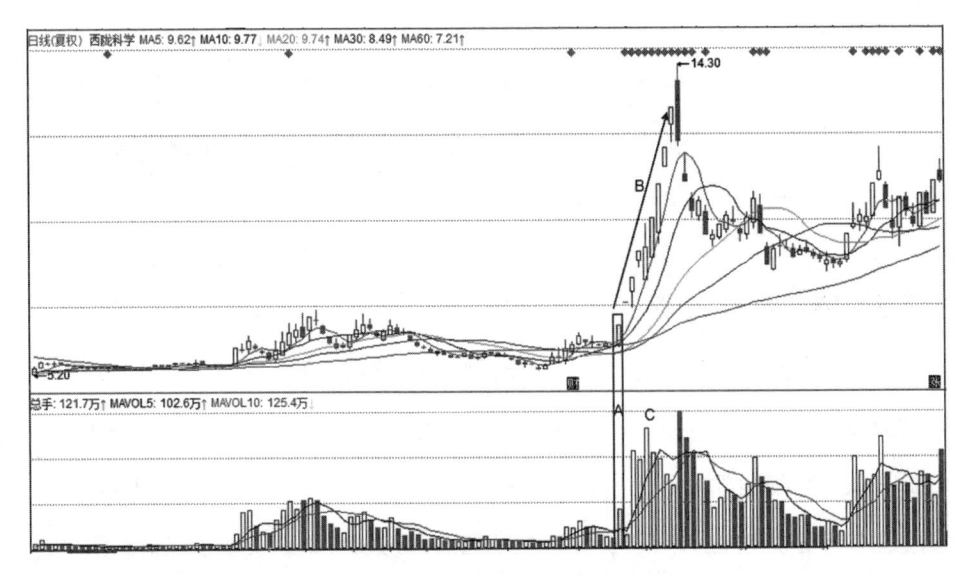

第 7 章 持股：懂得捂股才能获得大利

了最高三倍的涨幅，投资者可谓短期收益颇丰。

图7-4　西陇科学日线图

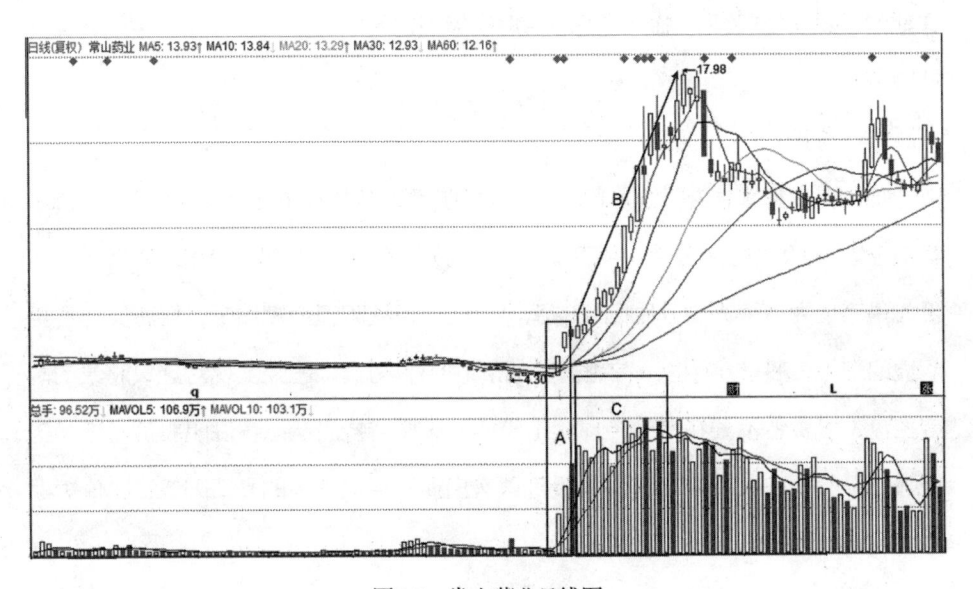

图7-5　常山药业日线图

注意事项：

（1）量价齐升的快速上涨出现时，往往是股价加速上涨时的一种健康上涨方式，虽然在这种股价的上涨方式出现时，并不一定能够表明主力资金控盘能力的强弱，但大量资金的涌入，才是短期快速推升股价上涨的根本动力，所以，应始终坚定持股。

（2）若是一只股票在上涨期间出现量堆式的量价齐升，往往说明这只股票在市场上的热度极高，必然为引起市场高度关注的热门股，所以，投资者短期内不要轻易卖出股票，因这类股票，往往会走出一波大牛行情。

7.2.3 持续缩量涨停

持续缩量涨停，是指一只股票在上涨趋势初步成立时，表现为成交量持续地明显缩量，成交量柱变短，股价却出现了持续涨停，在K线上表现为一根光头阳线或光头光脚阳线，或是一字涨停线或T形涨停线等。这种量价形态出现时，表明主力资金已经对这只股票实现了高度控盘，无须大量即实现了股价的最高涨幅——涨停。因此，投资者在买入的股票出现持续缩量涨停的情况时，千万不要在期间轻易卖出股票，说明这是一只短线极强的股票，应在这种状态中始终保持持股不动。

实战案例：

如图7-6华策影视（300133）日线图所示，若是投资者在A区域以五佛手买入形态+明显持续放量上涨买入了这只股票的话，在其后上涨的B区域，股价先是表现为一根光头光脚阳线的涨停，成交量柱明显变短缩量，接着又出现更明显的缩量，股价反倒以一字涨停出现，说明主力资金已经实现对这只股票的高度控盘，投资者不要在期间轻易卖出股票，应保持持股状态，说明股价短期趋势极强。果然，在其后的C区域，股价再次出现了放量涨停的光头阳线，股价短期涨幅以低点算，已上涨了两倍多。

注意事项：

（1）投资者在买入一只股票后，若出现了持续缩量涨停，往往这种缩量状态并非真正意义上的缩量，而是因股价的快速涨停，导致的资金无法买入的缩量状态，但是从分时图或1分钟图上去观察和统计，结果是其短期突然爆出的量能往往是巨大的，也就是区间放量的程度较高，因此，可将其视为股价短线极强的持股形态。

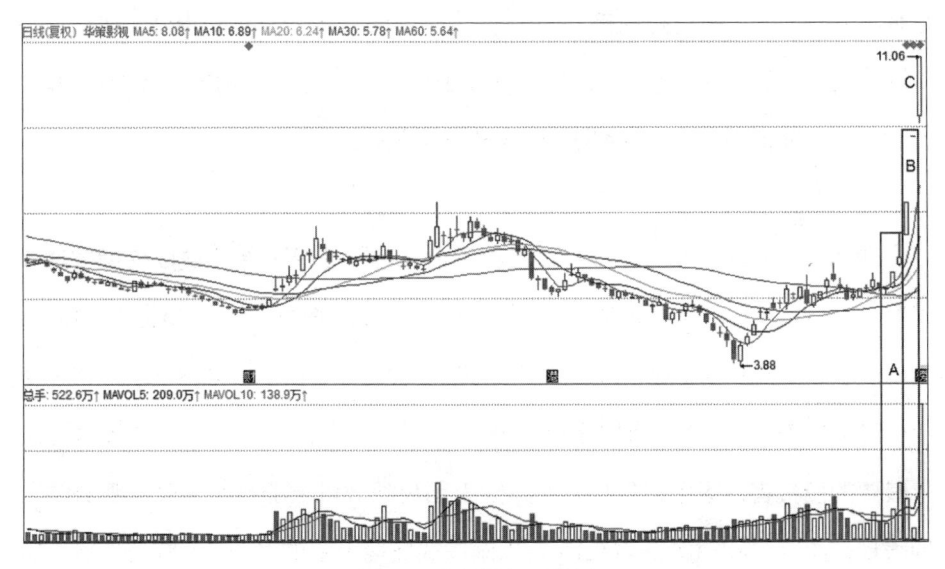

图7-6　华策影视日线图

（2）投资者买入的股票若是出现了缩量涨停，且其买入的股票为创业板或科创板的股票，更不要轻易卖出，因创业板和科创板的股票，其日涨跌停幅度为20%，短期股价很容易实现翻倍，但在卖出股票时，投资者反应也应迅速，否则其日内最大跌幅也可达到20%，若是以涨停价开盘到跌停价的天地板计，一天最大振幅能够达到40%。

7.2.4　锯齿式放量上涨

锯齿式放量上涨，是指一只股票在上涨的过程中，在放量上涨了数日后，又出现了数日的下跌，成交量也随之出现了缩量状态，但上涨期间的幅度会大于下跌的幅度，否则就是震荡下跌的弱势形态了。因此，一旦股票延续这种表现，就会形成一种从图形上看，像是一个斜向上的锯齿在持续上行的形状。这种情况的出现，表明主力资金是在一边向上推升股价，又在一边洗盘，通过短时的下跌让短线的获利盘及时了结，从而出现了下跌时的缩量，因为只有持股不坚定的投资者才会短线卖出，而更多的持股者则较为惜筹，所以，股价在下跌了数日后，出现缩量，而再次放量的时候，股价自然又恢复了持续上涨走势。因此，投资者在根据五三战法买入一只股票后，一旦发现股票出现了锯齿式放量上涨，可认为股价依然保持着健康的强势状态，因上涨的股票，只有短线获利筹码不断兑现离场，新的资金再次涌入，股价才能始终保持健康地上涨。

实战案例：

如图7-7 埃斯顿（002747）日线图所示，若投资者在 A 区域以弹指神通买股形态 + 持续放量上涨买入了这只股票，在其后的上涨过程中，放量上涨数日后，又出现了短时的缩量下跌，且上涨时的幅度明显大于下跌时的幅度，若此状态持续，股价就表现为一种类似于锯齿状的向上运行状态，因此，作为在 A 区域买入股票的投资者，应始终保持持股，因为锯齿式放量上涨状态为股价强势的一种表现，而以启涨时的低点 9.15 元和锯齿式放量上涨的高点 39.90 元计算，股价不知不觉间上涨三倍多，即便是以 15 元多的买入价格计算，涨幅也达到了一倍多。因此，锯齿式放量上涨的幅度并不低，而这类股票，往往只有在 B 区域形成了明显的三心二意 + 量价齐跌时，才是最理想的卖股时机。

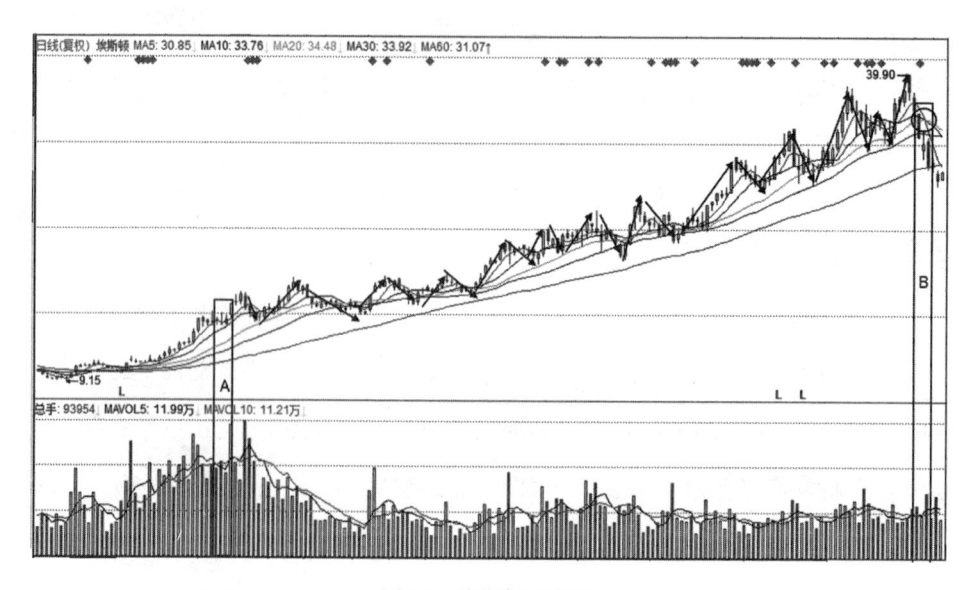

图7-7 埃斯顿日线图

注意事项：

（1）投资者在根据五三战法买入一只股票后，在判断其后股票的上涨方式是否为锯齿式放量上涨时，最明显的判断方法就是从 K 线图形上观察，因锯齿式放量上涨最明显的特点，就是上涨的幅度比下跌的幅度大。另一个明显的特征，就是股价上涨时放量明显，下跌时缩量明显。

（2）投资者一旦确认持股表现出锯齿式上涨形态时，不要考虑持股的流通盘大小，因对于小盘股来说，若是主力想持续大幅推升股价，也会以这种方式来保持上涨趋势的稳定，所以，锯齿式放量上涨往往是一种股价长牛的表现，因此也是一种股价处于强势状态的持股形态。

7.3 洗盘的健康整理状态

7.3.1 不破启涨位的空中加油

投资者在根据五三战法买入一只股票后，在持股当中，若是股价在买入后即小幅上涨，随后又出现了调整，不管这种调整从 K 线上看有多大，只要是发现股价未跌破启涨时的那根阳线低点，就无须担心，因这种看似幅度较大的调整并非真的转弱迹象，而是主力在快速启动上涨后，为了其后能够顺利地上涨，而采取的一种空中加油式的快速洗盘。因此，有经验的投资者，不仅不应在空中加油式的洗盘中卖出股票，还应在洗盘结束时适当加重仓位，因为一旦洗盘结束，股价即会开启短时快速的上涨行情。

实战案例：

如图 7-8 荣联科技（002642）日线图所示，若是投资者在 A 区域以五佛手买入形态＋明显放量上涨买入了这只股票，其后，股价出现了一个一字涨停，接着进入了 B 区域，一字涨停被打开，收于一根中阴线且放量下跌，其后又持续缩量下跌，但始终未跌破 A 区域长阳线的最低点，这说明主力资金是在借快速拉升之际展开空中加油式的快速洗盘，因此，属于健康的整理状态，投资者可安心持股，并且可以在 B 区域内最右侧股价洗盘结束回升时大胆加重仓位，因洗盘一旦结束，股价短期即会再次恢复快速上涨。

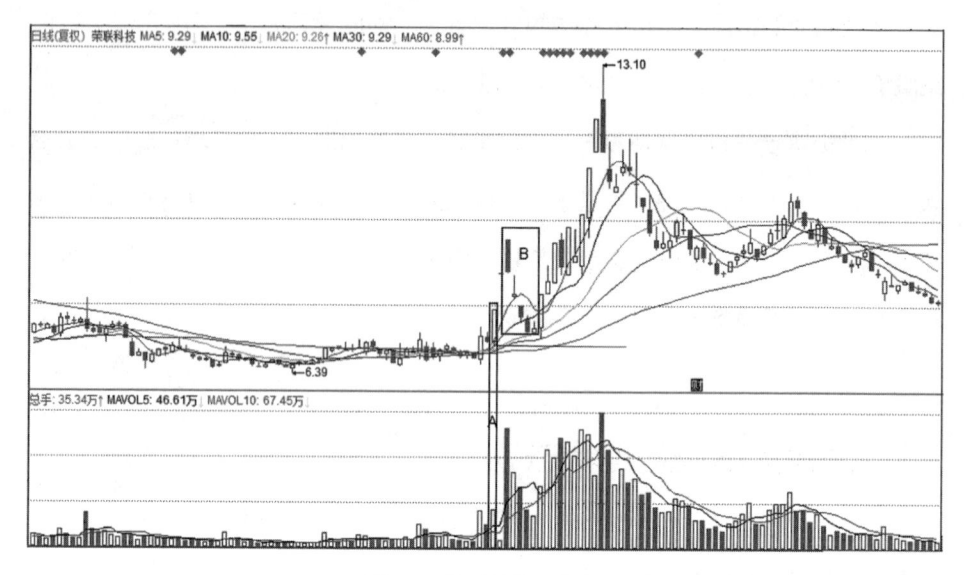

图7-8　荣联科技日线图

注意事项：

（1）投资者在根据五三战法买入了一只股票后，尤其是在股价低位启涨时买入的股票，往往其股价容易出现快速上涨后的空中加油式洗盘，目的是主力借刚刚上涨之初，洗掉短线那些不坚定的筹码，以便其后的继续快速上涨，因此，不破启涨位则是识别主力洗盘还是股价走弱的最有力方法。

（2）所谓的启涨位，就是股价由弱势发动上涨时第一根突破性上涨的阳线，往往这根阳线实体较长，多为中阳以上的长阳线，成交量也会有效放大，所以是主力发动上涨时的征兆，而一旦在其后的调整中，股价跌破了这根启涨阳线的低点，就意味着主力此次发动的上涨遭受的盘中大举抛售的阻力较大，证明主力此次发动的上涨失败，这时方可止损卖出，否则应安心持股。

7.3.2 天地板式巨震

　　天地板式巨震，是近两年市场上经常出现的一种主力快速洗盘的方式，其表现方式就是股价在一个交易日内，向上冲击到了涨停价的位置，向下又跌到了跌停价的位置，即一个交易日内触及股价的两个极端。从方式上看，天地板巨震包括两种方式：一是股价先下跌，向下触及跌停，而后又快速回升，向上触及了涨停，此类方式常被市场称为地天板；二是股价先出现上涨，向上触及了涨停，然后打开涨停，股价在下跌中又触及了跌停，此类方式常被市场称为天地板。但无论是哪一种，这种一个交易日内同时触及了涨跌停价格的极端现象，都是主力快速洗盘时的征兆。但由于这种地震式的剧烈洗盘方式导致股价震荡幅度较大，所以经常让投资者难以知晓主力的意图，尤其是股价在高位时出现，更是让投资者摸不着边际，但投资者在实战期间，只要坚持住一条原则，即只要是股价短期涨高得过高了，不管主力是否洗盘，获利了结即可，就不会有大的亏损。若是低位的巨震，是不会跌破关键位的，否则，就是主力在出货。

　　实战案例：

　　（1）天地板式巨震。如图 7-9 东方精工（002611）日线图所示，若是投资者在 D 区域以五佛手买入形态 + 持续放涨上涨买入了这只股票，在其后股价持续以涨停方式快速上涨，到 A 区域时，股价当日依然是以涨停价开盘，结果盘中打开涨停后快速下跌，很快触及跌停价，弱势震荡至收盘，仅以高于跌停价 0.2 分的价格收盘，全天股价振幅达 20%，成交量在 B 区域表现为一根巨量长阴，如 A 区域对应的当日盘口情况显示。而这一点，可以从图 7-10，即图 7-9 中 A 区域当日的分时图中清晰地看到，当日股价线直接在涨停价处出现，即以涨停开盘，随后出现了几近直线的大幅下跌，弱势震荡片刻后，股价即触及了跌停，虽然很快被拉起，但全天一直保持在低位弱势震荡，而收盘则再次接近了跌停价的位置，形成了全天从涨停到跌停的天地板式巨震。此类巨震，即便是一位入市较深的投资者，哪怕是结合当日的主力净资金流出与流入状况去分析，也很难判断出主力是在高位洗盘，还是在高位出货，因此，只要遇到这种情况，股价短期出现了大幅上涨，就应以卖出为主，早日落袋为安。因为这种情况，即便是发现主力是在洗盘，但在大幅上涨的高位区，对于股价后市的趋势演变，作为普通的短期投资者是无法看清的，所以，看不清一只股票的趋势时，就应卖出不去参与，除非是一名中长线投资者，从长线角度出发，发现股票在中长线上具有潜力时，方可继续持股。

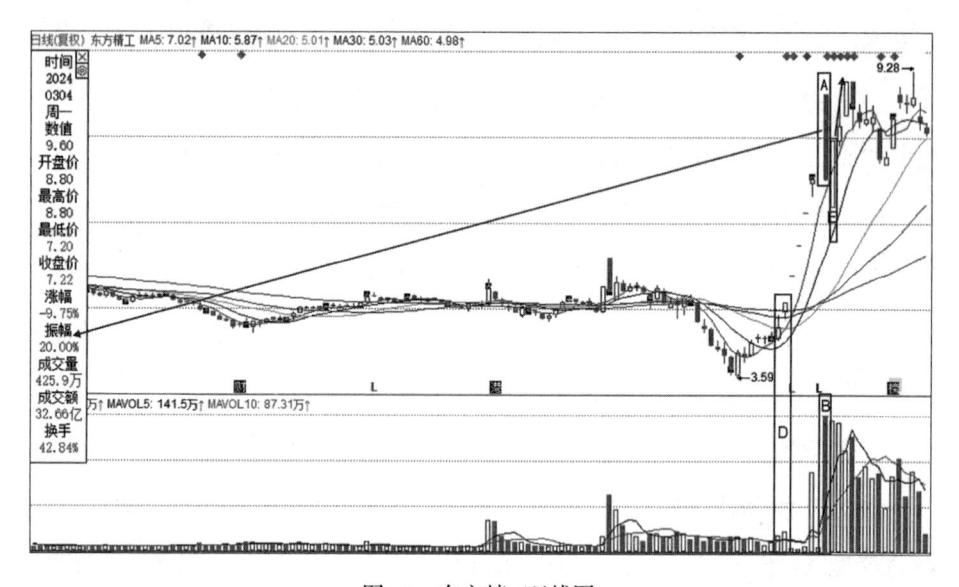

图7-9 东方精工日线图

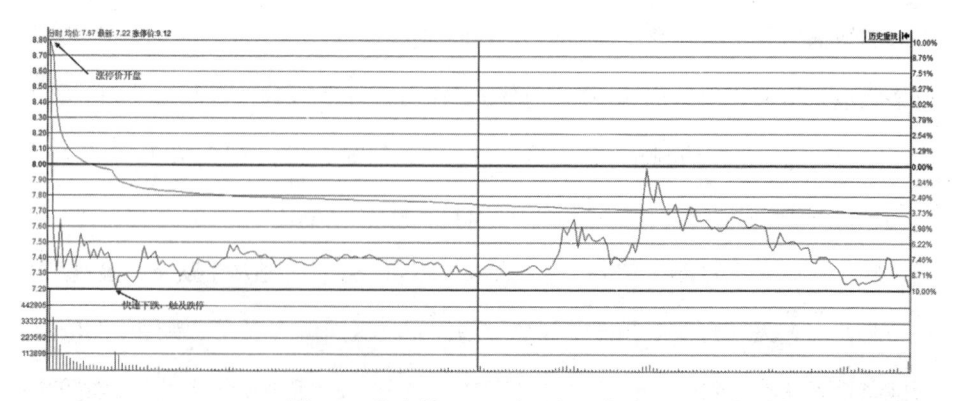

图7-10 东方精工2024年3月4日分时图

第 7 章 持股：懂得捂股才能获得大利

（2）地天板式巨震。同样是东方精工这只股票，在图7-9发生天地板巨震的A区域的下一个交易日，即E区域，股价再次出现了相反方向的地天板式巨震，当日的分时图如图7-11所示，股价当日在A区域开盘，股价直接低开了7个多点，其后一路震荡上行，不久即出现了向上触及涨停价的情况，其后打开涨停后，高位小幅震荡，但在午后尾盘前，股价再次封于涨停，直到收盘。虽说此交易日内，股价最低并未触及跌停价，但7个多点的大幅低开，基本上达到和跌停一样的效果，同样为巨震，因此可将其视为地天板巨震。股价在巨震中封在了涨停板，此交易日的地天板巨震为主力快速洗盘，此时，哪怕股价短期趋势再强，投资者也不要参与此类股票。

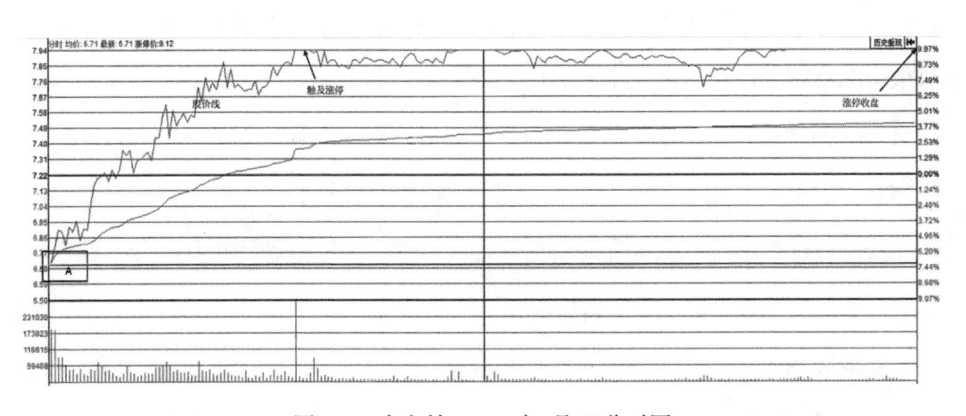

图7-11 东方精工2024年3月5日分时图

注意事项：

（1）近年来，由于很多主力洗盘手法被大众了解和识破，所以，主力在洗盘时的手法变得更加诡异多变，一只股票经常出现天地板或地天板式的巨震洗盘，目的无非是吓走不坚定的投资者，甚至是一只股票会接连上演天地板和地天板，让投资者摸不着头脑，但投资者只要坚持一点即可，只要是高位，不管是主力洗盘，还是出货，都应以卖出为主，若是低位，只要不破支撑，安心持股即可。

（2）投资者如果参与的是创业板或科创板的股票，若是发现股票出现了天地板或地天板巨震时，千万不要在形成巨震后再反应，因这两个板块的股票都是涨跌停20%，一个天地板巨震就是40%的差距，所以更应以稳妥操盘为主，不可过贪，应多从趋势的角度去分析股票，自然就不容易落入主力的陷阱了。

7.3.3 不破关键位的震荡整理

投资者在根据五三战法买入股票后，在持股期间判断股价的整理是否为健康的整理状态时，不破关键位是一种很好的判断方法，但关键是要观察出哪里是关键位。要明白这一点，就要从股价在上涨趋势中的强势支撑说起，通常股价在上涨行情中下行的压力都会很大，因为下方不同的低位都会有许多买入者在那里支撑股价，尤其是主力资金在某些关键位置的筹码，一般是不会松动的。比如，一根明显的中阳以上的上涨阳线，或是突破的某根放量阳线的高点和低点，都是具有很强的支撑的，还有就是上涨缺口，通常缺口的上沿处与下沿处，均具有较强的支撑，相对而言，还是上涨缺口的下沿位置的支撑更强，因为这个位置几乎是主力发动上涨的启涨关键价位所在。因此，投资者在持股的过程中，一旦股价出现短线的震荡或下跌，只要在遇到这几处关键位，未能跌破即止跌回升，就表明行情为短线的健康整理，投资者可以安心持股待涨。

实战案例：

如图7-12飞龙股份（002536）日线图所示，若是投资者在A区域以五佛手买入形态+明显放量上涨买入了这只股票，在其后股价持续跳空高开的上涨中，于B区域出现了回调震荡，再冲高后又于C区域出现了震荡下跌，但在两次震荡下跌中，股价均未跌破E区域K线的低点，回到E区域与F区域向上跳空形成的缺口内，更不要谈是否回补缺口了，所以，B区域和C区域的震荡下跌，都只是盘中的短线健康整理，因股价均未跌破关键位，所以，整理一旦结束，股价会恢复上涨行情，投资者可安心持股待涨。

注意事项：

（1）投资者在买入股票后的持股过程中，一旦发现股价出现震荡或下跌时，应首先确认其关键位在哪里，然后只要观察股价在下跌过程中是否跌破了关键位即可，只要不破关键位，就应安心持股。若是破了关键位，再结合量能，看下面的关键位远不远，支撑强不强，再决定是否继续持股。

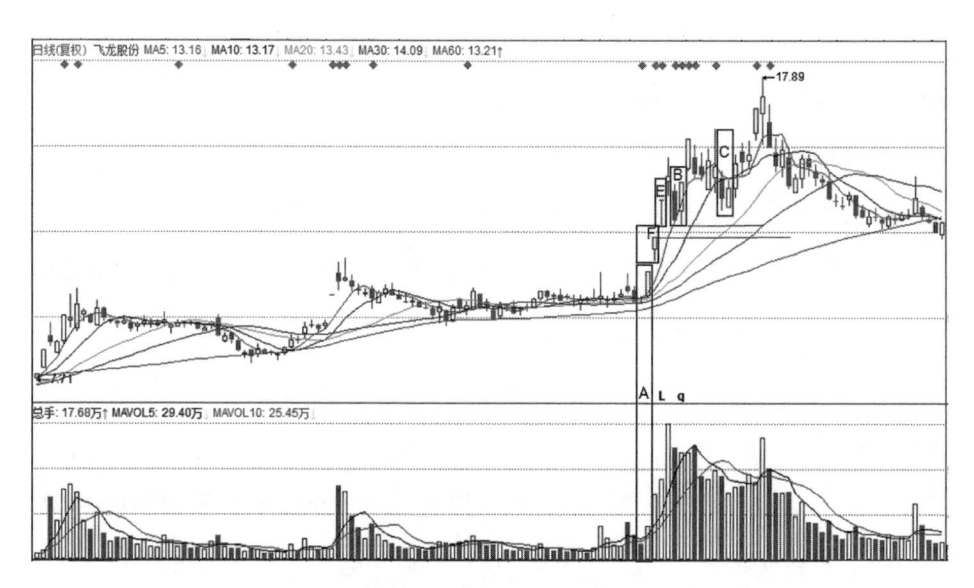

图7-12　飞龙股份日线图

（2）股价在上涨趋势中的关键位，就是明显的放量阳线上涨的位置，最明显的就是突破性的上涨，或是快速拉升的上涨，如跳空高开的上涨缺口处。但值得注意的是，上涨趋势中的所有关键位，若是到了下跌趋势中时，往往其支撑一般是不够强的，除非是长趋势的启涨平台或整理平台。

7.4　实战要点

7.4.1　调整时留意K线与5日均线的位置变化

投资者在根据五三战法买入了一只股票后的持股过程中，一旦发现股价出现调整，一定要时刻留意K线和五日均线的位置，这是因为，只要是短线强势的股票，越是强势，股价调整往往都是瞬间的，幅度不大，一般不会轻易跌破5日均线，即便跌破也多是盘口瞬间跌破即回升，并不会影响到5日均线向上运行的状态。这种情况说明股价短线处于极强的状态。但若是股价调整影响到5日均线，如5日均线走平后恢复上行，则说明调整幅度同样很小。但若是5日均线走平后下行，只要不影响到10日均线上行的走势，即使10日均线出现了平行走势，也为健康小幅的调整，投资者均应安心持股。

实战案例：

如图7-13久远银海（002777）日线图所示，若是A区域投资者以五佛手买入形态＋明显放量上涨买入了这只股票，其后略上涨后，股价出现了震荡调整，5日均线走平后渐渐向下倾斜，但遇到下方的10日均线后未再下行，而是与10日均线一起平行运行，属于健康的整理状态，所以，投资者可安心持股。若是投资者在D区域以弹指神通买入形态＋明显放量上涨买入了这只股票，其后发现股价在B区域和C区域震荡时，根本未改变5日均线上行的状态，即便出现了K线跌破5日均线的情况，也只不过是盘中的瞬间跌破，股价很快又回到了5日均线上方，沿5日均线继续向上运行，因此，投资者可安心持股待涨。

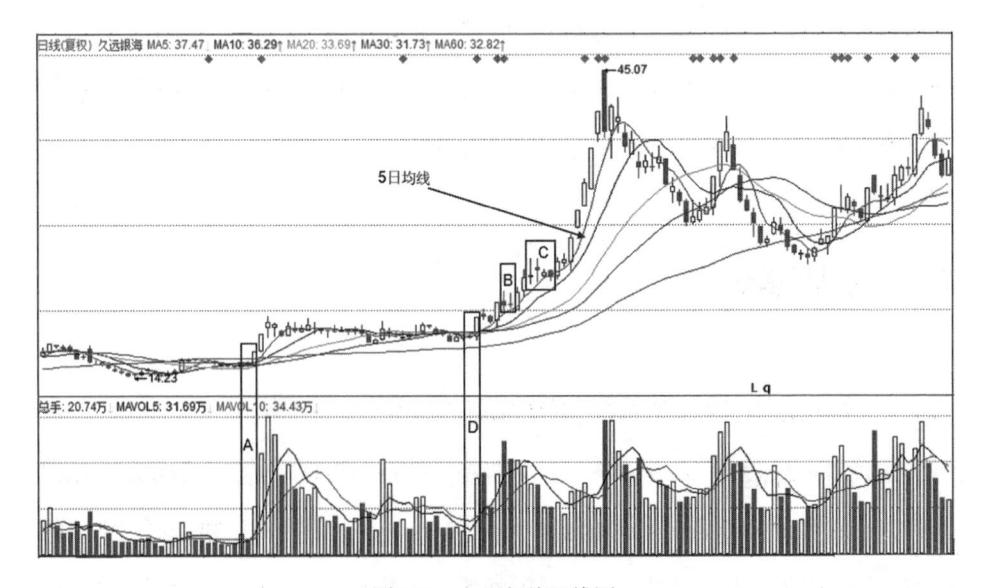

图7-13 久远银海日线图

注意事项：

（1）股价在上涨趋势中，尤其是明显的主升浪上涨行情中，一般在K线运行中是不会轻易改变5日均线向上运行的方向的，即便是改变，甚至是跌破了5日均线，时间也往往极短，5日均线最多也就是平走，所以，股价在5日均线上方沿5日均线向上运行，是上涨主升浪中一个最明显的征兆。

（2）多数时候，在趋势刚刚由弱转强的初期，也就是上涨趋势形成初期，容易出现股价的震荡调整，这时通常股价会与短期均线相距较近，或是形成缠绕，调整时很少会涉及中期均线中的20日或30日均线，所以，20日、30日与60日均线均处于缓慢上行的状态。这时即可确认该状态为健康整理的持股状态。

7.4.2 确认整理时应观察量能的短时变化

投资者在持股期间，一旦遇到股价调整或震荡整理，并判断其是否为健康的整理时，除了观察股价的位置外，还要观察当日的量能变化，因为，无论股价如何涨跌，若是没有量能的支撑，则一切的涨跌都是不值得信任的。而当股价在上涨趋势中出现反向的调整时，一般会表现出卖出量能的持续缩减，也就是阴量柱会逐渐变短，这说明短线盘中多数筹码较为坚定，调整很快会结束，投资者应安心持股待涨。

实战案例：

如图7-14华统股份（002840）日线图所示，若投资者于A区域以五佛手买入形态＋明显放量上涨买入了这只股票，在其后的上涨过程中，进入B区域和C区域期间，股价均表现为横盘小幅震荡，且成交量能均出现了持续的阴量缩减状态，所以，应保持安心持股。但在C区域结束后，股价短暂上涨，当再次冲高后调整到D区域时，却形成了持续放量下跌状态中的三心二意卖股形态，说明短期趋势即将变弱，所以，应及时卖出股票，落袋为安。

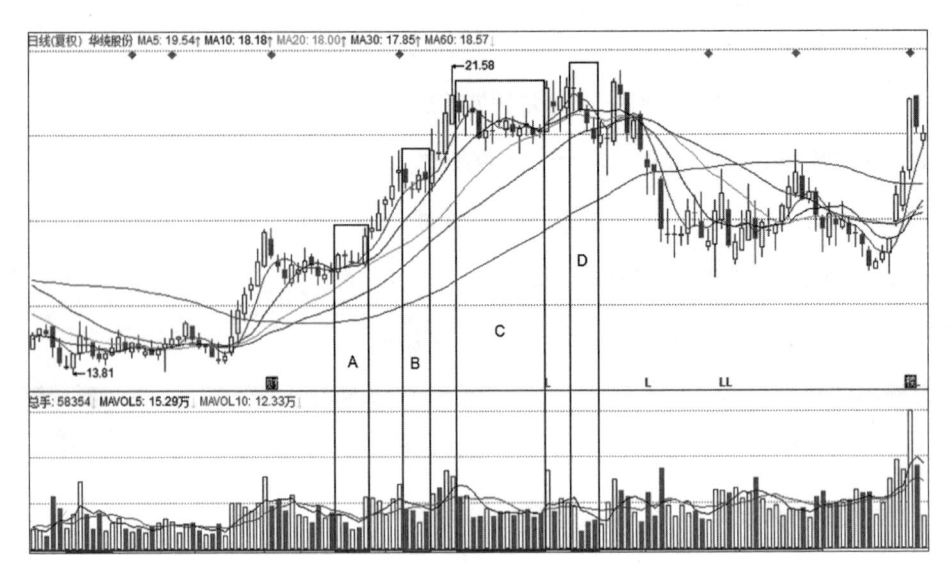

图7-14 华统股份日线图

注意事项：

（1）成交量的变化，不仅在买卖股票时起着关键作用，在持股期间同样有着重要的作用，因为只有卖出的量能不大时，或是持续缩减时，才能证明盘中的持有者未大量卖出筹码，此时，方可继续持股。

（2）投资者在根据五三战法判断是否要继续持股时的观察，往往与判断是否要卖股时的观察，几乎一样，也就是说，只有观察到形态或量价关系，尚未形成卖出股票的要求时，方可继续持股，一旦出现了量能放大的量价齐跌情况，哪怕是形态尚未发生变化，中短线投资者也要及时做出反应，尤其是股价在高位区时，更应谨慎持股。

7.4.3 不跌破关键位往往是确认主力洗盘的关键

投资者在根据五三战法买入了一只股票后，在持股过程中，当股价出现短线的调整下跌时，判断是否是主力洗盘的关键，就是判断股价在跌到或即将跌到某一关键价位时的反应或表现。如在遇到关键位的关口时，继续向下跌，则极有可能会跌破；但若是在遇到关键位的关口时，股价即表现出反抗，并顺利止跌回升，即放量回升明显，且转为强势状态，则说明这一下跌是主力在洗盘，而非真的趋势转弱，这时就应安心持股。

实战案例：

（1）如图7-15 捷荣技术（002855）日线图所示，若是投资者在 A 区域以五佛手买入形态＋明显放量上涨形态，在股价于盘中打开涨停板的时机买入了这只股票，在其后的持股过程中，于 B 区域先是出现了两颗十字星震荡，而后 K 线大盘低开于 5 日均线下，但只是小幅下探了一下，在即将跌破 D 区域 K 线低点时出现了快速放量上涨的回升，并很快回升到了 5 日均线之上，呈现出强势震荡状态，这说明 B 区域只是主力在短线洗盘，投资者可安心持股待涨。

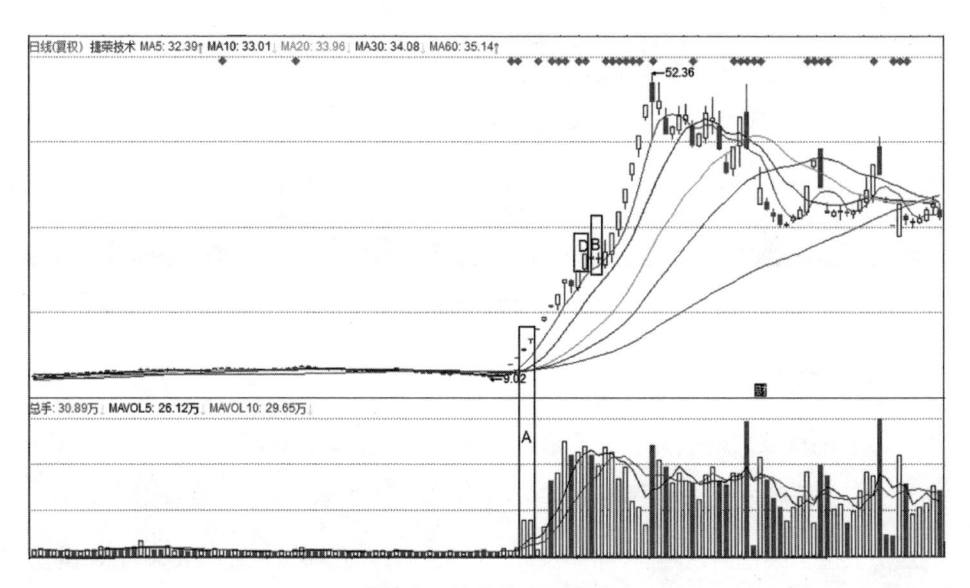

图7-15　捷荣技术日线图

（2）如图7-16 信质集团（002664）日线图所示，若投资者在 A 区域以五佛手买入形态＋明显放量上涨买入了这只股票，在其后的上涨中，A 区域、D 区域和 F 区域出现了震荡整理走势，股价均未跌破前期的重要关键位，如 B 区域的调整在未跌破 A 区域启涨阳线的低点即回升了；D 区域也在未跌破之前 C 区域快速上涨阳线的低点即回升了；F 区域也在未跌破前面 E 区域快速上涨阳线的低点即止跌震荡；因此，在 B 区域、D 区域和 F 区域的调整出现时，均应保持持股。但到了 G 区域，当股价再次出现下跌调整时，持续下跌明显，且股价快速放量下跌中跌破了 H 区域创新高阳线的低点后，依然在放量下跌，并形成了一心一意卖股形态，所以，不应再持股，应及时卖出股票。

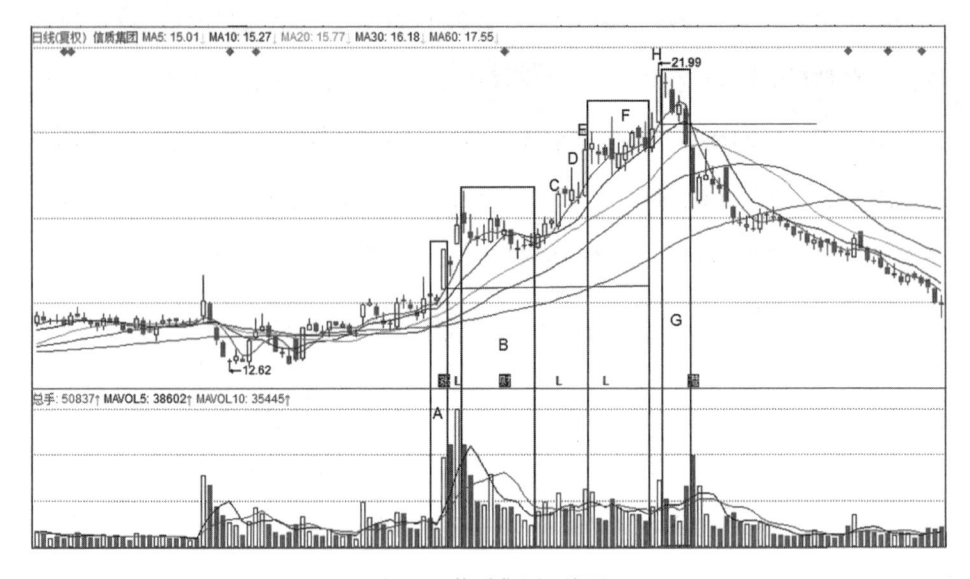

图7-16 信质集团日线图

注意事项：

（1）不跌破关键位是从股价趋势演变的惯性出发所制定出来的一条持股判断方法，因为股价在上涨趋势中，所谓的关键位，几乎均为主力资金发动上涨时的启涨低位，或是突破高点时的位置，一旦在调整时跌破，就证明起码此次的快速上涨或突破性上涨是失败的，所以，只要不跌破，投资者就可随主力一起安心持股。

（2）当股价跌破某一关键位时，若上涨幅度较大，而这一跌破行为又跌破了刷新高点的阳线，往往从量价表现上会形成卖股时的量价形态，这时应果断卖出股票，而不要再继续向下看支撑了，因趋势转变了，所有上涨时的支撑已变为非可靠支撑了。

第8章

卖股：
会卖股才能锁定收益

投资者在学会了捂股技术的同时，还要学会卖股的技术。在股票交易中，会买股与会持股只是交易的中间环节，也是日后获利与否的前提，要想将获利变为现实，最为关键的还是要学会如何卖股。若你不懂得卖股，就无法躲开股价快速下跌所带来的收益缩水，无法赚取收益。所以，一定要学会如何卖股，才能捂股捂得安心，也才能让自己的收益最大化。

8.1 卖股原则

8.1.1 持股出现快速下跌应卖股

投资者根据五三战法买入一只股票后，在持股期间，选择卖出股票时，一定要坚守一条原则：持股出现快速下跌时应卖股。这是因为，大多数根据五三战法实战交易的投资者，均为中短线投资者，是根据日线上涨波段进行操作的，所以，赚取的往往是日线级别的上涨完整波段甚至是主升浪波段的收益，而这一波段更是短期变化最快的一个小波段，必须基于中短线操盘的交易原则，当股价出现快速下跌时，多数时候是短期趋势变化的开始，尤其是在大幅上涨后的高位区，股价快速下跌期起码是主力开始出货的初期，即便是后市依然会上涨，但涨幅往往不会太高，且持股的风险也在成倍的增长，因此，持股出现快速下跌是卖股时必须遵守的一条原则。

实战案例：

如图8-1王子新材（002735）日线图所示，若是投资者在前期买入了这只股票，在持续上涨的过程中，当股价进入了A区域，可以看出，日线上出现了一根低开的阴线，短期上冲时也未能突破上一交易日的高点，即出现了大幅回落，成交量呈阴量快速放大状态，这时不妨观察分时图的情况。

图8-2即是图8-1中A区域当日的分时图，即王子新材2024年3月26日的分时图，从上面可以清晰地看到，股价当日小幅低开后出现了震荡探低后的回升走势，并反复下探震荡，并无上冲超过开盘价15.37元的行为，即图8-1中A区域K线上影线的形成，这说明，股价当日开盘后在委卖单中仅瞬间出现了一次最高价为15.78元的单子，后又被瞬间撤掉了。而此时的时间为2024年3月26日9∶53，距离开盘仅过了23分钟，从盘口上看，这是一只流通盘只有1.91亿股的小盘股，当日的即时实际日换手率已达到了15.18%，换手率明显放大，盘口主力净流出资金达到了3 000.1万元，短期流出量较大，主力出货迹象明显，

第 8 章　卖股：会卖股才能锁定收益

应果断根据持股在高位出现快速下跌应卖股的原则，卖出股票。

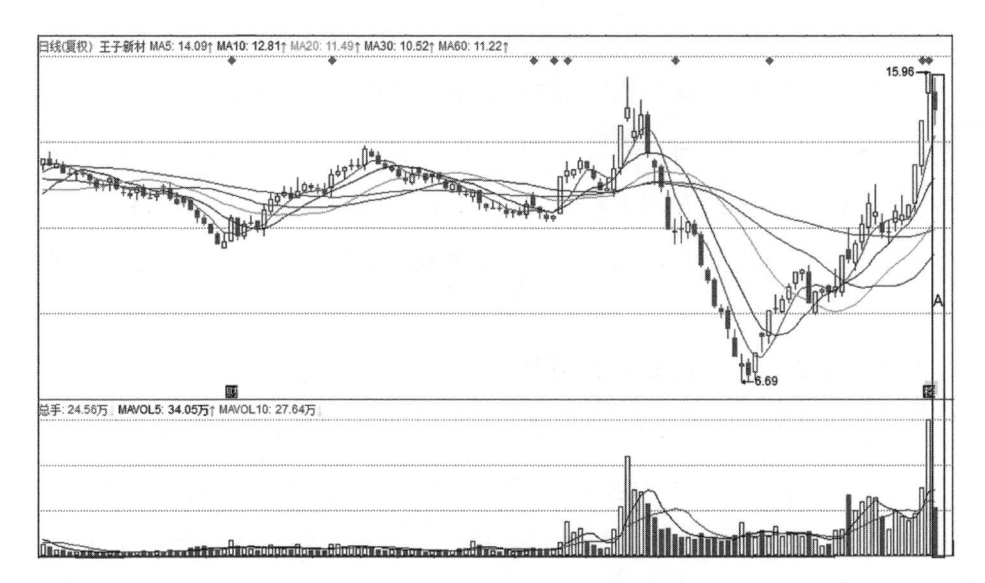

图8-1　王子新材日线图

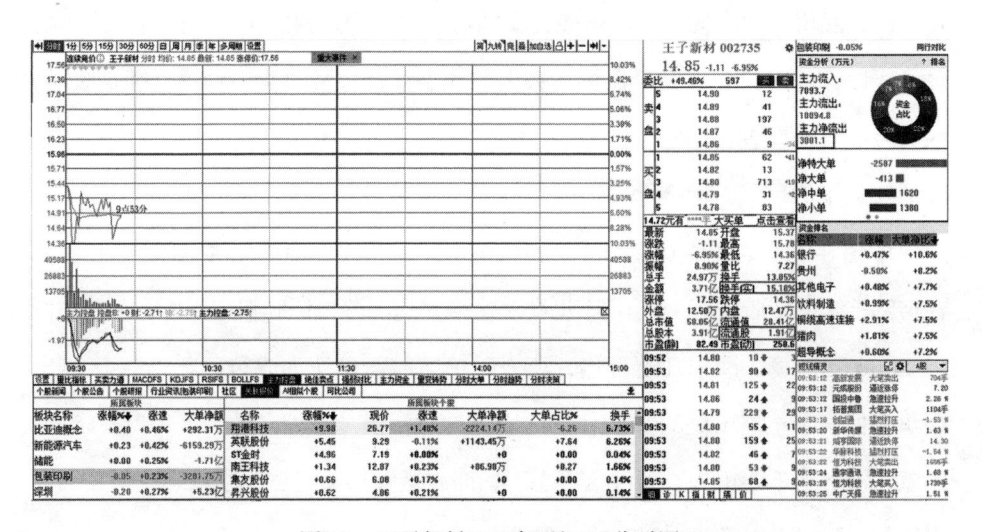

图8-2　王子新材2024年3月26日分时图

注意事项：

（1）持股出现快速下跌应卖股是一条短线操盘中必须遵守的交易原则，也是五三战法中短线交易时需要时刻遵守的交易原则，所以，投资者在持股的过程中，

177

不要以判断所谓的卖股形态为主，而要多遵从量价齐跌状态的短期趋势演变趋向来进行交易。

（2）如果投资者根据持股出现快速下跌应卖股的卖股原则卖出了股票后，发现股价又出现了快速上涨，甚至是在股价快速下跌的当日上演了天地板或地天板的行情，哪怕是其后又出现了大幅上涨，投资者也不要去参与，因这段后起的行情并非投资者本身能够预料到的，是难以有把握地参与的。

8.1.2 持股无法继续获利应卖股

投资者在买入股票后的持股过程中，一旦发现手中的股票再持有已经无法继续获得收益时，一定要遵守持股无法继续获利应卖股的原则，及时卖出股票。这是因为，如果股价在相对的高位区，一旦连续三五个交易日依然无法获利时，则极有可能是主力在采取一种隐藏出货的方式，通过股价在高位的反复震荡暗中出货，或是股价看似小幅下跌的震荡，实则是因主力的开始出货，筹码开始大举松动，所以，此时只要成交量保持在较大的水平，就应及时卖出股票，锁定收益，以免因继续持有造成收益的大幅缩水。

实战案例：

如图 8-3 博实股份（002698）日线图所示，若投资者前期买入了这只股票，在持续上涨的持股过程中，一旦进入 A 区域，这时股价以昨日高点 19.61 元与低点 10.36 元计算，涨幅几近翻倍，所以，A 区域可确认为高位区，且 A 区域出现了两根十字星略下跌的 K 线，但成交量却为两根几近相当的大量阴量柱状态，所以，投资者不要再去判断什么形态了，而应遵守持股无法继续获利应卖股的卖股原则，及时卖出股票获利了结，落袋为安。

注意事项：

（1）持股无法继续获利，从另一个角度讲，实际上就是投资者所持有的股票已经没有再继续上涨了，哪怕只是小幅的上涨，这时候，只要出现股价在短期内涨幅较大的情况，就不要再犹豫，果断卖出股票。

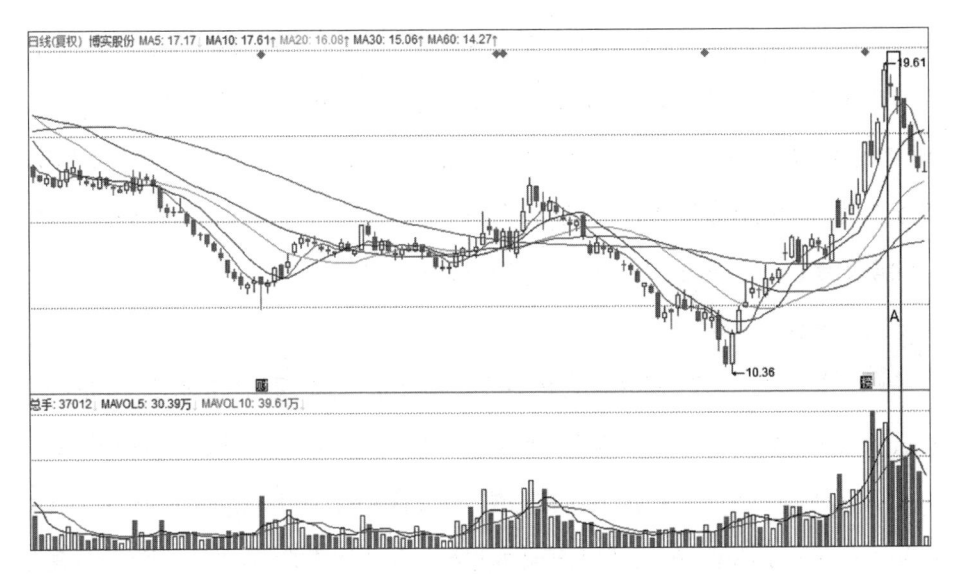

图8-3 博实股份日线图

（2）投资者在根据持股无法继续获利应卖股的原则卖出股票后，有时候股价还会继续向上冲击一下，但往往这种涨势持续的时间不会太久，因这一阶段往往已经是主力在出货的阶段了，所以，即便再上涨，也不要轻易参与。

8.2 日线波段操作时的卖股形态

8.2.1 一心一意形态+量价齐跌

一心一意形态是K线所形成的一种转跌初期形态，但由于是股价日线波段的快速转跌行为，经常会出现转跌迹象不明显的情况，即便是五三战法已经将股价短期转弱时的几乎所有形态都总结了出来，但股价在转跌初期时，许多技术指标都经常表现为钝化，如5日均线，因此，必须结合量价齐跌形态来佐证一心一意形态的准确性。而一心一意形态，主要包括三类：第一类为股价在高位震荡期间形成的5日均线由上行转平行或是转为上行渐缓的高位滞涨，成交量只要保持在相对较高水平，阴量阳量均可；第二类为5日均线上行渐缓的量价齐跌，这种情况出现时，往往是5日均线转弱的迹象不明显，但单根或双根K线与单根或双根量柱的放量下跌明显；第三类为5日均线下行的量价齐跌，这种情况往往是1~3根K线或阴量柱持续下跌或是单根阴线阴量柱下跌，且须为大量状态的中阴量柱以上的水平。只要是股价在上涨的高位区，出现了以上三类情况中的任何一种，均说明短期趋势已快速转弱，应果断卖出股票。

实战案例：

（1）第一类：5日均线由上行转平行或是转为上行渐缓的高位滞涨。如图8-4国光股份（002749）日线图所示，若是投资者前期买入了这只股票，在持续上涨中进入了A区域后，K线出现了在高位的平行震荡，离K线最近的5日均线在持续上行中到了A区域最右侧时表现为平行，此期间的成交量保持着当前较高量能的水平，这属于5日均线由上行转平行或是转为上行渐缓的高位滞涨的第一类一心一意形态的情况，说明股价短期趋势已变弱，应果断卖出股票。

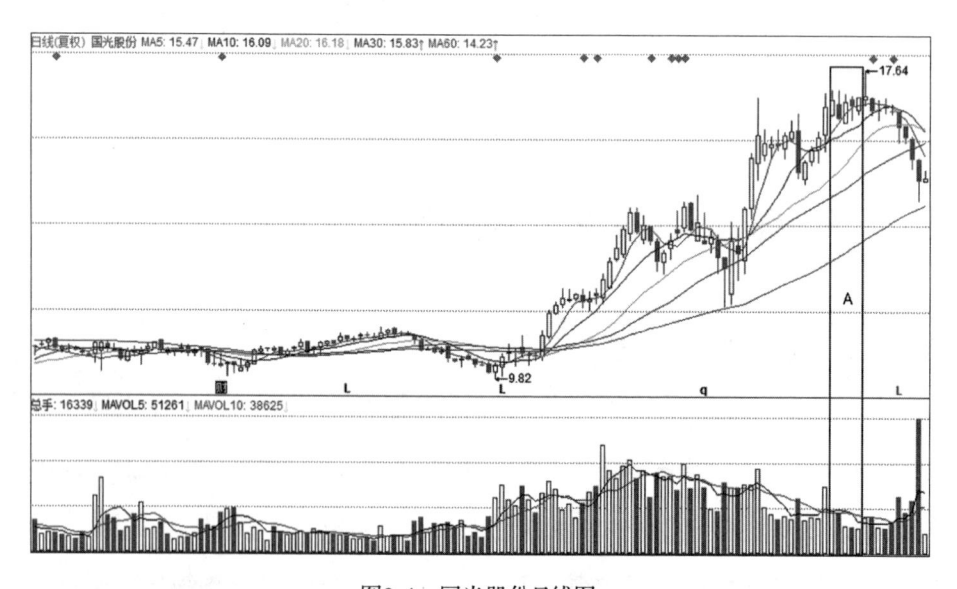

图8-4 国光股份日线图

（2）第二类：5日均线上行渐缓的量价齐跌。如图8-5 银宝山新（002786）日线图所示，若是投资者在之前启涨时买入了这只股票，在其后的持续上涨中，当进入A区域，股价出现了一根上影线极长的中阴线，5日均线总体保持持续上行走势，只在 A 区域右侧表现出上行渐缓的征兆，此时，成交量也表现为一根放出巨量的放大阴量柱，为明显的放量下跌，所以符合 5 日均线上行渐缓的量价齐跌的第二类一心一意形态，说明股价已出现了快速转弱，应果断卖出股票。

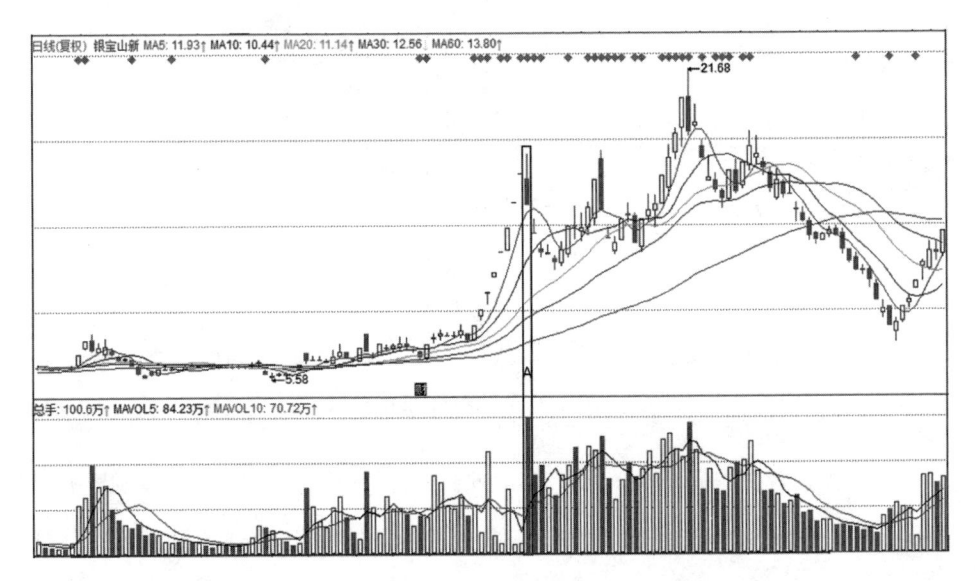

图8-5　银宝山新日线图

（3）第三类：5 日均线下行的量价齐跌。如图 8-6 贝肯能源（002828）日线图所示，若投资者在前期的启涨阶段买入了这只股票，在其后的持续上涨过程中，当进入了 A 区域后，股价表现为上影线较长状态的震荡下跌，5 日均线表现为明显的向下运行，A 区域最右侧 K 线为中阴线，成交量为较大状态的长阴量柱，虽然与上一交易日相比略有缩量，但量柱水平较大，形成了 5 日均线下行的量价齐跌的第三类一心一意形态，说明股价短期趋势已快速变弱，应果断卖出股票。

注意事项：

（1）在一心一意的卖股形态中，最为明显的是 5 日均线下跌的量价齐跌类型，但往往这种类型的一心一意形态出现得并不多，尤其是那些短期涨幅过大的股票，一旦高位转跌时，往往是以迅雷不及掩耳之势快速下跌并跌停的，所以，在判断卖点时，投资者不可过于看重卖股形态，应尊重量价表现。

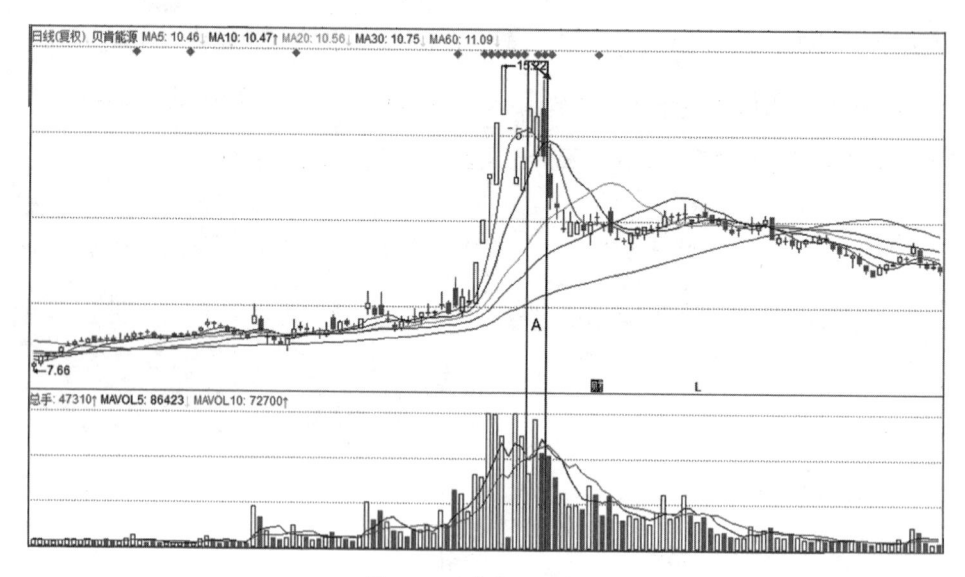

图8-6　贝肯能源日线图

（2）投资者在根据一心一意形态卖股时，尤其是遇到了其中两类不明显的形态时，应在日线图的量价齐跌状态下，多去观察分时图的量价齐跌表现，以及盘口信息，综合来确认日线量价齐跌初期的最佳卖股时机。

8.2.2　三心二意形态+量价齐跌

　　三心二意形态，是指股价在持续上涨的高位区，突然出现了 5 日均线和 10 日均线这两根短期均线的明显走弱，且均开始掉头向下运行，而中期均线中的 20 日均线、30 日均线和 60 日均线却依然在持续向上运行。这种情况的出现，说明股价的短期趋势已明显开始转弱，但中期均线由于统计周期长，依然表现为上行，因此，我们将这种短期均线走弱与中期均线依然强势实际上整体形态已经开始变弱的形态叫作三心二意形态。这种三心二意形态，表面上看，似乎中期趋势并未走弱，但实际上中期趋势已经由短期趋势走弱开始走弱了，并且这种弱势会持续传导给中期均线，但投资者在交易股票时，不能在看到中期趋势真的走弱时再去卖出股票，因为在那种情况下，股价早已被腰斩过半，投资者是根本无法通过中短线持股获利的。至于三心二意出现时的量价齐跌形态，只要显示为较高水平的

第 8 章 卖股：会卖股才能锁定收益

阴量下跌即可。

实战案例：

如图 8-7 工业富联（601138）日线图所示，若是投资者在前期启涨时买入这只股票，在其后的持续上涨中，当股价进入了 A 区域时，5 日均线与 10 日均线这两根短期均线开始出现先后向下运行的状态，但 20 日均线、30 日均线和 60 日均线这三根中期均线却依然保持着线头向上运行的趋势，形成三心二意形态。期间的股价在出现持续十字星小幅下跌的同时，成交量出现较高水平的大阴量柱持续小幅缩短的情况，量价齐跌明显，满足了股价在高位区的三心二意形态 + 量价齐跌，说明短期趋势已明显变弱，应果断卖出股票。

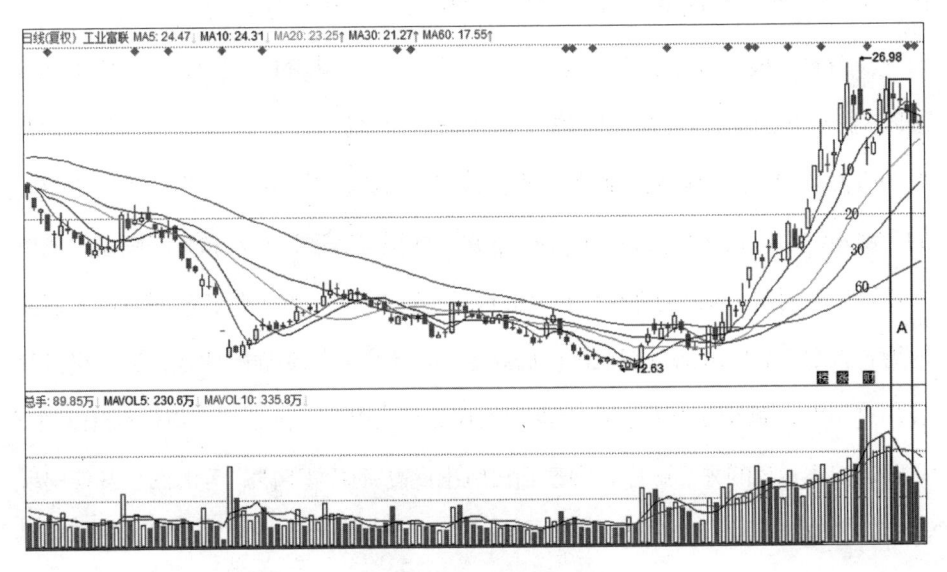

图8-7　工业富联日线图

注意事项：

（1）三心二意形态是日线图短期均线与中期均线在形态上出现相反走势的一种反常形态，所以叫作三心二意形态，但实际上却是股价走弱的一种初期征兆，只不过中期均线反应并没有那么快，这也说明投资者在根据日线上涨趋势进行股票操作时，一定要多从短期趋势变弱的迹象中去寻找卖点，而不要过于看重卖出形态，这一点在五三战法中是与买股时的理念完全不同的。

（2）在三心二意形态出现期间，对于量价齐跌的形态，只要是保持相对较大状态的阴量下跌、K线下行即可，而无须过大的量，因为，相对而言，三心二意形态＋量价齐跌已经是趋势明显变坏的初期征兆，经常会出现在大盘股身上，或缓慢上涨的股票身上，K线图上也经常会出现两个高点，呈现出后一高点低于前一高点的形态。

8.3 主升浪波段操作卖股时的形态

8.3.1 日线高开阴量下跌+分时短时放量下跌+盘口弱势

投资者在根据五三战法买入了一只股票后，在持股的过程中，在判断主升浪波段卖股的形态时，日线高开阴量下跌＋分时短时放量下跌＋盘口弱势是一种典型的股价在趋势快速转弱初期的征兆。其中，日线阴量下跌是指当日线图在明显的上涨走势中，突然一日高开后持续下跌，成交量表现为阴量；分时图短时放量下跌是指分时图上出现了股价线的几近直线的向下大角度下行，分时量柱明显变为短长状态；盘口弱势是指在盘口信息中，换手率出现明显的放大，通常小盘股会超过10%，甚至是更高，中大盘股约在5%或更高，主力资金以净流出为主。只要是按照看盘的先后顺序，观察到日线出现高开阴量下跌，分时图也发现出现了短时的放量下跌，盘口换手率明显放大，主力资金以净流出为主时，即应果断卖出股票。

实战案例：

如图8-8和顺石油（603353）日线图所示，若是投资者在股价启涨时或加速上涨时买入了这只股票，在其后的持续上涨过程中，进入A区域后，股价明显以创出新高38.31元的方式直接高开，其后却不再上冲，而是转为下跌，且成交量表现为阴量，这时即应观察分时图的情况了。

第 8 章 卖股：会卖股才能锁定收益

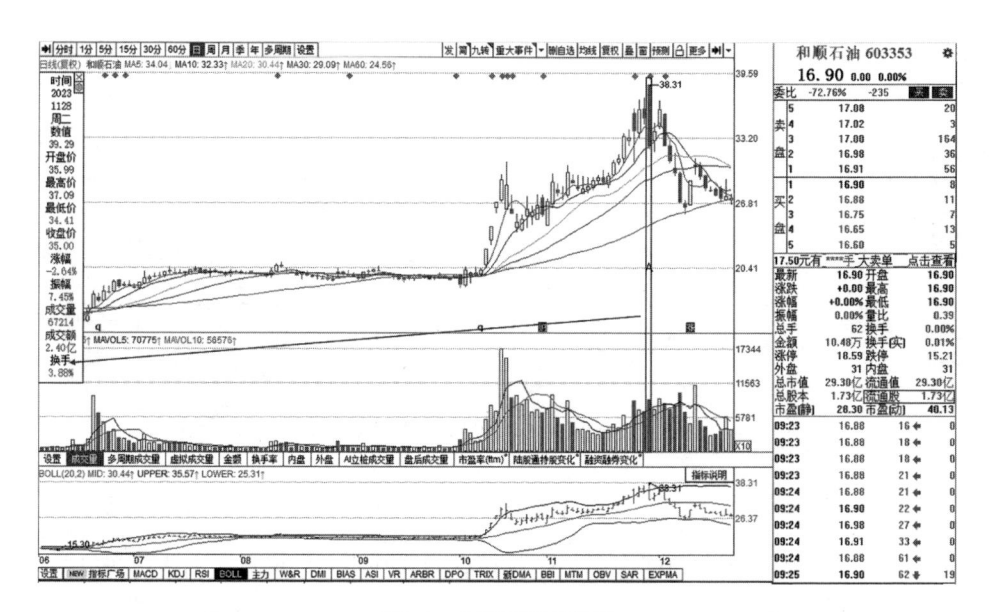

图8-8 和顺石油日线图

如图 8-9 和顺石油 2023 年 11 月 28 日分时图所示，当日股价线在 A 区域开盘时，是以接近涨停板的价格大幅高开的，但高开后即出现了一波直线方式的大角度下行走势，仅仅用了几分钟的时间，股价线即跌至了昨日收盘线附近，且分时量柱明显持续较长，为分时短时放量下跌。因是过往行情的再现，无法看到当时的盘口状态，此时不妨回到图 8-8 中，查看 A 区域对应的当日对话框中展示的情况，可发现，当日换手率虽有所放大，但并不太大，明显盘中主力资金以净流出为主，因此，有经验的投资者应在早盘 A 区域内及时卖出股票，经验不足的投资者也应在图 8-9 中当日尾盘 B 区域再次出现小幅放量下跌，且日线图上已明显表现为长阴量柱大阴线下跌时，果断卖出股票。

注意事项：

（1）投资者在实战期间，只要遇到日线高开阴量下跌 + 分时短时放量下跌 + 盘口弱势，就要果断地卖出股票，尤其是股价在大幅高开的情况下出现，或是直接以涨停价开盘，但开盘时或维持涨停价不久即开板形成了放量下跌时，更要及时卖出股票。

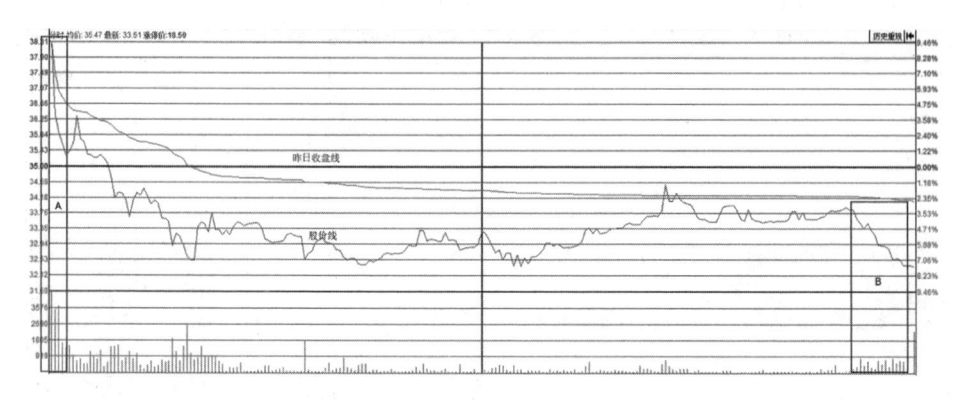

图8-9　和顺石油2023年11月28日分时图

（2）在判断卖股时机时，日线高开阴量下跌+分时短时放量下跌+盘口弱势这种综合形态属于在日线上提早判断卖点的情况，但投资者在确认为卖点时，不应过于苛刻或死板，比如在换手率的判断上，所谓的放大，并非一定要保持在10%及以上，因为若是主力并不通过挂单反复转手的方式维持股价高位，而是直接以现价持续挂大单卖出，或持续挂出不同的大单时，换手率并不会过高。所以，只要是分时图短时放量下跌明显，即应果断卖出股票。

8.3.2　日线阴量低开+分时低开快速低走+盘口弱势

投资者在持股过程中，一旦股价在持续快速的上涨行情中，突然在高位区出现了日线上的明显低开，且成交量表现为阴量柱时，即说明形成了日线阴量低开形态。这时就要及时观察分时图上的情况了，一旦分时图上也出现了股价线在昨日收盘线下方的低开后，不管低开的幅度大与否，只要股价线形成了快速以几近直线的方式大角度向下运行走势，就为分时低开快速低走形态，一旦盘口表现为换手率明显放大，主力资金以净流出为主时，就说明日线上的主升浪行情已快速结束，应及时卖出股票。

实战案例：

（1）如图8-10 华菱精工（603356）日线图所示，若投资者在前期启动时买入了这只股票，在持续的快速上涨过程中，当进入A区域后，股价却没有延续上

第 8 章　卖股：会卖股才能锁定收益

一交易日的创新高的上涨行情，而是直接低开，成交量在开盘后表现为阴量柱，为日线阴量低开形态，这时就要及时观察当日的分时图了。

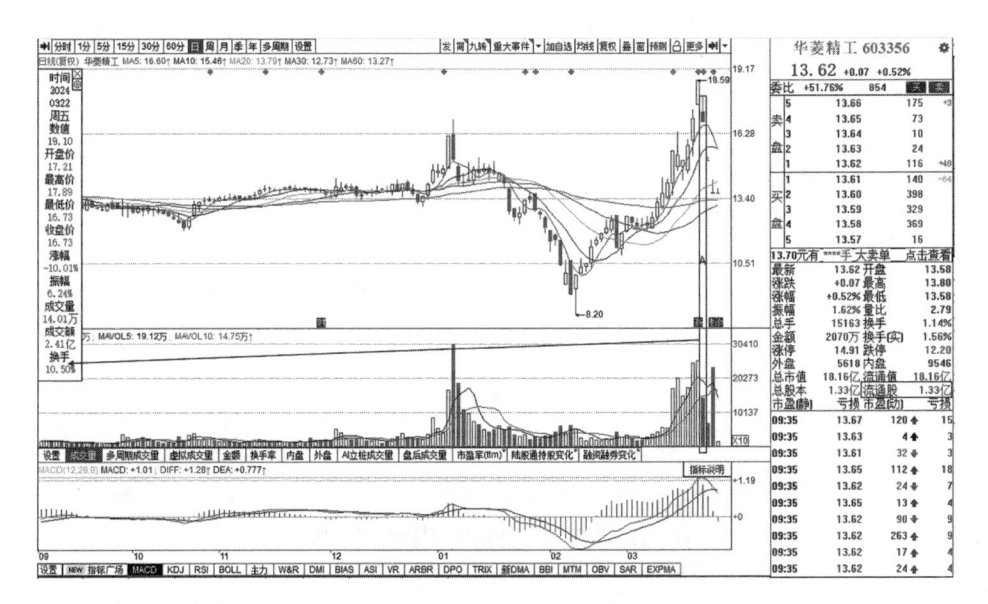

图8-10　华菱精工日线图

图 8-11 是图 8-10 中 A 区域当日的分时图，即华菱精工 2024 年 3 月 22 日分时图，如图 8-11 所示，股价线是在昨日收盘线下方较远位置出现，明显是低开在了约 –7.47% 的位置，为大幅低开，且股价线小幅震荡后，成交量出现放量，股价线也以直线方式大角度快速下跌，形成分时低开快速低走形态。因是对过往情形的观察，无法显现当时的盘口信息，所以回到图 8-10 中，从中可以发现，A 区域对应的当日换手率达到了 10.50%，主力资金以净流出为主，为盘口弱势。因此，投资者应果断在图 8-11 中开盘出现弱势时，及时卖出股票，只要是未被封死在跌停板前，均应卖出股票。

（2）如图 8-12 动力新科（600841）日线图叠加 2024 年 3 月 25 日分时图所示，股价在持续快速的上涨行情中，是以持续涨停的方式展开主升浪行情，但到了 A 区域，股价却一改上涨走势，直接低开，此时观察 A 区域对应的当日分时图会发现，当日股价是直接以跌停价开盘的，这种开盘方式投资者要高度重视，应在开盘后持续观察分时图,开盘后,短时内跌停板被打开了,随后股价又迅速转跌,而投资者在应对此类股票时,不要期待主力是否在以地天板的方式巨震洗盘,只要是日线图上出现了一波明显的主升浪行情,股价此刻在高位区,即应果断在打开跌停板后卖出股票。

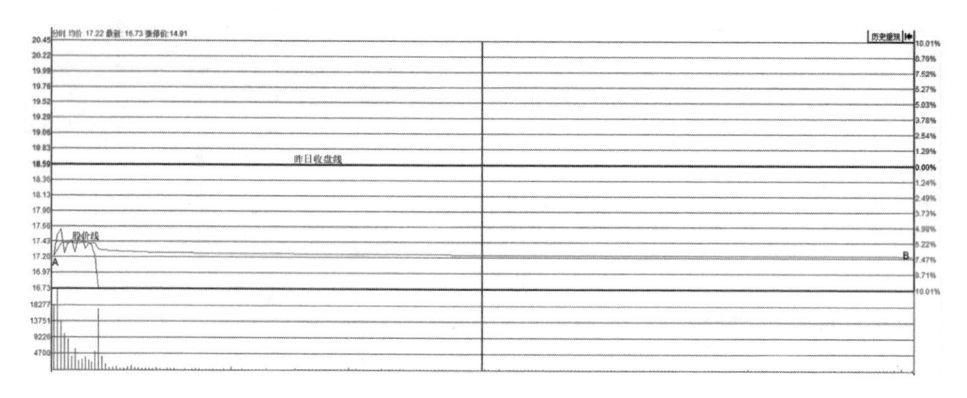

图8-11 华菱精工2024年3月22日分时图

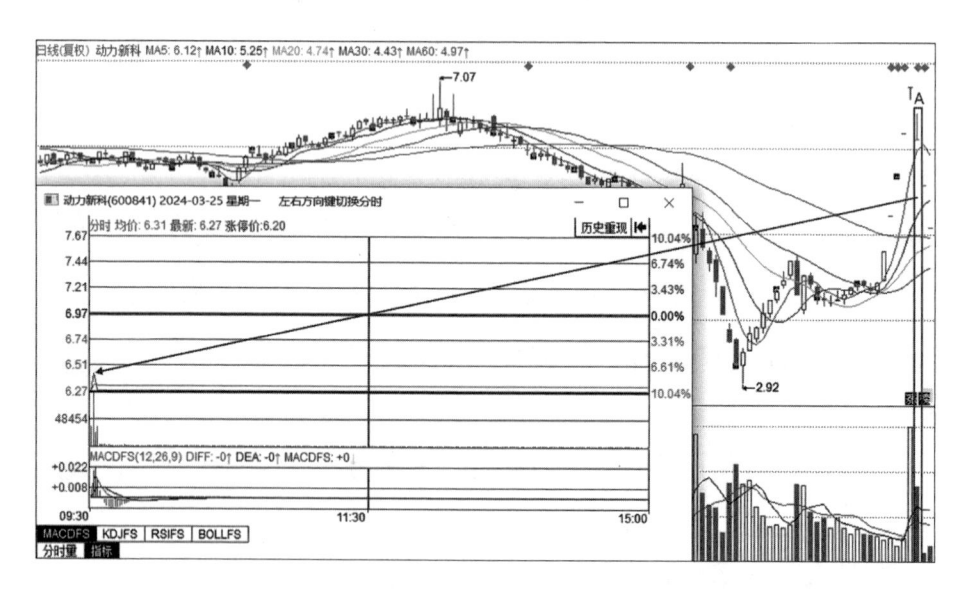

图8-12 动力新科日线图叠加2024年3月25日分时图

注意事项:

(1)在根据日线阴量低开 + 分时低开快速低走 + 盘口弱势综合形态判断卖点时,很多投资者都很注重股价当日低开的幅度,其实直接大幅低开固然是弱势的表现，但小幅低开后的快速低走才是更弱的形态。

（2）当日线阴量低开 + 分时低开快速低走 + 盘口弱势形态出现时，若是当日股价直接以跌停价开盘，则表明股价在集合竞价期间已弱势尽显，所以只要是在日线图上确认了是在高位区，通常一只股票的主升浪结束时，股价的涨幅至少在 80% 以上，这时是无须再观察盘口信息的，只要跌停板打开，就要果断清仓卖出。若是其后持续一字板跌停，跌停板一旦打开，同样要赶快卖出手中股票。

8.3.3　日线冲高回落+分时冲高放量回落+盘口弱势

投资者在买入股票后的持股过程中，一旦发现股价在日线图上的快速上涨行情中，突然一日，股价在开盘后，无论是低开还是平淡开盘，甚或是高开，突然出现快速上涨的冲高回落时，就要及时观察分时图了。一旦分时图上同样明显出现股价线几近直线式的快速上冲后又快速直线落体式下跌，分时量柱明显变长放大，就形成了分时冲高放量回落的弱势形态，这时只要观察到盘口为换手率放大、主力资金净流出为主的弱势状态时，就应果断卖出手中股票。

实战案例：

如图 8-13 思维列控（603508）日线图叠加 2024 年 3 月 12 日分时图所示，股价在持续快速上涨的行情中进入 A 区域，并在低开后出现一波明显的快速上涨走势，但未触及上一交易日的最高点，即出现了快速回落，形成了日线冲高回落形态，前期买入的投资者此时就要注意，观察当日分时图了。A 区域对应的当日分时图上显示，在 B 区域，股价当日在昨日收盘线略下方小幅低开后出现了一波快速上涨后的快速回落走势，分时成交量柱也持续较长，为分时冲高放量回落的弱势形态，因这只股票在分时弱势上表现的短时的放量下跌弱势并不十分明显，所以，投资者应在当日的午后，当分时图上的股价线持续弱势震荡走弱，日线图上的大阴量阴线下跌明显时，果断在午后盘中，最迟在收盘前 30 分钟，结合盘口信息中主力净流出和高换手的弱势表现，及时卖出股票。

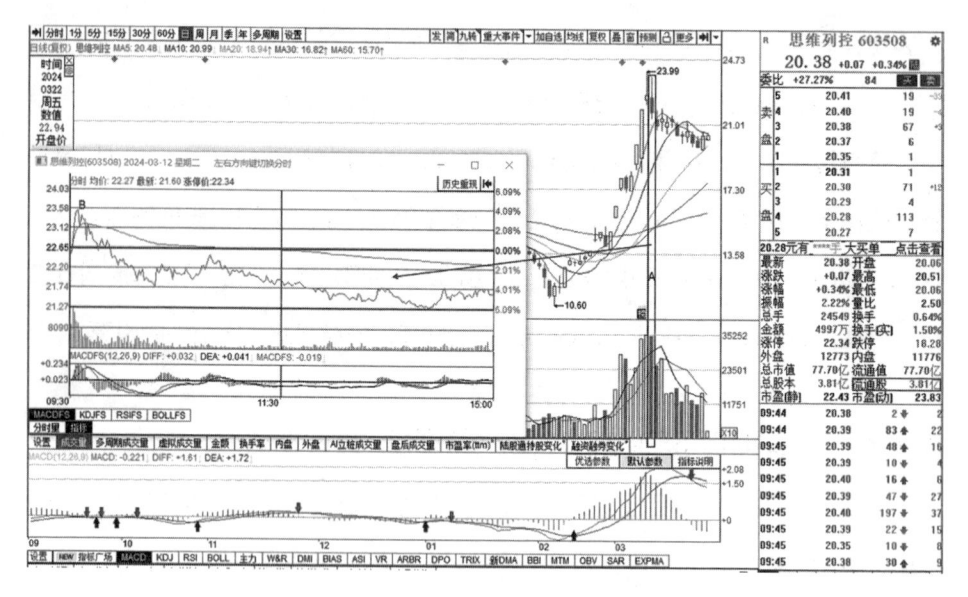

图8-13　思维列控日线图叠加2024年3月12日分时图

注意事项：

（1）当出现日线冲高回落＋分时冲高放量回落＋盘口弱势的综合形态时，如果是出现分时图上股价线出现短时的快速冲高快速放量回落，在这种情况下，往往是股价上冲较高时易引起投资者注意，反而是那种平淡开盘后的冲高回落、股价的落差感并不大的不易引起投资者关注，但其弱势却是一点不小，所以，一定要结合盘口弱势来确认卖股时机。

（2）投资者在根据日线冲高回落＋分时冲高放量回落＋盘口弱势卖出股票时，往往越是明显的分时短时的冲高回落中放量明显的股票，应及时发现、及时卖出，但若是分时弱势不明显时，可在午后或收盘前结合日线放量下跌的程度，再来确认是否要卖出。

8.3.4　日线高开回落+分时高位放量速跌+盘口弱势

投资者在持股过程中，一旦发现股票在持续的上涨中，突然在某个交易日出现了大幅高开后的快速回落，就要及时观察分时图，判断是否形成了分时图弱势了，若是分时图上显示为股价线在高位区开盘后以几近直线的方式快速回落，且期间的分时量柱明显极长时，则形成分时高位放量速跌形态，只要此时盘口表现为换手率较大、主力资金净流出为主的弱势状态时，即说明上涨行情已结束，应果断卖出股票。

实战案例：

如图 8-14 掌阅科技（603533）日线图叠加 2024 年 3 月 25 日分时图所示，股价在持续上涨的过程中，进入高位区的 A 区域后，依然直接以涨停价开盘，维持了之前的强势走势，但开盘后即打开了涨停板，出现了快速回落，形成了日线高开回落形态，这时，前期买入者应及时观察分时图，在 A 区域对应的分时图 B 区域中发现，当日股价线是直接在涨停价位置开盘的，但开盘即出现了以直线的方式快速下行的情况，且分时量柱明显持续较长，形成了分时高位放量速跌的弱势形态，此外，盘口明显显示主力资金是以净流出为主的，换手较大，为盘口弱势，所以，应及时卖出股票。

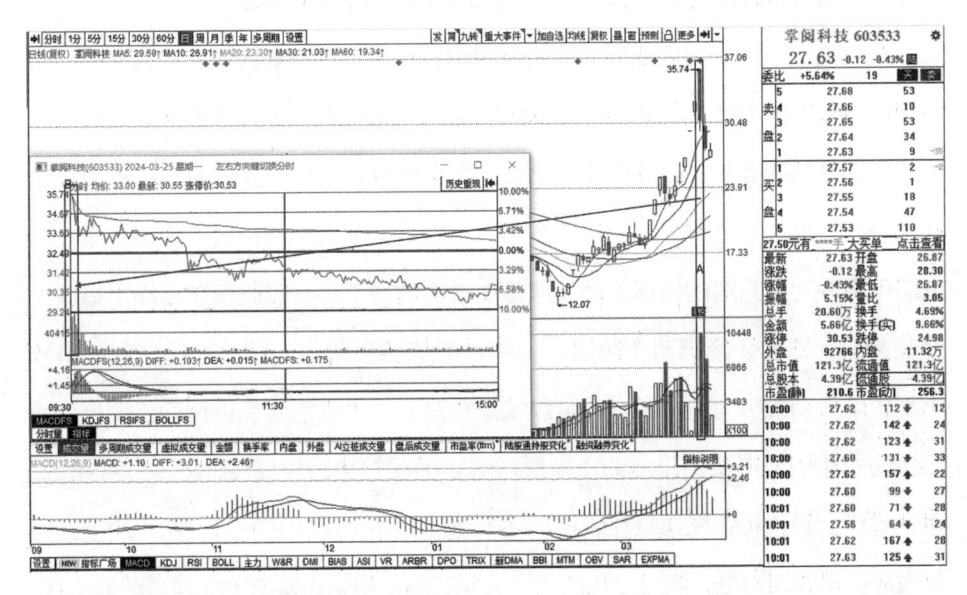

图8-14　掌阅科技日线图叠加2024年3月25日分时图

注意事项：

（1）当日线高开回落＋分时高位放量速跌＋盘口弱势出现时，往往表明股价以大幅高开的形式,或是直接以涨停形式开盘的,这种情形反映了股价在开盘时展现出的短线强势态势,但开盘后或持续强势不久后即出现快速回落,则短期的分时弱势往往十分明显,因此是卖出股票的最佳时机。

(2)在判断日线高开回落+分时高位放量速跌+盘口弱势形态的卖股时机时,往往有经验的投资者不会直接从日线图上观察,而是从分时图上即可看到当时的开盘情况,但对日线图的观察,主要是确认当前是否在高位区,因只有在主力大幅获利的情况下,才会出现这种大举的几乎是不计后果式的短时快速抛售筹码的行为。

8.4 实战要点

8.4.1 卖股时以日线为主、分时为辅去确认是否卖出

投资者在买入一只股票后的持股过程中,在确认是否要卖出一只股票时,应主要以日线图的观察和判断为主,从中短波段的角度看,也就是要观察日线图上股价上涨趋势的变化,这种变化通常情况下有两种:一种是持续震荡上涨,在上涨末端会表现为几个交易日的快速上涨,也就是主升浪行情;另一种是直接在启涨时即表现为主升浪的快速上涨。但是在通常情况下,一般股票在日线上形成上涨趋势后,往往会经历两个阶段,一个是弱势转强阶段,这一阶段表现为持续上涨,以告别弱势为主;另一个阶段就是在第一个阶段结束后进行适当调整,然后发动一轮明显的快速上涨的主升浪行情。然后趋势出现反转,或是继续震荡。也就是说,趋势转弱往往是在股价加速上涨的末端出现的,所以,在判断上,投资者应以日线图为主,观察日线图上一只股票的价格,由低点上涨到当前的位置,在涨幅达到80%~100%时,才算是高位区,主力此时卖出股票方可大幅获利。而在确认是否卖出时,则应以分时图短期股价快速转弱势的程度,结合主力资金净流出状态,以及即时日线图上的阴量放大情况来确认。

第 8 章 卖股：会卖股才能锁定收益

实战案例：

如图8-15 福蓉科技（603327）日线图叠加2024年3月21日分时图所示，股价在持续上涨的行情中，当快速上涨到 A 区域时，股价未再刷新上一交易日的高点，出现了阴线阴量的下跌，这时就要看一看日线图上的情况了，明显低点处的股价是在上涨前出现的 7.62 元，是弱势中砸出的黄金坑底，持续震荡后出现了持续涨停，股价告别了弱势，略震荡后，才出现了另一波明显的加速上涨走势，在涨幅上，A 区域与低点相比，已有近两倍的涨幅，明显为高位区，且股价在上涨趋势中形成的两波上涨明显，所以，A 区域成为短期趋势转弱起点的概率是极高的。这时方可观察分时图了，在 A 区域对应的分时图上，股价小幅低开后横盘小幅震荡，量能不明显，所以，应在收盘前 30 分钟，结合日线图上的阴线大阴量柱情况，以及当日盘口的高换手及主力资金的净流出来确认股价的弱势，当日收盘前应果断卖出股票。这就是日线为主、分时为辅的卖股判断。

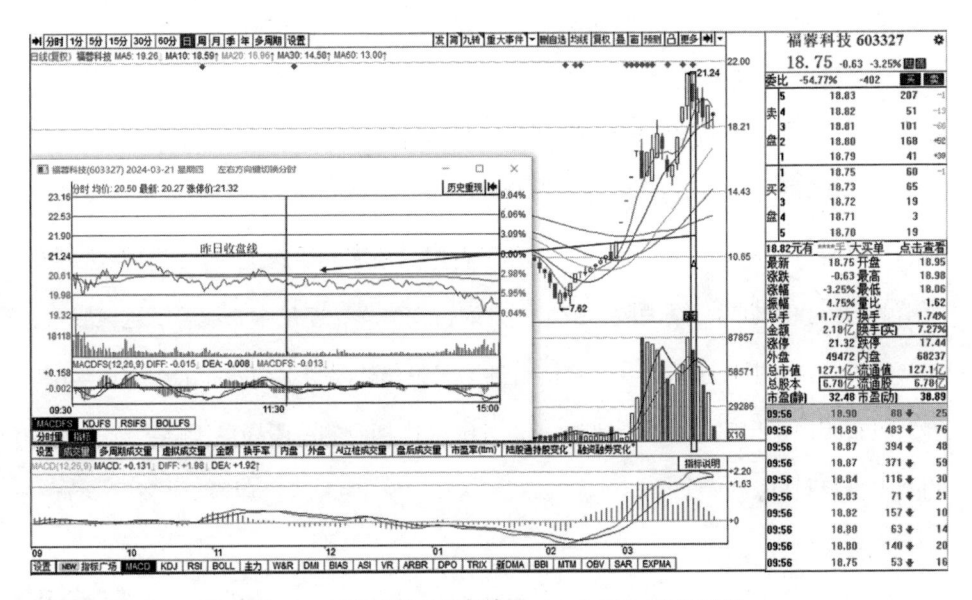

图8-15　福蓉科技日线图叠加2024年3月21日分时图

注意事项：

（1）投资者在卖出股票时，因通常是以中短线操盘为主，所以，应以日线波段的结束，即日线上涨波段的结束为主要的判断标准，因为只有日线图上的上涨波段到了即将结束的初期时，分时图上表现出的短时弱势，才是股价在转跌初期快速转弱的征兆。

（2）在判断日线图上涨波段的结束时，关键要明白日线图上涨趋势的表现方式，一般是有两个阶段：一是上涨初期，主要通过持续上涨告别低位弱势行情；二是短期调整后进入加速上涨的主升浪行情。所以，通常这两种方式完整出现，且涨幅较大的股票短期弱势出现在分时图上时，就是趋势转弱的征兆。

（3）在特殊情况下，尤其是弱势整理充分的股票，在出现上涨趋势时，往往是以直接启动持续快速上涨一气呵成完成整个上涨波段的，这类股票往往都是大牛股，所以，期间也经常会出现主力以地天板或天地板的巨震方式快速洗盘的情况，以及数倍的涨幅。因此，在遇到此类牛股时，投资者经常会出现中途被洗下车的情况，但无须抓住牛股的整个波段，只要抓住其中的一个波段即可。因此，投资者一定要放平心态，不可懊恼。

8.4.2 不同的持股波段应配以不同的卖股策略

投资者在根据五三战法操作一只股票时，一定要明白一点，就是对于自己买入的一只股票，究竟要如何操作，比如是看重其短期的快速上涨，只是抓这只股票由弱势转强初期的一个波段，或是主升浪行情操作，还是中长线看好这只股票，在低位时介入，中长线持有，一直持有到这只股票的整个上涨波段结束时再卖出。因为只有明白了自己的具体持股波段，才能根据相应的波段操盘策略，选择具体的卖出股票时机。

实战案例：

如图8-16惠发食品（603536）日线图所示，如果投资者在A区域的弱势启动期，或是B区域的弱势启动期，只是想操作一个小的上涨波段，也就是股价短线上的快速上涨波段，那么在A区域以五佛手+量价齐升买入股票后，其后E

区域出现了日线高开阴量下跌时，就应果断根据当日的分时弱势及盘口弱势卖出这只股票。若是投资者是在B区域以五佛手+放量上涨买入这只股票，在其后的持续快速上涨中，当C区域出现日线高开阴量下跌时，同样应根据当日的分时弱势和盘口弱势及时卖出股票。但是，如果投资者在A区域是借股价低位启动的时机买入了这只股票，并看好其后的上涨潜力，想一直持有到整个上涨波段结束时再卖出股票的话，那就应一直持有到C区域后的D区域，股价在高位回落中形成了三心二意形态+量价齐跌形态，再卖出股票。这就是在不同持股波段下的不同持股与卖股策略。

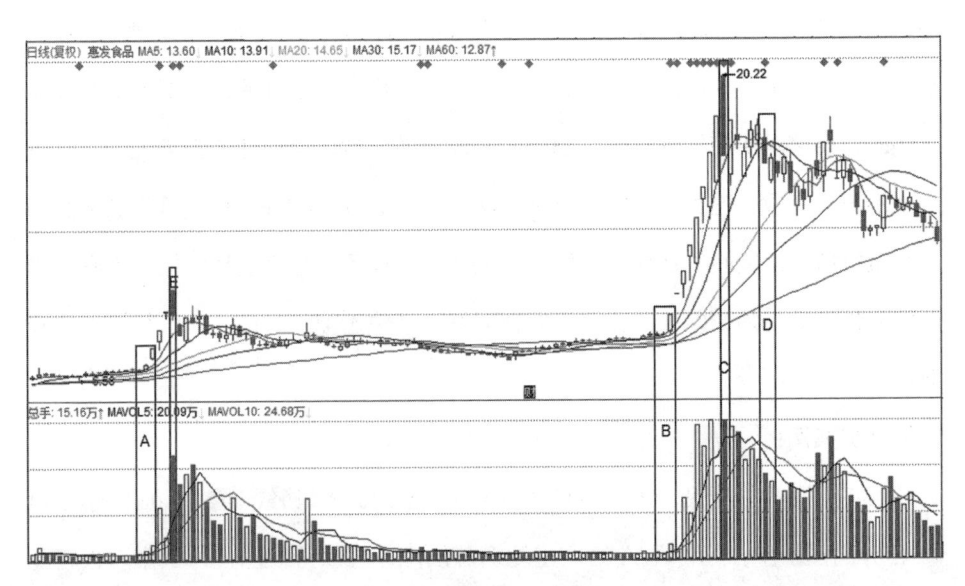

图8-16 惠发食品日线图

注意事项：

（1）投资者在根据五三战法操盘时，一定要在买入股票的环节就确定好买入这只股票后的持股原则，因为不同的持股策略，会直接影响其后的卖股时机判断。因在不同持股波段下，其卖股时机的选择也是不同的。

（2）如果投资者是以中长波段持股的话，卖出时机则应以日线明确转势时的三心二意+量价齐跌形态为主判断卖股时机，但若是以中短波段持股的话，则主

要应以一心一意 + 量价齐跌形态为判断卖股时机的依据。

8.4.3　主升浪波段操作时应以短线弱势为卖股依据

投资者在根据五三战法实战期间，一定要明白一点，若是投资者主要是想根据五三战法的买股形态，操作目标股的主升浪波段的话，那么在卖股时，就一定不要选择卖股形态中的三心二意 + 量价齐跌形态，而是要选择以股价短线快速转弱的一心一意 + 量价齐跌形态。因主升浪波段虽然是一只股票上涨的主要波段或加速上涨的波段，但往往也是一只股票上涨波段的末端，所以，一旦持股出现了短线的弱势表现，就应及时卖出股票，早早落袋为安。但在操作主升浪波段前，必须充分了解主升浪波段的两种表现方式。一是启涨式主升浪，是指股价在弱势转强时，直接以快速转强的方式出现，并保持着这种持续快速的强势上涨，一直到上涨波段完成，这类股票往往启涨时即为主升浪波段的开始；二是二次上涨的主升浪行情，是指股价在完成由弱转强的初期上涨后，告别弱势，但在上涨一段时间和幅度后开始调整，并在结束调整时发动了快速上涨行情，此段行情为主升浪行情。

实战案例：

（1）启涨式主升浪。如图 8-17 艾艾精工（603580）日线图叠加 2024 年 3 月 22 日分时图所示，股价在 A 区域出现弱势启涨，并以持续涨停方式出现，若此时买入这只股票，其后股价以持续的快速跳空涨停方式展开了上涨，为主升浪行情的开始，即股价发动的是启涨式主升浪，所以，当进入 B 区域后，出现日线冲高回落时，分时图出现弱势震荡整理形态，因此，应在尾盘，日线大阴量阴线下跌明显，即股价短期弱势明显时，果断卖出股票。

（2）二次上涨的主升浪行情。如图 8-18 海兴电力（603556）日线图所示，若投资者发现这只股票在低位震荡中出现了 E 段上涨后的 F 段调整，就应持续观察，因股价出现了弱势转强后的首次调整，一旦结束，则必然为主升浪行情的开始，所以，在 A 区域形成弹指神通 + 持续巨量上涨时应及时买入股票，其后经过 C 段的持续快速上涨后，进入 B 区域，出现了 5 日均线由上行转平行或是转为上行渐缓的高位滞涨的第一类一心一意形态 + 量价齐跌卖股形态，说明股价短线已快速转弱，应果断卖出股票。

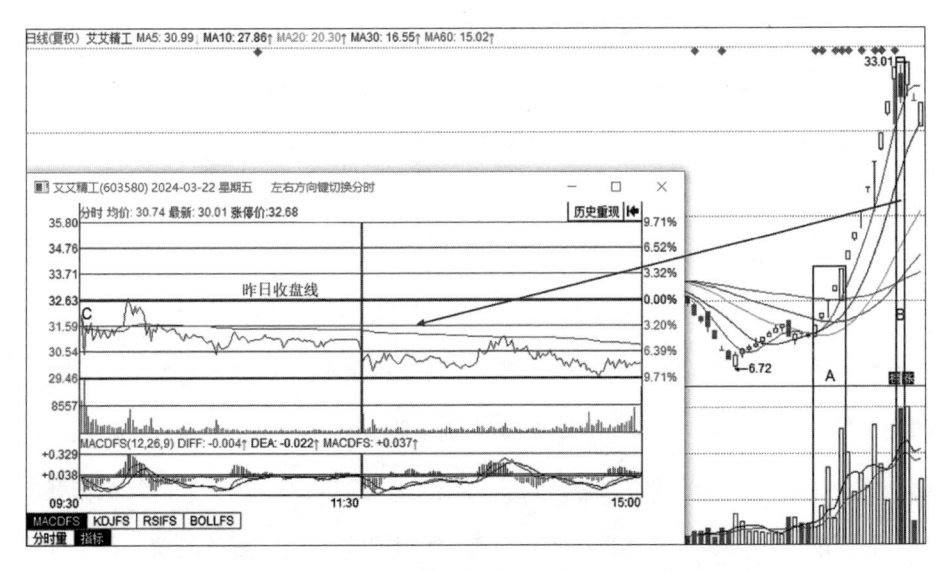

图8-17　艾艾精工日线图叠加2024年3月22日分时图

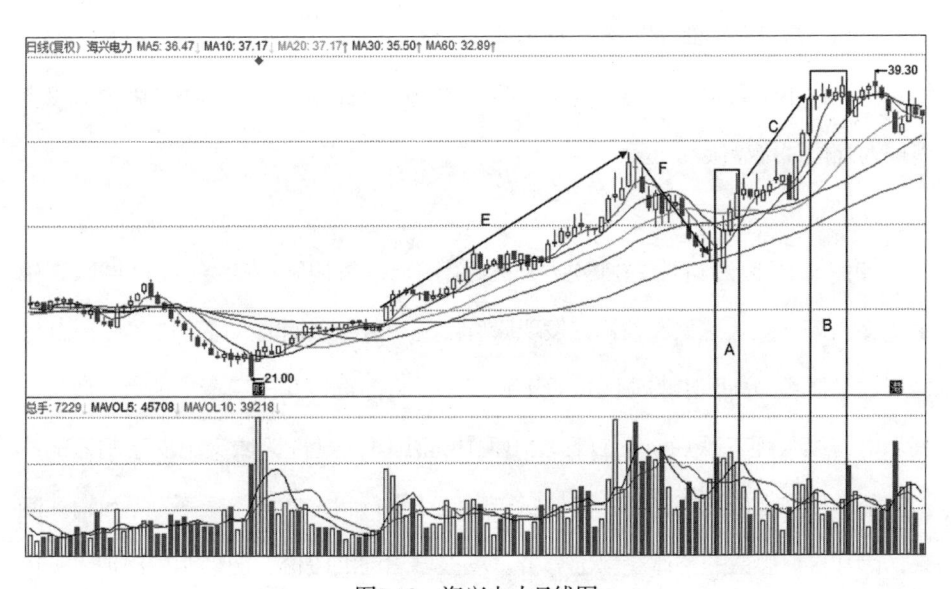

图8-18　海兴电力日线图

注意事项：

（1）投资者如果想只操作一只股票的主升浪波段行情，就必须先搞明主升浪行情的两种表现方式：一是启涨式主升浪行情，二是二次上涨的主升浪行情。因为不同的主升浪行情启动时的征兆是不同的。

（2）在二次上涨的主升浪行情中，投资者不可过高地期望股价的短期涨幅，因不同的股票所启动的主升浪行情长短不一，涨幅也不尽相同，但只要是调整后二次发动的股价快速上涨，一结束即是主升浪结束的征兆，就应卖出股票。

8.4.4 卖出股票后短期不可再买回

投资者在根据五三战法实战期间，一旦确认短期卖点后卖出了股票，则短期内万万不可再轻易买回这只股票，尤其是那些二次上涨的主升浪行情结束的股票，即便是投资者因判断失误卖早了，或是卖出后股价并未转弱，而是出现短线的快速上涨，哪怕是短时的快速涨停，投资者也不要再买回来。因主升浪行情本就是一只股票的末端行情，尤其是在明显快速上涨中股价出现转弱的股票，在上涨行情末端，主力资金已经开始出货了，即便后市出现快速转强，也都是主力出于出货的目的，有意在短线拉高然后大举卖出股票。所以，哪怕是股价短时再出新高，投资者同样不可参与，因为此时这类股票的风险是极高的，一不小心就会让投资者成为高位"接盘侠"。

实战案例：

如图 8-19 恒为科技（603496）日线图所示，如果投资者在 A 区域以五佛手 + 量价齐升买入这只股票后，发现股价出现了持续快速的大幅上涨，并在 B 区域形成了日线冲高回落的分时放量下跌形态，从而选择卖出股票。那么，股价在其后的持续大幅下跌后，于 D 区域出现快速涨停，到 C 区域又出现了明显的放量上涨，形态上似弹指神通，又似已转为五线上行状态，但是，千万不可再买回来，因从这只股票的整体趋势上分析，A 区域之前的股价，已经明显出现了一段由弱势转为上行的上涨波段走势了，A 区域表现为上涨趋势中股价调整后的二次转强，即 A 区域到 B 区域的上涨已为短期上涨幅度与速度均较大的二次上涨主升浪行情了。那么 C 区域所形成的股价看似强势的再次启动，即便是一段上涨延续，也属于主力出于出货目的所发动的短线上涨，是为出货服务的，所以，即便股价其后刷新了 B 区域的高点价格，其涨势也不可信，不可参与。

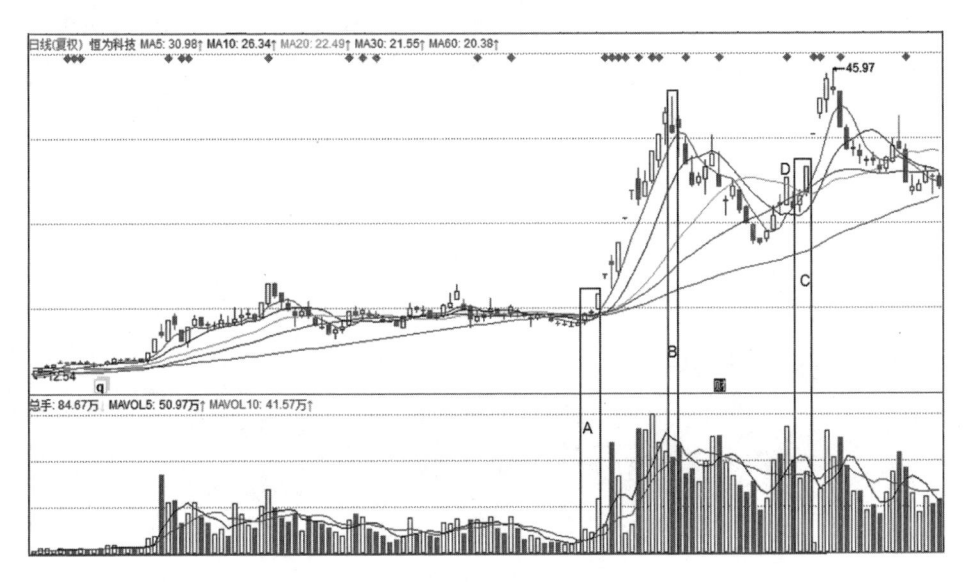

图8-19 恒为科技日线图

注意事项：

（1）投资者在根据五三战法卖出一只股票后，除非是在该股首次由弱转强之后的转弱初期卖出，且这段行情的涨幅不是很大时，方可在其后的二次启动上涨时，根据买股形态要求买入，不符合买股要求时，同样不可买入。

（2）若投资者在参与了一只股票的主升浪行情后将其卖出，则其后哪怕是股票发动了第三轮上涨，也不可轻易参与，除非是再次经过了较长时间的整理后的绩优股，且满足了买股要求时，方可再买入。但要记住一点，只要是短期再发动的上涨，均不可参与。